中國財產保險
綜合案例

主編○方有恒、羅向明、粟榆

財經錢線

前 言

　　推行案例教學需要配套的教材。縱觀各類財產保險案例教材，或者案例陳舊，或者內容片面，或者案例分析過於淺顯，缺乏專為案例教學使用而編寫的教材。本教材編者廣泛查閱各類資料，積極參加案例教學培訓，參加各種案例教學交流，在日常教學活動中不斷探索總結案例教學經驗，多次集體討論，力求編寫一本適用的財產保險案例教材。經過3年時間的準備，本教材終於付梓。

　　考慮到課程設置，本教材在案例選取和案例分析方面盡量避免和財產保險課程完全重疊，保證學生學習的一致性、連續性和積極性。本教材共精選32個案例，按照財產保險合同、財產保險基本原則、車險業務、非車險業務、「互聯網+」財險5個模塊歸類。案例編寫一般按照背景介紹、相關理論知識、案例分析、總結、思考題等統一體例，部分案例增加開篇和推薦閱讀兩個部分，以增加案例的可閱讀性和深度。需要說明的是，在「相關理論知識」部分，列出的內容並不完整，以確保案例教學的彈性，培養學生收集和整理資料的能力。由於保險法規變動快速等原因，在「案例分析」部分，本教材觀點不一定完全正確，師生可以在教學過程中辯證討論。本教材由方有恒、羅向明、粟榆主編。在編寫分工方面，羅向明教授負責教材編寫大綱的制定、案例收集等，並編寫第一章；粟榆博士負責教材出版統籌，並編寫第四章；方有恒副教授負責編寫第二章、第三章、第五章，並負責教材的總纂。

特別感謝本教材中被選案例的原作者們。本教材所選用案例都來自法院判決書、學位論文、期刊論文以及網路公開資料等。由於參考資料眾多，不便一一列出來源，在此一併感謝。當然，根據教材編寫的需要，我們對所有案例都做了部分增、刪等修改，但是並不代表對原作者的否定或異議。案例中提到的部分人物和公司，依據教材編寫的需要，做了一定的處理，不代表其真實言行。案例中所提到的「案情」亦可能與事實存在出入，希望當事人和讀者不吝指正！

編者

目 錄

第一章　財產保險合同 ··· (1)
 案例 1-1　保險標的範圍有爭議 ·· (1)
 案例 1-2　保險合同的特別約定 ·· (6)
 案例 1-3　財產保險合同免責條款說明 ······································· (11)

第二章　財產保險基本原則 ··· (16)
 案例 2-1　保險利益的認定與轉移 ·· (16)
 案例 2-2　最大誠信原則中的告知義務 ······································· (21)
 案例 2-3　近因原則的運用 ·· (28)
 案例 2-4　某車險涉水近因認定案 ·· (33)
 案例 2-5　損失補償原則的運用 ·· (38)
 案例 2-6　A 車險代位求償權案 ·· (42)

第三章　車險業務 ··· (47)
 案例 3-1　車險理賠服務質量 ··· (47)
 案例 3-2　交強險免責條款的理解 ·· (51)
 案例 3-3　車險詐欺問題 ··· (56)
 案例 3-4　Y 保險公司的車險理賠管控 ······································· (63)
 案例 3-5　車商渠道建設與維護 ·· (70)
 案例 3-6　滴滴順風車事故拒賠案 ·· (75)
 案例 3-7　交強險精神撫慰金的歸屬 ·· (79)

第四章　非車險業務 ……………………………………………………（85）

　案例 4-1　校方責任險責任判定 ……………………………………（85）

　案例 4-2　財險施救費用及清理殘骸費用 …………………………（91）

　案例 4-3　責任保險中的第三人直接請求權 ………………………（97）

　案例 4-4　工程保險的理賠 …………………………………………（101）

　案例 4-5　貨物運輸保險理賠 ………………………………………（106）

　案例 4-6　華泰財險首例「互聯網保險」詐欺案 …………………（113）

第五章　「互聯網+」財險 ……………………………………………（119）

　案例 5-1　「動了保」：開啟互聯網車險新格局 …………………（119）

　案例 5-2　太平洋保險：客服與商城同步的綜合型微信平臺 ……（124）

　案例 5-3　永安保險：解鎖微信營銷的新玩法 ……………………（131）

　案例 5-4　中華財險：農業保險「互聯網+」的實踐者和變革者 …（137）

　案例 5-5　陽光財險：「YoYo」微理賠 ……………………………（143）

　案例 5-6　眾安保險：航班延誤「即買即用」 ……………………（149）

　案例 5-7　安邦財險 APP 創新 ………………………………………（156）

　案例 5-8　平安財險「好車主」 ……………………………………（160）

　案例 5-9　中國人保「掌上人保」 …………………………………（166）

　案例 5-10　「眾安在線」引發的思考 ………………………………（171）

第一章　財產保險合同

案例 1-1　保險標的範圍有爭議

一、背景介紹

佛山市某衛浴廠是一家專業生產衛浴櫃產品的企業，於 2015 年 4 月 9 日向某保險公司投保了財產保險綜合險，保險期限一年。該衛浴廠在投保單上註明投保的保險標的及保險金額為：固定資產廠房 1,000 萬元，機器設備 600 萬元，存貨 500 萬元，投保方式為估價投保。另附有一份投保明細表註明估價投保的存貨為原材料 350 萬元、產成品 150 萬元，合計 500 萬元。保險公司經核保後同意承保，在投保單上簽章，並出具了保險單。

由於保險公司經辦人員的疏忽，保險單上承保標的項目為：固定資產廠房保險金額 1,000 萬元，機器設備保險金額 600 萬元，存貨保險金額 500 萬元。在存貨一欄中，保險單未按投保明細表中的原材料 350 萬元、產成品 150 萬元進行細分，而且保險單未註明附投保明細表，交給衛浴廠的保險單背面也未附投保明細表並加蓋騎縫章。

2015 年 10 月 5 日上午 8 時左右，受臺風「彩虹」影響，暴雨的積水開始倒灌進入廠區，摧毀財產價值 650 萬元，其中廠房 200 萬元，設備 100 萬元，衛浴櫃成品 200 萬元，車間在製品 150 萬元。事故發生後，該衛浴廠以保險單為依據向保險公司索賠全部損失 650 萬元。保險公司對損失的廠房，設備及成品衛浴櫃的賠償沒有異議，但對制浴櫃車間在製品的損失 150 萬賠償與衛浴廠發生了分歧。

二、相關理論知識

(一) 基本概念

存貨：存貨是指企業在正常生產經營過程中持有的產品或商品，或者為了出售仍然處於生產過程中的在產品或者提供勞務過程中耗用的材料和物料等。按照《企業會計準則第 1 號——存貨》的規定，企業在編製資產負債表時各項存貨應合併以一個統一的存貨項目列示。

保險實務中對於存貨的投保：由於在投保時有的企業是按帳面存貨科目綜合承保的，有的不是直接用存貨這一科目而是用成品和半成品這樣的名稱，有的是按原材料、在產品、產成品等分項或明細承保的，這樣一來，這就出現了在同一保險事故中，同

樣是存貨受損，最終的定損會有很大的差異，可能出現不同的處理結果，關鍵在於判別受損物資是否為具有保險利益的保險標的。確定受損存貨是否為具有保險利益的保險標的，首先必須確定受損標的在性質上是否屬於存貨。存貨在企業的不同生產過程和階段中具有不同的實物形態。即：在正常的營業過程中置存以便出售的存貨，指企業在正常生產經營過程中處於待銷售的各種資產，如庫存產成品、庫存商品等。

（二）相關法律

根據《中華人民共和國民法通則》（以下簡稱《民法通則》）、《中華人民共和國保險法》（以下簡稱《保險法》）的有關規定，保險代理人在授權範圍內的代理行為是代表保險公司的，其行為所導致的后果由保險公司承擔，投保人將保險標的的情況告知了代理人，就相當於告知了保險公司，保險公司承保后就不能再以投保人未履行如實告知義務對抗投保人。

（三）保險條款

《保險法》第十三條第一款規定：「投保人提出保險要求，經保險人同意承保，並就合同的條款達成協議，保險合同成立。保險人應當及時向投保人簽發保險單或其他保險憑證，並在保險單或其他保險憑證中載明當事人雙方約定的合同內容。」可見投保人提出保險要求，經保險人同意承保，保險合同即告成立。在保險實踐活動中，通常表現為投保人填具投保單發出要約申請，保險人經審核投保單內容無異議后表示接受，並在投保單上蓋章構成承諾，保險合同即成立；然後保險公司出具與投保單、投保清單內容一致的保險單。由此可見，投保單、投保清單、保險單都是保險合同的組成部分，投保單上如有記載而保險單上遺漏，投保單上記載的效力應與保險單上記載的效力一致。

《保險法》第十七條規定：訂立保險合同時，採用保險人提供的格式條款的，保險人向投保人提供的投保單應當附格式條款，保險人應當向投保人說明合同的內容。對保險合同中免除保險人責任的條款，保險人在訂立合同時應當在投保單、保險單或者其他保險憑證上做出足以引起投保人注意的提示，並對該條款的內容以書面或者口頭形式向投保人做出明確說明；未做提示或者明確說明的，該條款不產生效力。

《保險法》第十六條規定：保險人在合同訂立時已經知道投保人未如實告知的情況的，保險人不得解除合同；發生保險事故的，保險人應當承擔賠償責任。

三、案例分析

（一）出險原因及責任分析

（1）出險地點：佛山市某衛浴廠區裡圍，與保單地址相符。

（2）出險時間：2015年10月5日，在保險期限內。

（3）保險標的：廠房、設備、存貨（原材料、成品）。

（4）交費情況：已繳納保費。

（5）出險原因：暴雨。

據佛山市南海區氣象局出具的天氣過程調查報告介紹，經查證相關氣象資料，受臺風「彩虹」螺旋雲系影響，2015年10月3日至4日南海區普降暴雨到大雨，其中南海獅山水務所（小塘）自動站10月3日17時至10月4日20時錄得累積雨量78.9毫米，達到暴雨等級。結合現場查勘，本次事故原因為暴雨。

（6）保單責任：根據某保險股份有限公司「財產綜合險」（2009年版）的規定，由於下列原因造成保險標的的損失，保險人按照本保險合同的約定負責賠償——雷擊、暴雨、洪水、暴風、龍捲風、冰雹、臺風……本次事故是一起由臺風「彩虹」引起的暴雨所導致的，屬於約定自然災害事故，因此保單責任成立，保險人負責賠償。

（7）損失估損：本次事故造成被保險人固定資產、原料、成品及半成品等財產損失。

（8）損失數量：部分財產是列明投保的，不屬投保範圍內的財產損失，核損為零；現場查勘未見損失的或通過簡單晾干處理可以修復且費用較低的，核損為零；其餘部分主要依據現場水浸所涉及部位損失情況，現場與被保險人代表共同確定損失數量。

（9）損失程度：按維修方式核定損失程度。如木工加工設備、噴漆配套設備及氣動或手動工具核損，主要依據受損設備的電機數量及功率大小、電氣控制部分複雜程度等情況，綜合拆裝、維修人工及材料費用核定。同時，在核定維修費用時，一般以不超過保險金額的40%為限，超過的則按保險金額的40%核定維修費用。辦公家具核損，主要採取適當補償損失的方式核損。

（10）單價核損：主要以市場諮詢情況核定維修報價。

（二）案例評析

該場索賠糾紛的焦點在於對保險合同形式以及保險標的範圍認識上的分歧。保險公司多次與被保險人就現保單的承保項目存貨損失的保險金額事宜進行溝通，但被保險人認為這是由保險公司經辦員（業務員）過錯造成的，不能接受按現保單承保金額計算理賠金額。衛浴廠認為保險單是保險合同成立的唯一要素，保險公司應該完全按照保險單約定的內容履行賠償義務。這種觀點是對保險合同的片面理解。

（1）從存貨定義、保險實務角度來看，在製品是屬於存貨範疇，但是在保險實務中對於存貨的投保有差異。在投保時，有的企業是按帳面存貨科目綜合投保的；有的不是直接用存貨這一科目，而是用成品和半成品這樣的名稱；有的是按原材料、在產品、產成品等分項或明細投保的。這樣一來，就出現了在同一保險事故中，同樣是存貨受損，最終的定損會有很大的差異，可能出現不同的處理結果。關鍵在於判別受損物資是否為具有保險利益的保險標的。

該衛浴廠投保存貨保險金額500萬元，在存貨一欄中未按投保明細表中的原材料350萬元、產成品150萬元進行細分，而且保險單未註明附投保明細表，交給衛浴廠的保險單背面也未附投保明細表並加蓋騎縫章。由於在投保時不是直接用存貨這一科目而是用產成品和原材料這樣的明細科目名稱承保的，所以在製品是不屬於承保保險標的範圍，受損的在制衛浴櫃不在理賠標的範圍。

（2）從《保險法》角度看，《保險法》第十三條第一款規定：「投保人提出保險要

求，經保險人同意承保，並就合同的條款達成協議，保險合同成立。保險人應當及時向投保人簽發保險單或其他保險憑證，並在保險單或其他保險憑證中載明當事人雙方約定的合同內容。」可見投保人提出保險要求，經保險人同意承保，保險合同即告成立。在保險實踐活動中，通常表現為投保人填具投保單發出要約申請，保險人經審核投保單內容無異議後表示接受，並在投保單上蓋章構成承諾，保險合同即成立；然後保險公司出具與投保單、投保清單內容一致的保險單。由此可見，投保單、投保清單、保險單都是保險合同的組成部分，投保單上如有記載而保險單上遺漏，投保單上記載的效力應與保險單上記載的效力一致。本案中關於保險標的存貨的範圍用產成品和原材料這樣的明細科目列明承保，應以投保單列明的為準。因此結合投保單、保險單，衛浴廠存貨的投保內容僅為原材料和產成品兩項。在這種情況下，保險人只能根據衛浴廠在投保時所確定的內容進行承諾。依據保險合同的約定，保險公司只需要承擔存貨中的原材料和產成品的損失的賠償義務是正確的。

（3）從保險學原理角度看，簽訂保險合同的雙方必須遵守最大誠信原則，告知是最大誠信原則的主要內容，保險公司業務人員沒有向被保險人告知清楚承保的主要內容中存貨的範疇，沒有給在製品投保，造成事故發生後在製品不在理賠範圍內，保險公司負有不可推卸的責任，顯然違反了《保險法》的第五條、第十一條規定的「誠實信用」「公平互利」原則。根據《保險法》第十七條的規定，保險合同中免除保險人責任的條款，保險人在訂立合同時應當向投保人明確說明，未明確說明的，該條款不產生效力。對存貨中在製品沒有在投保範圍內，又沒有特約承保成為非保險標的，而被視為責任免除項目的情況，在訂立保險合同時保險公司業務人員並沒有向投保人明確說明，因此該責任免除項目不能產生效力。

我們可以從最大誠信原則來分析，當被保險人向保險公司投保時，被保險人的財產及風險情況，保險人有權力向被保險人瞭解，被保險人應如實告知。而且，保險人有權力對其進行風險查勘，保險公司根據此風險查勘的情況決定是否承保及決定費率的多少。如保險公司放棄風險查勘和向被保險人瞭解情況，這就是放棄的行為。放棄的法律後果就是禁止反言，即當出現事故後，保險公司就不能提出對自己有利的解釋。

（4）如果是投保人未如實告知，未告知事項足以影響保險公司決定是否同意承保或者提高保險費率的，此種情況下發生事故保險公司一般不會賠付。保險合同是最大誠信合同，要求合同雙方訂約時恪守誠信原則，投保人應向保險公司如實說明保險標的的情況，對保險公司投保單上書面詢問的事項不得有隱瞞。對因投保人未如實告知而不能賠付的情況，保險公司一般會依據《保險法》第十六條的規定採取如下兩種處理方法：一是投保人故意不如實告知的，保險公司均拒絕賠付，解除合同並不退還保險費；二是投保人因過失未如實告知的，保險公司一般也不會賠付，但可以退還保險費。

（5）業務員未明確說明類：保險公司在訂立保險合同時，應當向投保人說明保險合同的條款內容，關於保險公司責任免除條款，《保險法》特別要求保險公司應當向投保人明確說明；如果未明確說明的，該條款不產生效力。

（6）如果投保人已將保險標的的情況如實告知了保險公司的代理人員，代理人員

在投保單上未將告知事項說明，此種情況下保險公司不宜拒賠。因為根據《民法通則》《保險法》的有關規定，保險代理人在授權範圍內的代理行為是代表保險公司的，其行為所導致的后果由保險公司承擔，投保人將保險標的的情況告知了代理人，就相當於告知了保險公司，保險公司承保后就不能再以投保人未履行如實告知義務對抗投保人。保險公司因業務人員的過失行為應依法承擔締約過失責任，造成的經濟損失應由責任方保險公司承擔。

（7）從會計學原理角度分析，在製品屬於企業的財產，具有可保利益。受損的制浴櫃車間的在製品是否屬於保險標的中的原材料和產成品的範圍，須謹慎處理。依據財產保險條款：「存貨的保險價值是出險時的帳面餘額」，存貨的賠償處理應該是與財務帳目緊密聯繫的。依據會計準則，工業企業的存貨主要包括原材料、產成品、在製品（生產成本）、自制半成品、包裝物和低值易耗品等。但在保險實踐活動中，私營企業已成為保險主體的重要組成部分，部分私營企業由於規模小，生產週期短，採用家庭作坊式的料、工、費、產成品粗放式的經營管理方式，沒有遵循工業會計準則中對存貨內容進行細分核算的要求，沒有建立完善的財務建帳制度。

對該類企業的保險理賠，如果被保險人在投保時沒有進行逆選擇，即投保時只選擇風險大的保險標的進行投保，那麼發生保險責任範圍內的保險事故時，依據實事求是、誠實信用的原則，保險公司理賠時對其原材料、產成品標的的核定就不應按工業會計核算存貨中原材料、產成品的概念處理。處理該類賠案（日常賠案中經常遇到），保險公司應首先考慮被保險人一貫的財務處理方式，如果被保險人是按照會計準則存貨的核算方式進行經營活動，保險公司對其原材料、在製品、產成品等保險內容的核定就應按會計準則中存貨分項內容中的原材料、產成品概念去處理；否則保險公司應該按被保險人事實經營管理中的廣義原材料、產成品的概念去處理，即把在製品中已體現的原材料價值看作廣義的原材料範圍去處理。

四、總結

（一）依法處理、實事求是

保險公司處理賠案應以事實為依據，以保險合同、法律為準則，運用保險原理公正合理地分析每個賠案的具體情況，樹立保險公司良好的社會形象。保險人實際理賠也要從實際出發，本著遵守法律、實事求是的態度去處理糾紛，這樣既維護了法律的尊嚴，又保護了保險公司的信譽。

本案處理過程中，保險公司經查閱衛浴廠的財務處理方式，瞭解到衛浴廠是以會計準則進行存貨經營活動的，因此提出受損的制衛浴櫃車間的在製品按其帳面處理已轉入生產成本科目，不屬於存貨保險標的的原材料、產成品範圍，屬於未保財產。衛浴廠推辭其投保時是將在製品歸類到原材料範圍投保，財務的具體做帳方式被保險人並不知情。最終保險公司考慮衛浴廠利益，認為衛浴廠沒有必要將風險隱患最大的制衛浴櫃間棄之不保，沒有主觀逆選擇投保的行為，保險公司對該衛浴廠在製品的損失給予了適當補償。應該說明的是，2000年7月1日起施行的《中華人民共和國會計法》

明確規定了被保險人是企業財務的直接責任人，被保險人再不能以對財務做帳方式不知情為借口而逃避其相應的責任，這使保險公司此后對以會計準則做帳的企業依據帳面餘額處理，更加有法可依，理直氣壯。

(二) 提高業務能力，提升服務水平

保險合同的形式不影響合同的效力，只要保險當事人雙方協商一致，應以協商一致的內容決定雙方的權利義務。本案中保險單遺漏了存貨具體的兩個項目是由保險公司經辦人工作疏忽造成的，但這並不能改變合同的內容，不影響投保人、保險人的責任分擔。

這是一起因保險公司業務人員缺乏必要的財務會計知識、承保時沒能向保戶告知清楚、承保不規範所導致的疑難處理案件，公司應重視對業務員的培養機制，提高工作人員業務素質，避免不必要的糾紛。保險公司業務員承保企財險時必須懂得一些必要的法律和財務知識。

保險公司核保工作把關不嚴，沒有實際深入企業核定承保項目，只停留在對投保單表面數字的復核上，這對今后核保工作提出了更高的要求。

在辦理保險業務中，由於投保單、投保清單、保險單都是保險合同的組成部分，要求保險雙方的填報必須準確無誤，否則很容易因理解不同引發糾紛，這就要求保險經辦人在辦理保單時要格外認真、細緻，所列保單項目要與投保單相符，切不可馬虎行事。

五、思考題

（1）保險合同的形式有哪些？相互之間有衝突時，應以哪種形式為準？
（2）當企業投保時，保險業務員應該具備哪些技能？
（3）簡述依法理賠與實事求是的辯證關係。

案例1-2　保險合同的特別約定

一、背景介紹

隨著社會的進步和經濟的不斷發展，保險已逐步走進我們生活的方方面面，扮演著越來越重要的角色。保險產品的種類也不斷增多，功能日益完善，內容逐漸複雜。但由於投保人對保險合同、保險條款的理解存在偏差，關於保險產品的糾紛也越來越多。

《保險法》第十條規定：「保險合同是投保人與保險人約定保險權利義務關係的協議。」保險合同的當事人是投保人和保險人；保險合同的內容是保險雙方的權利義務關係。投保人是指與保險人訂立保險合同，並按照保險合同負有支付保險費義務的人。保險人是指與投保人訂立保險合同，並承擔賠償或者給付保險金責任的保險公司。

保險合同作為記載保險關係雙方權利義務的憑證，在解決雙方糾紛中具有十分重

要的作用。但因為部分保險合同是格式合同，所以極容易出現約定上的不公平、使用上的不誠信、結果上的權益失衡等問題。此外，合同的當事人為了在某種程度上減輕或增加自己的責任，在合同中設置了免責條款、特別約定等，這些都是產生保險合同糾紛的主要原因。本案例主要是研究保險合同中關於特別約定的相關問題。

二、相關理論知識

部分保險合同作為一種格式合同，在一定程度上限制了保險合同雙方的締約自由。為保障合同當事人的意思自治，《保險法》在規定保險合同基本內容的前提下，賦予了合同當事人針對保險合同進行特別約定的權利。特別約定條款是與基本條款相對應的概念。基本條款是保險合同所必須具備的條款，由保險公司事先擬定並印製，投保人根據基本條款的內容瞭解險種並決定是否投保。保險合同成立並生效後，保險合同當事人依照基本條款履行合同。特別約定條款應當為保險合同基本條款之外當事人特別約定的其他條款，或者保險合同當事人於基本條款的修正、變更。

實踐中，在保險人製作的投保單上，一般留有由投保人填寫特約事項的空白部分，保險單上也有註明「特別約定」的空白欄，皆可以由投保人和保險人在訂約時要求對方承諾履行某種義務。特約條款是保險合同雙方就對保險基本條款的變更，或者就對基本條款的補充達成的合意，亦構成保險合同一部分，保險合同雙方當事人均應受其約束。

保險合同特別約定是指保險合同中締約雙方經平等協商，在格式條款的基礎上，對於未盡事宜進行書面約定，以此擴展、限制或變更原格式合同中規定的雙方權利與義務。特別約定增強了締約雙方意思自治的能力，有助於雙方在格式條款的框架內，通過協商一致，做進一步的意思表示，以更好地反應真實需求，緩解供需矛盾。但在實際情況中，往往因雙方所處的地位、掌握的信息、對既有條款的理解等方面的差異，導致在特別約定中無法做真實的意思表示，進而引發特別約定的效力問題。

特別約定主要包括以下三種類型：

（1）擴展性條款。該類條款用於擴展保險合同當事人可行使的權利或免除其應履行的義務。如在一般情況下，車輛全損或推定全損，保險人給付賠款後，殘值可歸其所有。投保人與保險人約定發生保險事故，造成標的物全損或推定全損時，保險人按理算價值的賠付，殘值歸被保險人所有，則擴展了其殘值處分權。免於履行義務的特別約定則多由公司提出，這類約定數量最多，散見於各個險種，如存放於露天或簡易建築物內部的保險標的以及簡易建築本身，由於雷擊、暴雨、洪水、暴風、龍捲風、冰雹、臺風、颶風、暴雪、冰凌、沙塵暴造成的損失保險公司不負賠償等。

（2）限制性條款。該類條款用於限制保險合同當事人主張的權益或加重其應履行的義務。一是限制對方索賠尺度，如「本保險合同的每次事故絕對免賠額為1,000元，或核定損失金額的5%，二者以高者為準」等。二是加重對方應履行的義務，如被保險人應在車輛過戶，辦理好購置稅後5個工作日內書面通知保險人，未履行通知義務而造成的相關法律後果由被保險人承擔。

（3）變更性條款。該類條款用於變更主合同的相關要件。一是變更計量基礎，如

「本保單按照年投保清單承保財產綜合險」。二是變更要約條件，如「本公司同意被保險人不提供保險財產詳細清單，但發生本保險項下損失后向本公司提出索賠時，被保險人必須提供合法擁有保險財產的有效證明」。三是變更合同關係參與人，如「本保單第一受益人為工商銀行股份有限公司」等。

三、案例分析

（一）案例介紹

原告：曹某。

被告：某保險股份有限公司上海分公司。

2005年5月，原告在購買機動車時，在保險代理有限公司的指導下，填寫了某保險公司機動車輛綜合保險投保單，同時遞交曹某和曹某某的駕駛證。同年5月31日，被告簽發保險單。

保險單載明：被保險人為曹某，使用性質為營業，車輛損失險保險金額為85,500元，第三者責任險賠償限額為200,000元。保險單上打印有特別約定條款，共6項條款，其中第一條註明：每次事故賠償，被保險人自負額為500元；第五條註明：「固定駕駛員」特約條款；第六條為固定駕駛人員優待特約條款：「採用記名固定駕駛人員投保的保險車輛發生保險事故時，經公司查實，發生保險事故時的保險車輛駕駛人員與投保單中載明的記名固定駕駛人員姓名、性別、駕駛證號不符的，本公司在計算賠款時將對基本險和附加險增加6%絕對免賠率。」

保險責任期間，盧某駕駛保險車輛發生交通事故，將第三者撞傷，經交警部門認定，盧某承擔全部責任。后經法院判決，盧某、曹某應賠償案外人相關損失。曹某依判決賠償后，向被告公司申請理賠，被告以肇事駕駛員為非保單特別約定的駕駛員為由拒賠，故原告訴至法院，請求判令被告賠償原告184,140.49元。

原告認為，特別約定條款沒有在投保單上出現過，是被告在保險合同成立後自行在保險單上打印的，並非原、被告協商一致的結果，故特別約定條款不能約束原告。特別約定條款第五條與保險單本身的印刷字重疊打印在一起，令投保人無法辨認，而且，該條款屬於免責條款，被告的打印方式沒起到提示投保人注意的作用，被告也未以口頭或書面方式向投保人做出解釋。因此，被告未依法對特別約定條款第五條盡到明確說明義務，該條款不產生法律效力。被告辯稱，為繳納相對較低的保險費，原告投保時提出投保車輛的司機僅為曹某和曹某某兩人，且遞交了兩人駕駛證複印件，因此，被告在保單上打印了固定駕駛員特別約定條款，其內容為「指定曹某（駕駛員姓名）和曹某某（駕駛員姓名）為本保險車輛駕駛員，本保險車輛發生事故時，駕駛員為非以上列明的兩個駕駛員之一的，本保險人不承擔保險責任」。保單上的特別約定條款是經過原、被告雙方協商一致的結果，對投保人有約束力。而保險車輛恰是由非固定駕駛員駕車出險的，故保險公司不予理賠。

（二）審理結果

人民法院經審理認為，原、被告簽訂的保險合同已經成立並生效，原、被告雙方

均應依保險合同條款的約定行使權利，履行義務。打印在保險單上的特別約定條款，字號大小及顏色均與保險單上其他印刷字體不同，原告亦在簽收保險單時進行閱讀，故特別約定條款作為保險合同的一部分，本應對原、被告產生約束力。但特別約定條款第五條對固定駕駛員進行的約定系屬保險人免責條款，保險人將特別約定條款第五條打印於保險單原有印刷條款之上，造成字跡重疊，難以閱讀，並且被告亦無其他證據證明其已通過口頭或書面方式對該條款向投保人做明確說明，故法院認為該特別約定條款對原、被告不產生約束力，被告應當依照有效的保險合同條款對原告進行理賠。此外，原告作為出租車的營運者，應知曉固定駕駛員對於出租車安全性的影響，而且，原告在投保時遞交了曹某及曹某某的駕駛證，因此，法院認定第六條「固定駕駛人員優待特約條款」對原、被告雙方產生約束力，被告在計算理賠款時應對基本險和附加險被保險人自負 500 元的基礎上，再減除 6% 的免賠金額。綜上，依照《保險法》第十八條、第二十四條第一款之規定，判決被告某保險股份有限公司上海分公司應於本判決生效之日起 10 日內向原告曹某支付保險金 172,622.06 元。

一審宣判後，原、被告均未上訴，本判決已生效。

（三）案例評析

1. 合同的訂立

合同的訂立，一般而言是由投保人選擇適合自身需求的險種向保險公司投保，保險公司審核後，決定予以承保或者拒絕承保，亦即由投保人發出要約，由保險公司承諾，保險合同成立。而特別條款的訂立關乎保險合同的效力以及當事人的權利義務的確定，其訂立過程應視保險合同的具體情況而定。

理論上，基本條款由保險人事先擬就，而特約條款旨在變更基本條款之內容或增加基本條款未盡之內容，因此為使保險合同更適合自身情況，通常由投保人提出特別約定條款的要約。保險人如果接受，則以特別約定條款的形式打印於保險單上。在這種情況下，特別約定條款自保險公司同意承保之時便成立並對保險合同當事人產生約束力。然而從實務來看，大多特別約定條款是由保險人提出要約，由投保人對該新要約進行承諾。對於特別約定條款訂立的形式，可以是書面形式，也可以是要約人或承諾人以積極的行為表明其意願，如保險人簽發保險單、投保人簽收保險單等。而案例中的特別約定就屬於限制性條款。

本案中，根據原、被告提供的證據，可以理解為保險單上打印的特別約定條款第一條至第五條為保險公司提出的新的要約，而後，投保人簽收保險單並未提出異議，投保人以其行為表明對新的要約的承諾，因此，保險合同成立，特別約定條款第一條至第五條亦對於保險合同當事人產生約束力。而關於「固定駕駛員」條款效力的認定，是本案的爭議焦點。

根據原、被告提供的證據，可以確認以下事實：保險人向投保人提供保險條款，其中包括保險公司事先擬定並印製的「固定駕駛人員優待特別約定」；投保人向保險人提交投保單，同時提交兩名駕駛員駕駛證的複印件；保險人簽發保險單，在保險單上打印了不同於前者的固定駕駛員特約條款，但該條款無法閱讀；投保人簽收保險單並

未提出異議。

針對上述事實，我們可以理解為：假如保險人在保險單上打印的固定駕駛員特約條款字跡清晰、內容清楚的話，可以認定，投保人以提交兩名駕駛員駕駛證複印件的形式向保險人提出新的要約，即要求適用保險人事先印製好的「固定駕駛人員優待特別約定」條款的內容，而保險人在打印保險單的時候，變更了該條款的內容，又構成新的要約，投保人簽收保險單並未提出異議。在這種假設下，投保人以簽收保險單的形式對保險公司打印的「固定駕駛員」特約條款予以承諾，該條款成立並生效。

然而，難以辨認並閱讀的「固定駕駛員」條款打斷了此種假設，進而導致了對該條款效力的否定。儘管投保人在簽收保險單時對於打印不清的條款未進行詢問，但是保險人作為保險行業的專家，應當知曉此新的要約對於投保人權利義務的影響，更應當以清晰無誤的方式使得投保人清楚新要約的內容。在此情況下，法院認定，保險公司在保險單上打印的「固定駕駛員」特約條款不成立，而保險公司簽發保險單的行為則應視為保險公司對於投保人提出的要求適用事先印製好的「固定駕駛人員優待特別約定」條款內容的要約予以承諾，故該條款成立並生效。

2. 保險人對於特別約定條款的說明義務

《保險法》第十七條、第十八條規定，保險人有義務向投保人說明保險合同的內容，對於免責條款，保險人有義務向投保人明確說明，否則該條款不成立。特別約定條款作為保險合同的一部分，其效力與基本條款相同，當特別約定條款與基本條款矛盾時，特別約定條款的效力應高於基本條款的效力。因此，《保險法》關於說明義務及明確說明義務的規定同樣適用於特別約定條款。

本案中，保險公司打印在保險單上的特別約定條款第一條至第五條的內容語言通俗、意思明確，一個具有正常認知水平的普通人亦可明瞭該條款的真實含義和法律後果。而且，投保人在簽收保險單後未對特別約定條款提出異議，應當認定保險公司對上述特別約定條款已盡說明義務。如上所述，對於免除保險人責任的特別約定條款，保險人亦應當履行明確說明義務。對於明確說明義務的履行標準，現行法律並無明確規定，也難以舉證，同時在審判實踐中，法院的裁判尺度亦不統一。

作為保險人，要以合理的方式提醒投保人閱讀免責條款，且免責條款內容明晰、含義清楚，自覺履行明確說明義務。此案中，保險人將特別約定條款第五條，即「固定駕駛員」特約條款，打印於保險單原有印刷條款之上，造成字跡重疊，難以閱讀，並且，被告亦無其他證據證明其已通過口頭或書面方式對該免責條款向投保人做明確說明，故法院可以以保險人未履行明確說明義務為由，認定該條款無效。

當然，對於保險合同特別約定條款而言，相關的專家學者認為保險人說明義務存在其適用的例外情況。保險人說明義務的立法目的，是為「保護被保險人的利益，使保險合同真正建立在相互瞭解各方的權利義務、根據平等互利原則經過公平協商的基礎之上」。他們認為當投保人提出新的要約、保險人予以承諾，此過程即可視為保險合同雙方當事人就保險合同條款進行的公平協商，對於經過協商而形成的保險合同特別約定條款，保險人沒有再履行說明義務之必要。同理可得，本案中，投保人以其行為表明要求適用保險人事先印製的「固定駕駛人員優待特約條款」，投保人的行為亦表

明，其已在保險人承諾之前明確了上述條款的含義，在這種情況下亦無須要求保險人履行說明義務。

四、總結

無論是特別約定還是免責條款，都能增加或減少保險人的責任，從另一方面而言，投保人、被保險人可以利用特別約定更好地維護自身的切實利益。投保人、被保險人應該發動其本身自有的主觀能動性，主動地去維護自身利益，主要分為以下4點：

1. 瞭解保單的保險責任

保險責任是整份保單的核心，也是投保人購買保險的最終目的，只要保險責任是其所需要的，才不會覺得花了冤枉錢，保險才能在事故真正發生時突顯保單的作用。

2. 瞭解保單的免責條款

免責條款在很大程度上是保險人為了減輕自身的責任而提出的條款，都要明確清楚地在保險合同內載明。現在許多保險公司都用加粗、加大的字體描述免責條款，在此情況下，投保人、被保險人更應該認真看清免責條款，避免真的沒有看清免責條款但法官認為是有理由相信保單的持有人是有能力、應當看清免責條款的情況發生，切實維護好自身權益。

3. 瞭解保單的特別約定

保單的特別約定要麼是縮小保險責任範圍，要麼是增大保險責任範圍或提供相關的服務，不管是哪種，投保人、被保險人都應認真閱讀特別約定，如不清楚，應當向保險人、代理人詢問清楚。

4. 瞭解理賠手續以及24小時服務電話

在事故發生前瞭解相關的理賠步驟、手續，才能更好地處理危機。在關鍵時刻不會因為理賠手續的問題影響保單責任的履行。

五、思考題

（1）保險人的「告知」義務如何履行？
（2）投保人應該如何維護自己的保險合同權益？

案例1-3　財產保險合同免責條款說明

一、背景介紹

「投保容易理賠難」是投保人或者被保險人在保險合同履行過程中集中反應的問題，也是整個保險市場中的主要矛盾之一。在機動車保險合同理賠過程中，保險公司事實上處於一種壟斷地位，其信息獲取途徑廣、掌握信息較投保人具有優勢，保險合同的雙方當事人地位實質上並不平等。作為投保人一方，其掌握的知識具有局限性，對專業性極強的保險條款難以理解透澈，所以只能依賴於保險人的說明，這為保險人

利用信息壁壘侵害投保人的利益提供了機會。在保險實務中，保險人及其代理人可能利用優勢地位向投保人虛假陳述，或者故意隱瞞合同主要條款等其他形式來誤導投保人，使投保人陷入錯誤的認識。所以，立法需要對保險人施以明確的提示與說明義務。

二、相關理論知識

《保險法》第十七條對保險人明確說明義務的規定雖然在之前立法基礎上有了很大進步，立法規定更加細化。但是，在司法實務中，對於「免責條款」的認定標準，明確說明義務的行使方式、程度，保險人未盡告知義務對保險合同效力的認定等規定的缺失，在保險合同的索賠過程中引發了許多爭議難題。因此，通過分析本案例，研究保險人明確說明義務及違反該說明義務的法律後果，進而對上述問題進行論證，具有重要的理論和實踐意義。

其理論意義表現為：有利於健全關於保險人明確說明義務的相關法律規定，以解決現行法背景下沒有明確提示與說明義務的範圍、方式、程度標準以及法律後果等問題，可以明確「免責條款」「明確說明」的認定標準，以填補立法模糊籠統之處，完善保險立法，推動立法進程。其實踐意義表現為：由於按照現有法律的規定，保險人對「免責條款」明確說明義務的方式、標準、未履行的法律後果不清晰，因此常常導致在實際操作中的同案不同判的現象。如果明確保險人明確說明義務，法官在辦案中有法可循，則這種問題就可以得到很好的解決。通過對本案保險人對「免責條款」的明確說明義務的典型問題加以研究，從而在立法上對這些問題加以明確規定，使這些疑難爭議之處有明確的法律依據支撐，可以有效減少實踐中此類糾紛的發生，提高商業保險交易的效率和穩定性，促進市場經濟發展。

三、案例分析

（一）案例介紹

2009年12月7日，原告劉某為其所有的車輛蘇NU3839、蘇NG886掛車在某保險公司處投保了機動車商業保險和機動車交通事故責任強制保險（簡稱交強險），保險期間分別為2009年12月26日至2010年12月25日，2009年12月8日至2010年12月7日。2010年4月3日，原告劉某駕駛上述車輛在某一交叉路口發生交通事故，車上貨物刮倒了路上的電信線路、廣播電視以致綠化帶、線路、路邊房屋和一輛小型客車受損。交警部門認定，該事故是因為原告駕駛的車輛所載貨物超高導致，故原告對該事故承擔全部責任。經過交警部門的調解，原告已實際賠償了以上各項損失的費用。後來，原告向某保險公司提出理賠。被告提出上述事故車輛因未在被告處投保貨險，並且車輛所載貨物超高，所以，該事故不在保險賠償的範圍。被告又通過電話對原告進行了回訪，雙方在電話中就涉案事故達成了銷案協議。

另查明，原告劉某所投保的商業險條款約定了：「……第七條 下列損失和費用，保險人不負責賠償：（一）被保險機動車發生意外事故，致使第三者停業、停駛、停電、停水、停氣、停產、通訊或者網路中斷，數據丟失、電壓變化等造成的損失以及

其他各種間接損失⋯⋯（六）被保險人或駕駛人的故意行為造成的損失⋯⋯第九條 保險人依據本保險合同約定計算賠款的基礎上，保險單載明的責任限額內按下列免賠率免賠：負全部事故責任的免賠率為20%；違反安全裝載規定的，增加免賠率10%⋯⋯」

（二）審理結果

法院依據《中華人民共和國合同法》（以下簡稱《合同法》）、《中華人民共和國民事訴訟法》（以下簡稱《民事訴訟法》）的規定，於2011年7月25日做出判決：撤銷原告劉某與被告某保險公司就涉案保險事故達成的銷案協議。

保險公司不服一審判決，向中級人民法院提起上訴。中級人民法院經二審，確認了一審查明的事實。中級人民法院認定上訴人某保險公司提出的關於銷案的協議係雙方自願達成，未違反法律規定，依法應受法律保護的上訴理由不能成立。一審法院認定事實清楚，適用法律正確，程序並無不當，應予維持。

（三）案例評析

本案中，在保險事故發生後，保險公司通過電話對劉某進行了口頭詢問，達成了「銷案協議」。但本案中的關鍵事實是保險人隱瞞了被保險人能夠獲得理賠的關鍵信息，則該口頭銷案協議是否可以撤銷？上訴人某保險公司在與被上訴人劉某訂立銷案協議的過程中是否存在詐欺行為？

本案兩個爭議焦點可以歸結為一個問題進行探討，即銷案協議是否具備法定可撤銷條件。本案中，保險人雖然履行了說明義務，但其對「免責條款」的說明是否明確卻是兩級法院審判時爭議的焦點之一。法院審理的關鍵在於保險人是否對「免責條款」履行了明確說明義務。明確說明義務是保險人在保險法律關係中的核心義務之一，其是否實際履行關係到「免責條款」生效與否。

《保險法》第十七條規定：對保險合同中免除保險人責任的條款要盡到提示和明確說明義務，即需在投保單、保險單或者其他保險憑證上做出足以引起投保人注意的提示，並對該條款的內容以口頭或者書面形式向投保人做出明確說明。由於學界、司法界對《保險法》第十七條的性質和效力尚未形成共識，造成法官在審理該類型案件中對本條的解讀思路上和具體裁判尺度不統一，做出了不同或互相矛盾的判決。本案中，兩級法院在適用法律上，解讀思路一致，二審法院維持了一審原判，這並非偶然，而是司法技術的進步。本案中，「免責條款」不具有法律效力。保險公司要使保險「免責條款」發生法律效力，就必須履行法定的義務，盡到法定的責任。任何逃避或消極履行法定義務的行為，都不能使保險「免責條款」發生法律效力。任何企圖援引「免責條款」的當事人，首先必須證明該「免責條款」是合同內容的一部分。

保險人既然援引其制定的保險條款拒賠，則該條款應該為合同內容並為投保人或被保險人所知曉。然而，本案中，保險人卻未在保險合同中載明抗辯的免責事由，更沒有對該免除保險人責任的條款提示投保人注意並對其內容予以明確說明。根據商業慣例，保險公司一般將其應當履行的明確說明義務簡化為在預先擬定好的格式條款上加蓋印章或簽名，代替其應當履行的明確說明義務。

上述行為係消極履行法定說明義務的行為，其實質是對保險人應當承擔的法定義

務的免除，是一種規避法律的行為。是故，本案保險公司採取商業慣例，通過投保人在保險單上簽名來履行說明義務，這種消極履行義務方式無法認定保險人已經履行了對投保人就「免責條款」進行了明確的說明義務。因此，本案關於保險人「免責條款」不產生效力。

本案中，劉某同意銷案的原因是某保險公司在此之前已經拒絕理賠，所以，劉某錯誤地以為此次因交通事故造成的損失不能從某保險公司獲得賠償。某保險公司拒賠的理由主要是劉某沒有投保貨物損失險，所以由被保險車輛裝載的貨物超高而引發的交通事故不屬於其賠償的範圍。但是，某保險公司在訴訟中未對上述拒賠理由提供法律及合同上的證據。

某保險公司是一個專業的保險公司，有著豐厚的工作經驗並且對保險合同條款理解透澈，其明知或者應該知道本案的交通事故在保險賠償的範圍之內。某保險公司對此次保險事故認知能力清晰，能夠明確判斷應該理賠的結果，仍然對劉某做出了拒賠的表示，違反了誠實信用的原則。在銷案協議的訂立過程中，某保險公司故意隱瞞了劉某可以獲得保險理賠這一重要事實，對劉某進行錯誤誘導，致使劉某陷入錯誤的認知，以為不能獲得賠償。劉某在上述認知錯誤的基礎上做出同意銷案的意思表示，與其期望獲得保險賠償的真實意思明顯相違背，所以某保險公司構成詐欺。

另外，《合同法》規定的締約信息提供義務，是在意思自治、合同自由以及誠實信用的原則之上所引申出來的一種先合同義務。先合同義務是這樣一種附隨義務，是在合同生效之前，締約雙方為了締結合同而在合同締結過程中應履行基於誠實信用原則下的法定義務。《合同法》上締約信息提供義務針對的對象是與締約有關的信息，該義務的存續時間包括從締約接觸到合同生效的整個締約過程，且該義務並不是締約雙方當事人約定的合同義務本身，而是一種附隨義務，該義務的履行關係到合同的效力。上述義務來源於誠實信用原則，是一種法定義務，由法律強制締約雙方當事人履行，而不是締約雙方在合同中約定的義務。本案中，在保險合同的磋商訂立過程中，保險人負有締約信息提供義務，將與締結保險合同有關的信息告知投保人，包括合同條款中具體包括哪些免責事由、每種免責事由具體適用範圍等。

合同的訂立是當事人理性判斷的過程，這種理性判斷必須以獲得充分信息作為前提。當合同訂立過程中存在某些特殊情形或者因交易的特殊性而導致雙方交易信息不對稱顯而易見時，如保險人較投保人具有信息優勢，應通過法律對某些特定信息優勢當事人一方施加特定的締約信息提供義務。

通過分析中國立法對保險人說明義務的規定可知，中國《保險法》對保險人的提示及明確說明義務的規制路徑是一種從「統一主義」向「分離主義」轉變的過程。「統一主義」下提示義務被包含於明確說明義務中，是同一種義務，「分離主義」下提示義務區別於明確說明義務，提示義務是針對一般保險格式合同條款而言，明確說明義務是針對保險合同「免責條款」。

四、總結

保險人對「免責條款」的說明義務，是從「明列說明」到「明確說明」的轉變。

因為保險立法的不完善，導致司法無法可依。審判實踐中針對同一類型的案件經常出現「同案不同判」的現象。為了實現法院自由裁量權的公正以及連貫性，我們可從以下四方面對保險人說明義務制度進行重置。第一，在說明義務的履行範圍上，要改變一般說明之對象範圍對保險人說明負擔過重和明確說明之對象範圍界定不清的問題，將前者與保單通俗化制度銜接起來，對後者則要給出一個清晰的界定。第二，規範保險人說明義務的操作流程，在保障了投保人知情權的同時又可解決保險人對說明義務履行與否難以證明的問題。第三，從公平和利益均衡的角度，在說明標準上建議採納理性外行人的標準，在說明義務的履行方式上則變為以主動模式為主、被動相結合的模式。第四，法官在具體判案時，要對保險人及投保人雙方利益進行衡量，商事審判中更注重當事人行為的外觀效力和公示主義，要對信賴利益進行司法保護。

五、思考題

（1）企業財產保險合同中常見的免責條款有哪些？
（2）車險保險合同中常見的免責條款有哪些？
（3）保險公司一般如何證明自己已經履行了免責條款的明確說明義務？

第二章　財產保險基本原則

案例 2-1　保險利益的認定與轉移

一、背景介紹

保險利益原則是整個保險法律制度的核心之一，具有避免賭博行為的發生、避免道德風險的發生以及限制損失補償的程度等功能，在保險法律和保險實務中都扮演著舉足輕重的角色。保險利益原則最早起源於財產保險，是財產保險中的核心要素。長期以來，該原則一直都備受理論界和實務界的關注，因此人們對它的討論一直都很活躍。而對保險利益的探討，對完善中國的保險立法以及發展中國的保險業都有著及其重要的意義。在財產保險合同中，保險事故發生時被保險人對保險標的是否具有保險利益是被保險人是否能夠獲得賠償的重要構成要件。但在實務中，由於投保人、被保險人的保險知識薄弱，保險人對一些保險疑難問題沒有深入的研究以及沒有盡到自己的義務與責任，導致了很多保險糾紛案件的產生。本案例分析了財產保險合同中保險利益的演變以及在處理財產保險合同中保險利益原則的運用。

二、相關理論知識

（一）保險利益學說

關於保險利益學說，主要有一般性保險利益學說、技術性保險利益學說和經濟性保險利益學說。

一般性保險利益學說認為，保險利益僅限於所有權利益。在 18 世紀之前並無法律要求投保人與保險標的具有任何聯繫，保險與賭博具有同樣性質，是受法律保護的。由於海上貿易活動中賭博十分盛行，且危害很大，因此，法律開始規定投保人對保險標的不具有保險利益的，保險合同無效。而當時經濟交往方面主要體現為所有權的交換，故將保險利益局限於所有權，只有保險標的的所有權人才對保險標的具有保險利益。

技術性保險利益學說將保險利益擴展到所有權之外的間接保險利益。隨著經濟和保險業的發展，在資本主義逐漸走向壟斷的階段時，他物權[①]法及債權等其他私法權得

[①] 他物權是指在他人所有的物上設定或享有的權利，源於羅馬法。

到充分重視。相應地，保險關係越來越複雜，保險種類越來越多，各種新興的保險出現，一般性保險利益學說在很大程度上限制了保險業的發展，而技術性保險利益學說，使保險利益突破了所有權的限制，將保險利益擴展到間接保險利益。

經濟性保險利益學說，將保險利益擴展至合法的經濟利益。該學說是19世紀至今主要流行的觀點，認為對於保險利益的認定，不應局限於法律的規定，而應當從經濟的角度出發，即使投保人對保險標的不具有法律上規定的權利，但如果與保險標的存在著事實上、經濟上的關係，只要不違反法律的規定，不違反公序良俗，投保人因這種經濟關係受到損害而遭受經濟上的損失，就可以對保險標的具有保險利益。各國的立法和實踐均表明經濟性保險利益學說是比較合理可行的一種理論。

採用經濟性保險利益學說認定保險利益原則的好處是：保險利益相對穩定，較容易確定。而不足之處是：被保險人注意的是自己的經濟利益，保險人強調的是物權關係，於是產生了額外的訴訟。

(二) 中國保險利益的規定

中國《保險法》對保險利益定義為：保險利益是指投保人或者被保險人對保險標的具有法律上承認的利益。在財產保險合同中，只要求被保險人在事故發生時對保險標的具有保險利益；在投保時，投保人、被保險人是否具有保險利益不影響財產保險合同的成立。衡量被保險人對保險標的是否具有保險利益的標誌是看被保險人是否因保險標的的損害或喪失而遭受經濟上的損失。中國理論界認為財產保險利益主要包括現有利益、期待利益和責任利益。

現有利益是指投保人或被保險人根據法律規定對保險標的所享有的現存利益，如投保人或被保險人基於所有權、擔保物權、保管權、用益物權、合同債權以及其他民事權利所產生的保險利益。

期待利益是指投保人或者被保險人對保險標的的利益尚未存在，但是基於現有的利益可以獲得的利益。現有利益必須要以現實法律或者合同為基礎，而中國的保險法對期待利益並沒有明文的規定。

責任利益是指因被保險人依法應承擔的民事賠償責任而產生的經濟利益。民事賠償責任是以期權行為或合同的違約行為的發生為基礎，與之相對應的險種是責任保險。

三、案例分析

(一) 案例介紹

2007年4月4日，A公司就湘AC3278「路虎」越野車向某保險公司投保了車輛損失險等9個險種的保險，保險期至2008年4月4日24時止。保險單上註明的投保人和被保險人均為A公司。但車輛所有人為B公司。2008年3月6日，B公司將被保險車輛轉讓給本公司工作人員彭某（彭某是A公司股東），並辦理車輛過戶手續，但並未告知保險公司且沒有辦理保險單變更手續。2008年3月17日，該車在某高速公路附近由於自燃導致全損。事故發生後，保險公司認為，保險期限內標的車輛轉讓沒有書面通知保險人，因此拒絕理賠。但是彭某認為，自己在車輛過戶之前就長期使用該車，同

時也是 A 公司股東，對保險車輛具有保險利益，因此保險合同有效，保險公司應該賠付。

該地中級人民法院認為，投保人 A 公司和保險人簽訂的保險合同，是雙方當事人真實意思表示，內容合法，且 A 公司對保險標的具有保險利益，對此保險人在上訴狀中亦予以認可，故應認為該合同的基本內容合法生效。在保險期限內，被保險車輛發生轉讓，受讓人彭某應依法繼承被保險人 A 公司的權利和義務，對保險車輛享有保險利益，並且保險事故發生在保險期限內，所以彭某享有保險金請求權。保險公司不服。

(二) 案例評析

本案的爭論點之一：法院認為「A 公司對保險標的具有保險利益」，並表示「對此保險人在上訴狀中亦予以認可」。從這裡可以看出法院將保險利益看成是一種主觀的、可以根據當事人的意志加以變更的事實。這是違反了保險利益原則的本意的，因為無論從法理來看還是從法律規定而言，保險利益均是一種客觀存在的事實，是不以人的意志為轉移的。而且，根據上面的理論分析可知，保險利益是指投保人或被保險人對保險標的具有法律上承認的利益。財產保險的保險利益主要包括現有利益、期待利益和責任利益。而在狹義的財產保險中，財產的所有人（包括共同所有人）、對財產安全負責的人（如因寄存、維修、加工等原因對該財產負有保管責任者）、作為抵押物、留置物、典當物的財產的權利人以及承租人對其財產具有保險利益。

本案的投保人和被保險人均為 A 公司，而 A 公司對被保險車輛既不具有所有權，也不具有留置權、抵押權、保管權等權利，所以，A 公司對被保險車輛不具有保險利益。

中國《保險法》規定，投保人和保險人在簽訂財產保險合同時，可以對標的不具有保險利益，但是在保險事故發生時，投保人或被保險人必須對保險標的具有保險利益，否則，保險公司不負賠償。因此，保險合同簽訂的時候 A 公司雖然並不是投保車輛的所有人，但可以為湘 AC3278「路虎」越野車投保車輛損失險。但是當保險事故發生時，若想獲得賠償，被保險車輛的所有權必須要被轉移到 A 公司，或者被保險人變更為 B 公司。事實上，A 公司後來也沒有通過任何的轉讓而獲得該車的所有權或其他權利，即 A 公司和被保險車輛不存在任何的法律關係。除此之外，A 公司和 B 公司之間也不存在任何的法律關係。A 公司不是、也從來沒有成為過該車輛的所有人或對該車擁有其他權利。

在投保之時，投保人沒有對被保險車輛具有保險利益，在發生保險事故之時，A 公司和被保險車輛之間也不具有任何法律上認可的利益。因此，A 公司對被保險車輛不具有保險利益。

本案爭論點之二：如果 A 公司對湘 AC3278「路虎」越野車沒有保險利益，本案中的保險合同效力如何？

根據《保險法》第四十八條的規定：「保險事故發生時，被保險人對保險標的不具有保險利益的，不得向保險人請求賠償保險金。」因此，本案中，A 公司和該保險公司之間簽訂的以湘 AC3278「路虎」越野車為保險標的的保險合同無效。該法院的判決

不妥。

爭論點之三：彭某繼承保險合同中相應的權利和義務嗎？

根據《保險法》第四十九條的規定，保險標的轉讓的，保險標的的受讓人承繼被保險人的權利和義務。保險標的轉讓的，被保險人或者受讓人應當及時通知保險人，但貨物運輸保險合同和另有約定的合同除外。被保險人、受讓人未履行本條第二款規定的通知義務的，因轉讓導致保險標的危險程度顯著增加而發生的保險事故，保險人不承擔賠償保險金的責任。

在本案例中，被保險車輛的所有權人是 B 公司，B 公司和彭某之間由於被保險車輛的轉讓雖然產生了所有權的轉變，並產生法律效力，但是由於保險合同的被保險人不是 B 公司，因此，雖然被保險車輛的所有權發生了變更，但是並沒有相應地繼承被保險人的權利和義務。所以彭某並沒有繼承保險合同中相應的權利和義務。

爭論點之四：若 A 公司與保險公司之間簽訂的保險合同生效，彭某又沒有和 B 公司之間對被保險車輛進行所有權的轉讓，其作為 A 公司的股東對被保險車輛具有保險利益嗎？

股權是公司股東基於其股東身分和地位而享有的從公司獲取經濟利益並參與公司經營管理權的權利。股權包含三方面的內容：一是資產收益權，二是參與公司重大決策的權利，三是選擇管理者的權利。其中，資產收益權屬於財產性質的權利，其他兩者屬於人身性質的權利。對於股東對公司的財產是否具有保險利益，各國有不同的看法。

英國判例認為股東對公司的財產不具有保險利益。因為他們從所有權的角度去分析，認為公司是企業法人，享有獨立的法人財產權，所以公司的財產是公司的而不是股東的，股東對公司的權利僅包括資產收益、分享紅利以及在公司解散或破產時分配公司的剩餘財產。因此，公司的股東對公司的財產不具有保險利益。與之相反，美國判例則認為股東對公司的財產具有保險利益，因為他們從經濟最終受害者的角度進行分析，認為公司財產的損毀將使股東對公司享有的資產收益、分紅等權利得不到實現，必然會對股東的利益造成損害，因此，股東對公司的財產具有保險利益。

在臺灣地區，有一些學者認為，股東既然有分享紅利及分配公司剩餘財產的權利，那麼股東就會因公司財產的損失而受損，因此應該承認股東對公司財產具有保險利益。而另一些學者則認為，應該根據股東對公司責任的性質來確定股東是否對公司財產具有保險利益。根據股東對公司所負責任的不同，公司可以分為無限責任公司、有限責任公司、股份有限公司。其中無限責任公司的股東對公司債務負連帶無限責任，其與公司的關係極為密切，應認為無限責任公司股東對公司財產具有保險利益。而有限責任公司的股東僅以其出資額為限對公司承擔責任，股份有限公司的股東僅以其所認購的股份對公司承擔責任，兩種公司的股東都對公司承擔有限責任，與公司的關係不夠密切，而他們的實際利益估算起來也比較難，應該認為有限責任公司和股份有限公司的股東對公司財產不具有保險利益。

另外，中國大陸的一些學者認為股東對公司的財產沒有保險利益。他們認為公司的獨立人格和公司的財產具有保險利益，而不是公司的股東對公司的財產具有保險

利益。

綜上所述，對於股東對公司的財產是否具有保險利益，是很有爭議性的一個問題。不過在中國的案例判定中，一般都認為股東對公司的財產不具有保險利益。因此，在本案例中，即使 A 公司對被保險車輛具有保險利益，彭某作為 A 公司的股東對被保險車輛也不具有保險利益。況且根據前面的分析可知，A 公司和保險公司之間簽訂的保險合同並沒有產生法律效力。因此，即使彭某同時是 A 公司的股東之一，也不可以基於自己的保險利益主張保險合同項下的權利。

爭論點之五：事故發生后，保險公司認為，保險期限內標的車輛轉讓沒有書面通知保險人，因此拒絕理賠。

在本案例中，經過上面的分析可知，投保人和被保險人對保險標的不具有保險利益，因此保險合同無效。保險公司以「保險期限內標的車輛轉讓沒有書面通知保險人，因此拒絕理賠」不合理。

在財產保險合同中，發生事故時被保險人對保險標的不具有保險利益，不影響保險合同的成立，不會導致保險合同失效，但是卻會導致被保險人在損失之後無法獲得賠償。那被保險人無法獲得賠償，應該由誰負責？一般來說，保險事故發生時，被保險人對保險標的不具有保險利益致使無法賠償通常有兩種原因：一種是保險人未盡到說明義務，致使投保人錯誤投保，屬保險人的故意或重大過失；另一種是投保人投保了其沒有保險利益的保險，屬投保人的故意或重大過失。

保險人作為保險市場的經營主體，其理應對保險利益具有更加深刻的理解和辨別能力，在承保時負有審慎經營、誠實信用的義務，對於投保人投保時的信息負有核實的責任，如果保險人在明知投保人（和被保險人同為一人的情況下）對保險標的不具有保險利益而投保的情況下同意承保，是對市場規範和法律原則的違背，應該對自己的過錯行為承擔相應的民事責任，而此時的被保險人在保險事故發生時對保險標的無論是否已經取得了法律上承認的利益都具有保險金索賠權。

在本案例中，A 公司投保的目的是為了在被保險車輛遭到損失時可以得到賠償，A 公司可以作為投保人，而由 B 公司作為被保險人，然后投保為車輛損失險。在出險后由 B 公司向保險公司申請賠付。而保險公司明知 A 公司的投保意願，但是其作為專業提供保險的一方，在承保時，並沒有審查 A 公司對投保車輛是否具有保險利益，也未告知 A 公司對投保車輛因不具有保險利益，在發生保險事故時不能獲得賠償的後果，致使 A 公司錯誤投保。因此，保險公司也應該承擔相應的過錯責任，承擔一部分的賠償或者退還保險費。

四、總結

可保利益是保險合同的客體，是合同生效的法律依據。投保時，投保人對保險標的具有保險利益，保險合同生效；投保時，投保人對保險標的不具有保險利益，則保險合同不具有法律效力。在人身保險合同中，保險合同簽訂之時，就要求投保人對被保險人具有保險利益，而在財產保險合同中，保險合同簽訂之時，不要求投保人對保險標的具有保險利益，但在保險事故發生之時要求投保人或被保險人對保險標的具有

保險利益。若保險事故發生之時，被保險人對保險標的不具有保險利益，則保險公司不負責賠償。而在簽訂財產保險合同之時，若投保人或被保險人對保險標的不具有保險利益的，作為保險公司，應該承擔起自己的義務與責任，提醒投保人或被保險人。保險事故發生時，保險人若對保險標的不具有保險利益，則保險公司不負責賠償，所以，投保人應在保險標的轉移時辦理相關的權利轉讓手續等，並通知保險人。

在本案例中，在保險合同簽訂之時，A 公司雖然對保險車輛不具有保險利益，但是合同成立；但是保險事故發生之時，保險合同的被保險人仍然是 A 公司。在保險合同簽訂到保險事故發生時的那段時間，A 公司並沒有通過任何的轉讓而獲得該車的所有權或其他權利。除此之外，A 公司和 B 公司之間也不存在任何的法律關係。

在保險合同簽訂之時和保險事故發生之時，A 公司都沒有對被保險車輛具有保險利益。而彭某和 B 公司之間簽訂的被保險車輛的所有權轉讓合同雖然成立，但是由於 B 公司不是保險合同的被保險人，因此，彭某沒有繼承被保險人的權利和義務，對被保險車輛也不具有保險利益，因此彭某不能要求保險公司向其賠付保險金。另外，保險公司由於沒有承擔起相應的提醒和監督責任，在保險事故發生後也應該承擔一部分的賠償或者退還保險費的責任。

五、思考題

(1) 財產保險中，投保人對哪些標的具有保險利益？
(2) 保險標的轉移時，投保人應該如何做以確保保險合同的效力？
(3) 車輛買賣過戶時未通知保險公司做變更，發生事故真的不賠付嗎？

案例 2-2　最大誠信原則中的告知義務

一、背景介紹

「新國十條」[①] 出抬后，保險業的發展越來越好。在中國目前社會誠信體系尚不完善的背景下，少數投保人、保險人存在較強的投機心理，投保人、被保險人或者受益人故意進行保險詐欺的情況時有發生，缺乏履行如實告知義務的主動性和嚴肅性。保險人因展業競爭壓力，在訂立合同時進行銷售誤導，在投保人出險後則習慣用未履行如實告知義務為由拒絕理賠，雙方當事人均未按照誠實信用原則履行合同義務，從而影響了保險行業的健康長足發展。

如實告知義務作為各國保險法普遍規定的重要規則，是保險合同的基本內容，也是保險合同糾紛案件的重要爭議焦點。根據相關資料顯示，無論是何種類型的保險糾紛案件，當事人的爭議焦點主要集中在「免責條款的範圍」「保險人是否履行了明確說

---

① 2006 年發布《國務院關於保險業改革發展的若干意見》，簡稱「國十條」；2014 年 8 月 10 日國務院發布《關於加快發展現代保險服務業的若干意見》，簡稱「新國十條」。

明義務」和「投保人是否履行了如實告知義務」三個方面，投保人如實告知義務的履行以及保險人解除合同權的行使，涉及保險人和投保人、被保險人或者受益人的切身利益，圍繞投保人如實告知義務履行的爭議是當前保險合同糾紛訴訟或者仲裁案件的核心焦點。

二、相關理論知識

最大誠信原則是指保險活動當事人行使權利、履行義務應當遵循誠實信用原則。它包括告知、保證、棄權和禁止反言。其中，告知是保險合同當事人的義務，要求當事人按照法律，實事求是、盡自己所知、毫無保留地告知對方所應知道的情況。

（一）相關的法律條款

（1）《保險法》第十六條規定，訂立保險合同，保險人就保險標的或者被保險人的有關情況提出詢問的，投保人應當如實告知。投保人故意或因重大過失未履行前款規定的如實告知義務，足以影響保險人決定是否同意承保或者提高保險費率的，保險人有權解除保險合同。投保人故意不履行如實告知義務的，保險人對於合同解除前發生的保險事故，不承擔賠償或者給付保險金的責任，並不退還保險費。投保人因重大過失未履行如實告知義務，對保險事故的發生有嚴重影響的，保險人對於合同解除前發生的保險事故，不承擔賠償或者給付保險金的責任人，但應當退還保險費。

（2）《保險法》第五十一條規定，被保險人應當遵守國家有關消防、安全、生產操作、勞動保護等方面的規定，維護保險標的的安全。保險人可以按照合同約定對保險標的的安全情況進行檢查，及時向投保人、被保險人提出消除不安全因素和隱患的書面建議。投保人、被保險人未按照約定履行其對保險標的的安全應盡責任的，保險人有權要求增加保險費或者解除合同。保險人為維護保險標的的安全，經被保險人同意，可以採取安全預防措施。

（3）《保險法》第五十二條規定，在合同有效期內，保險標的的危險程度顯著增加的，被保險人應當按照合同約定及時通知保險人，保險人可以按照合同約定增加保險費或者解除合同。

（二）國外對如實告知義務的相關規定舉例

2009年8月公布了《歐洲保險合同法原則》（PEICL），該原則成為歐洲統一保險合同法的藍本。該原則在如實告知義務的履行方式上由傳統的主動告知轉變為被動告知，並根據主體違反如實告知義務時的主觀狀態與違反如實告知義務的時間規定有區別的法律責任。

《德國新保險合同法》對於詢問模式進行了修改，該法第十九條第一款規定：「投保人於要約前應將其所知悉的對於保險人基於書面形式所詢問的關於決定保險合同內容具有重要性的情況告知保險人。」

三、案例分析

(一) 案例介紹

（1）2002 年 3 月 20 日，R 保險公司向 S 公司簽發財產險保險單一份，保險單載明：被保險人為 S 公司，保險項目包括建築物、機器設備及其他，保險金額總計 350 萬元，保險期限自 2002 年 3 月 21 日零時起至 2003 年 3 月 20 日 24 時止，保險費率為 1.2‰。S 公司於上述保險單即將到期辦理續保手續時，將簽章后的《財產一切險投保單》及其背附的《財產一切險情況調查表》提交給 R 保險公司。在《財產一切險情況調查表》第七項「投保項目的周圍有無其他建築」的「無」一欄打有一勾，第十三項「其他需特別說明的情況」一欄系空白。

（2）前述 2003 年保單即將到期時，經 S 公司履行提交投保單並在《財產一切險情況調查表》上簽章等投保手續后，R 保險公司向 S 公司簽發了兩份《財產一切險保險單》。其中簽發於 2004 年 3 月 16 日的保險單載明保險費率為 0.8‰。該份保單所對應的《財產一切險情況調查表》除在第八項「有無保安措施」的「有」一欄打有一勾外，其餘事項均未填寫。

簽發於 2004 年 4 月 13 日的保單載明：保險項目中機器設備保險費率為 0.8‰。該份保單所對應的投保單載明的填寫日期為 2004 年 3 月 30 日，投保單背附的《財產一切險情況調查表》第十三項「其他需特別說明的情況」一欄空白。

《財產一切險保險單》所附條款的第二部分即責任範圍約定：在本保險期限內，若本保險單明細表中列明的保險財產因自然災害或意外事故造成的直接物質損壞或滅失，本公司按照本保險單的規定負責賠償；意外事故是指不可預料的以及被保險人無法控制並造成物質損失的突發性事件，包括火災和爆炸。第三部分即除外責任的第八條規定：存放在露天或使用蘆席、篷布等做罩棚或覆蓋的保險財產因遭受風、霜、嚴寒、雨、雪、洪水、冰雹、塵土引起的損失，保險人不負責賠償；第十條規定：被保險人及其代表的故意行為或重大過失引起的任何損失、費用和責任，保險公司不負責賠償。第五部分即被保險人的義務的第一條規定：投保時，被保險人及其代表應對投保申請書中列明的事項以及本公司提出的其他事項做真實、詳盡的說明和描述；第三條規定：在保險期限內，被保險人應採取一切合理的預防措施。

（3）2002 年 11 月 27 日，S 公司與個體戶陳某簽訂《簡易鐵皮房修建合同》，由后者承建簡易鐵皮房，約定的竣工時間為 2002 年 12 月 15 日之前。該簡易房修建完成后，S 公司將其用作原材料倉庫。

2003 年 12 月 25 日，消防局派員對 S 公司進行了消防監督檢查，並於 2004 年 1 月 8 日做出重大火災隱患《限期整改通知書》，指出 S 公司存在下列重大火災隱患：第一，原材料倉庫等依法應當進行消防設計的建築工程竣工時未經消防驗收，S 公司擅自使用上述建築物違反了《上海市消防條例》第三十二條的規定；第二，危險品倉庫及涉及使用易燃易爆危險物品的操作工人未落實職工及重點工種人員消防安全教育和培訓工作，違反了《上海市消防條例》第十五條第一款第五項的規定；第三，原料倉庫

建築耐火等級達不到規範要求，違反了《上海市消防條例》第十五條第一款第四項的規定；第四，成品倉庫違反消防安全管理規定，在倉庫庫房內設置辦公用房，違反了《上海市消防條例》第十五條第一款第四項的規定。消防局責令 S 公司於 2004 年 3 月 26 日之前整改完畢，同時還警示 S 公司應當採取確保消防安全的措施，防止發生火災。

2004 年 4 月 8 日，消防局經對 S 公司復查後做出《復查意見書》，復查意見為：除《限期整改通知書》第二條有關危險品倉庫及涉及使用易燃易爆危險物品的操作工人未落實職工及重點工種人員消防安全教育和培訓工作的情形已改正外，其餘消防違法行為均未改正。《復查意見書》還再次要求 S 公司依法履行消防安全職責，警示其確保消防安全，防止發生火災。

(4) 2004 年 9 月 14 日，當天氣象資料顯示有雨。凌晨 3 時許，S 公司危險品倉庫發生爆炸，引發大火，原材料倉庫及庫存物資全部被燒毀，辦公樓內外裝修被震毀，部分設備被燒毀。火災發生後，S 公司即向保險公司報告出險。保險公司接險後即派員赴現場查勘，並委託 D 公司對火災造成的損失進行公估理算。D 公司對事故現場進行了細緻的查勘和清點，並向 S 公司調取了商品採購明細表、原料倉庫匯總表、成品倉庫匯總表、原材料明細帳、產成品明細帳和財務報表等財務資料。

2004 年 11 月 8 日，D 公司做出公估最終報告。該報告認為：經 J 房地產估價有限公司於 2004 年 2 月評估，S 公司的廠房的評估總價為 815 萬元，其中土地使用權估價為 573 萬元，建築物估價為 242 萬元。S 公司據此投保，保單載明建築物保險金額為 815 萬元。

出險時，S 公司建築物帳面原值為 2,337,628.00 元，小於保險金額，故建築物為足額投保；機器設備保險金額為 60 萬元，出險時的帳面原值為 692,752.00 元，因帳面值大於保險金額，故賠付比例為 86.611%；倉儲物保險金額為 340 萬元，出險時存貨帳面值為 5,022,316.09 元，因帳面值大於保險金額，故賠付比例為 67.698%。經過對 S 公司財務帳及倉庫帳的查詢核對，確認 S 公司在 2004 年 8 月底的原材料金額為 2,949,079.40 元，經核對 9 月 1 日至 9 月 13 日購買原料發票及進庫單、倉庫領料單，確定 9 月 13 日結存原料數量，抽查該公司原材料購買發票以確定各種原料的單價，最終確認受損原材料金額為 3,641,735.69 元；對被爆炸震毀的辦公樓裝修，公估人員核對了被保險人提供的《辦公樓修理工程預算書》，經與施工方協商，在該預算書的基礎上下調部分費用，按照 190,364.00 元定損；因 S 公司投保建築物是依據 J 房地產估價有限公司出具的《房地產估價報告》進行的，該報告的估價對象未包含出險的原材料倉庫，因而原材料倉庫不屬保險財產範圍；被燒毀的機器設備和相關固定資產，如便攜式通信裝置、電腦設備、照相攝影器材及其他貴重物品，經扣除不能作為保險財產的未入帳部分財產，計提折舊後，確認損失金額為 12,795.60 元。對上述定損金額分別按賠付比例折算並扣減建築物險及設備與存貨險每次事故免賠額各計 1,000.00 元後，理算金額總計為 2,664,828.63 元。

報告還認為：S 公司原材料倉庫存在重大消防隱患，S 公司在投保時未向保險人提及該重大消防隱患，在投保後也未告知保險人上述風險的存在。2004 年 12 月 3 日，D 公司做出火災事故原因分析的補充說明，認為火災可能由外來火種或因原材料倉庫

存放的甲苯等化學品產生靜電火花引發火災，並認為在當天凌晨有雨空氣潮濕情況下，存在因產生靜電發生火災的較大可能性。同日，D公司又做出《保險責任分析補充說明》，認為S公司原材料倉庫屬重大危險源，S公司在消防部門發出重大火災隱患限期整改的通知書后仍未整改，是造成火災的直接原因。

（5）2004年10月12日，消防局做出《行政處罰決定書》，因S公司原料倉庫存在搭建臨時建築物、構築物等不符合防火安全要求的違法行為，對S公司處以罰款5萬元的行政處罰，S公司按照處罰決定繳納了罰款。2004年11月10日，消防局做出《火災原因認定書》，認定該起火災為外來火種引起。2004年12月7日，R保險公司向S公司發出《拒賠通知書》，認為S公司隱瞞保險標的存在的重大隱患，在政府有關主管部門責令整改的情況下投保，違反了法律規定和合同約定的投保人如實告知義務，對該案予以拒賠。

S公司遂訴至原審法院，請求判令：R保險公司上海分公司及其上級公司R保險公司共同賠償該公司財產一切險保險金總計3,157,318.40元。

（二）案例評析

1. 從法院的角度

（1）財產保險的保險標的處於投保人的掌控之下，保險人只有依賴投保人的告知方能對保險標的做充分瞭解。存在於投保人與保險人之間的信息不對稱要求投保人對保險人負有如實告知的義務。如實告知既是保險人據以評估風險的信息來源，也是「最大誠信」原則賦予投保人的一項先合同義務[①]。因此，投保人S公司就其投保的財產險標的的相關情況負有向保險人如實告知的義務。

（2）若投保人就保險標的事無鉅細均需告知，則會加大投保人的負擔，使得保險人有機會借口投保人未告知瑣碎事項而輕易免責。故如實告知的範圍在實質上應界定在足以影響保險人是否同意承保或者提高保險費率等重要事項的範圍內。在保險實務上，保險人一般以製作書面調查表的方式來確定投保人需告知的事項。S公司投保時在《財產一切險情況調查表》上蓋章可確認調查表上載明的內容系S公司的意思表示，未在調查表上詳盡回答詢問的后果應由S公司承擔。在2003年及2004年前后三次投保所對應的調查表中，S公司在調查表第六項「投保項目情況」一欄均未列明其搭建用作原材料倉庫的簡易房。消防局於2004年1月8日指出S公司存在重大火災隱患並責令限期整改一節事項與保險財產安全之間有著密切的聯繫。但在2004年兩次投保的調查表第十三項「其他需特別的說明」的情況一欄，S公司均未將曾收到重大火災隱患《限期整改通知書》的情況予以說明。

除了書面調查表確定的如實告知事項之外，投保人對於其他符合前述須告知實質要求的事項也有義務如實告知。S公司被消防部門責令限期整改已使火災隱患顯現，該事項直接關係到火災發生的危險概率，顯然屬於會影響保險人是否同意承保或提高保

[①] 這是指在訂立合同過程中，合同成立之前所發生的，應由合同雙方當事人各自承擔的法律義務。它是建立在民法誠實信用、公平原則基礎上的一項法律義務，是誠實信用、公平原則的具體化。它主要包括合同當事人之間的互相保護、通知、保密、協作及詐欺禁止等義務。

險費率的重大事項，故投保人 S 公司既未以調查表方式書面告知，亦未通過其他途徑向保險人揭示被消防部門責令限期整改重大火災隱患這一事項，該公司具有重大過失，違反了如實告知義務。

（3）以建築物為標的的保險單簽發於 2004 年 3 月 16 日。雖然 2004 年以機器設備、倉儲物為標的的保險單簽發於 4 月 13 日，但該保險單對應的投保單的填寫日為 3 月 30 日，其背附的調查表的填寫日期亦應同上。而消防部門的《復查意見書》簽發於 2004 年 4 月 8 日。因此，S 公司在上述兩次填寫投保單時尚未收到《復查意見書》。如前所述，2002 年至 2004 年簽發的數份保險單之間具有接續性，但各個時間段的保險單具有獨立性。對於有效期內的 2004 年簽發的兩張保險單而言，重大火災隱患《限期整改通知書》所反應的 4 項重大火災隱患的危險在填寫調查表時已經存在。《復查意見書》反應 S 公司已對其中一項隱患做了整改外，其餘 3 項隱患仍然存續，但並未指出新的火災隱患。

事故隱患的內在危險實際上從 S 公司搭建、使用簡易房作為原材料倉庫時即已存在，消防部門的限期整改與復查意見僅將內在的隱患予以揭示而使其表面化。因此，對於 2004 年的兩份保險單而言，投保後，保險標的的實質危險並未增加，本案的爭議焦點仍在於投保人是否盡到如實告知義務，並不涉及被保險人是否履行危險程度增加的通知義務的爭議。

（4）作為安全風險較高的油漆生產企業，S 公司理應充分認識本企業較高的火災危險，嚴格執行安全生產規範。但 S 公司卻違反消防法規使用危險品倉庫，在明知自身存在重大火災隱患的情況下，對消防部門的火災警示未予以充分重視，漠視多項安全隱患，未認真落實其整改要求，而且在投保財產險時認為無須向保險人披露該事項，在主觀上具有重大過失。在客觀方面，如同公估公司將事故原因定為靜電放電僅系推測一般，雖然消防部門認定火災原因為外來火種引起，但並未明查明該外來火種原因系第三者引起，也未排除該外來火種原因與 S 公司存在的火災隱患之間的因果聯繫。而從事故原因蓋然率的宏觀角度分析，並不能排除 S 公司存在的重大火災隱患增加了事故發生概率的可能性，而且還可以確認原材料倉庫建築的耐火等級達不到規範要求等違規情形與火災發生后造成較大損失之間有著一定的聯繫。

由於投保人未如實告知，也使得其喪失了在保險人要求下整改違章事項、降低火災隱患的契機。因此，本案投保人 S 公司未盡如實告知義務在客觀上與事故之間具有因果關係，對火災的發生有著重大影響。

（5）隨著科技的進步和風險評估工具的發展，保險人對於風險評估和費率的釐定並不完全依賴於投保人的告知。本案財產險標的系 S 公司的不動產、固定資產和倉儲物，保險人在決定承保前有條件詳細勘查，在承保後保險標的也不似海上保險標的般脫離於保險人所及範圍。雖然不能苛求保險人具有與 S 公司同等水準的危險化學品知識，但專業保險人的風險意識應高於一般公眾，故保險人理應對 S 公司生產活動中蘊含的風險予以充分關注。S 公司用作原材料倉庫的簡易房存在已歷經年，保險人在 2003 年、2004 年承保時均未對此予以足夠關注。保險人雖然向投保人書面詢問調查表所列問題，但當投保人的回答並不詳盡時，保險人應當進一步要求投保人詳細回答。

但保險人在承保前對於調查表的空白處漠然視之，並未向投保人揭示潛在的危險需投保人做進一步的告知。

保險人承保時對特殊風險行業的投保人 S 公司的風險未做審慎的調查和評估，在承保時也有一定的過失。S 公司未盡如實告知義務固然是其不能得到充分保險賠償的主要原因，但保險人承保前未盡到充分的風險揭示義務，使得被保險人 S 公司誤以為其未詳盡填寫調查表並不影響保險保障的獲得，有違「最大誠信」原則。保險人漠視隱患於承保之前，卻通過公估公司多方論證危險於出險之後，亦與風險重在預防原則相悖。S 公司未盡如實告知義務是其在投保時的重大過失，其產生的法律后果是不能得到保險賠償；保險人未盡風險關注和揭示義務是其在承保時的締約過失，故保險人對 S 公司不能得到保險賠償的損失應酌情承擔相應的民事賠償責任。

2. 從 S 公司的角度

（1）根據消防局做出的《火災原因認定書》，發生火災的原因系由外來火種引起，為一起意外事故。而對意外事故造成的財產損失，依據雙方《財產一切險投保單》所附第二條條款的約定內容，應屬保險人的保險理賠範圍。

（2）原審法院做出的上訴人未盡告知義務在客觀上與事故之間具有因果關係，對火災的發生有著重大影響的相關認定，不具有事實和法律依據。上訴人沒有違反如實告知義務。原材料倉庫是 2002 年建造的，它是否具有消防安全危險性是顯而易見的，上訴人無法隱瞞，該倉庫的火災隱患並不因為消防部門的整改通知而顯現，雙方之間的財產保險關係已延續三年。期間，R 保險公司從未對上訴人原材料倉庫是否存在火災隱患進行過任何關注，而《財產一切險情況調查表》所列明的需申報事項中並不包括消防檢查的內容。

上訴人未盡告知義務在客觀上與火災事故的發生並不具有直接的因果關係。關於投保人未履行如實告知義務的問題，《保險法》第十六條的相應規定為「投保人因過失未履行如實告知義務，對保險事故的發生有嚴重影響的，保險人對於保險合同解除前發生的保險事故，不承擔賠償或者給付保險金的責任，但應當退還保險費」。上述條款的適用必須同時滿足兩個條件，其一為過失，其二為對保險事故的發生有嚴重影響。由於本案的火災事故是意外事故，故上訴人是否盡告知義務對本案保險事故的發生不具有任何影響，更不存在因果關係。

（3）本案火災事故涉及上訴人與被上訴人 R 保險公司間的兩份財產保險合同，一份為被上訴人 R 保險公司於 2004 年 3 月 16 日簽發的建築物保險合同，另一份為被上訴人 R 保險公司於 2004 年 4 月 13 日簽發的機器設備、倉儲物保險合同。基於上訴人對上述建築物與機器設備、倉儲物分別投保的事實，故雙方對倉儲物損失理賠存在的爭議，應不影響對建築物的理賠事宜，被上訴人 R 保險公司應賠償上訴人辦公建築毀損損失 190,364 元。

綜上，請求二審法院對一審判決依法予以改判，判決被上訴人 R 保險公司對上訴人的火災損失承擔全額理賠責任。

3. 從 R 保險公司上海分公司、R 保險公司的角度

S 公司的原材料倉庫系簡易鐵皮房，該簡易鐵皮房因不符合防火安全要求而由消防

部門責令限期整改。但 S 公司在續保時未如實告知上述情形，違反了投保人的如實告知義務。S 公司未對原材料倉庫加以防火整改，造成保險標的危險程度增加，S 公司對火災的發生負有重大過失，依據雙方保單所附《財產一切險保險單》所附條款第三部分除外責任的第十條，即「被保險人及其代表的故意行為或重大過失引起的任何損失、費用和責任，保險公司不負責賠償」的約定條款，R 保險公司不應承擔本案的保險賠償責任。雖然 R 保險公司就 S 公司投保的建築物與機器設備、倉儲物分為兩份保單簽發，但 S 公司辦公建築的毀損賠償事宜，仍以本案火災事故是否構成保險理賠為前提。

四、總結

本案例的焦點就是投保人 S 公司是否向保險人 R 保險公司履行了如實告知的義務。而從案例分析的總體來看，投保人 S 公司確實存在沒有履行如實告知的義務。

一是投保人在投保時沒有如實告知簡易鐵皮房存在安全隱患的問題。投保人認為保險人 R 保險公司從未對上訴人原材料倉庫是否存在火災隱患進行過任何關注，而這個在法律上沒有明確規定，不能成為保險公司賠付的理由。二是在保險標的的危險程度增加時，也就是在收到重大火災隱患《限期整改通知書》後，投保人也沒及時通知保險人。根據《保險法》第五十二條的規定，遇到這種情況，保險人有權解除保險合同和提高保險費。

但是從本案可以看出，中國《保險法》的告知義務還是存在一定的缺陷。S 公司作為一個投保人，由於沒有專業的保險知識，對重大事實的告知理解不到位，所以很大程度上會錯誤地認為保險人詢問的情況就是如實告知的事實。

五、思考題

(1) 投保人的義務有哪些？
(2) 投保人違反告知義務有哪些后果？
(3) 本案中保險公司的做法是否正確？

案例 2-3　近因原則的運用

一、背景介紹

財產保險賠償訴訟的案件中，保險標的發生事故應該怎樣劃分保險責任？應該怎樣去賠償？在中國保險糾紛訴訟時，一般會遵循這樣的慣例：當保險事故發生時，只有確定了導致損害發生的近因是否為承保風險，才能正確地劃分賠償責任。當導致損害發生的近因為承保風險時，保險人承擔保險責任；否則，保險人不承擔保險責任。由此可見，近因原則的適用其目的並不是單純的確定保險事故原因，而在於更進一步地以此來確定責任的劃分。

二、相關理論知識

(一) 近因原則概述

近因原則源於《英國1906年海上保險法》，是在總結歸納了2,000多件判例的基礎上起草完成的，並且經歷了英國海上保險100多年的時間考察，迄今世界上仍然沒有任何一部海上保險法可以與之相提並論。這部海上保險法首先確立了「近因原則」，其第五十五條第一款明確規定：「除本法規定及保險單另有約定外，保險人對承保危險作為近因而導致的任何損失承擔保險責任，但是，如前所述，保險人將不對承保風險並非近因而導致的任何損失承擔保險責任」。而美國《加州保險法》第五百三十條「承保危險為損失發生之近因，非承保危險為損失發生之遠因者，保險人應負賠償責任；但保險人對於承保危險為遠因之損失，則不負賠償責任。」起源地英美法的近因原則概念大多如此，只是在提法上略有不同，其實質含義並不存在差別。

然而在中國的保險立法中，無論是《保險法》，還是《中華人民共和國海商法》（以下簡稱《海商法》），都沒有明確規定近因原則，實踐中近因原則也只能作為一種慣例，參考適用，並沒有明確的法律地位。2003年12月，最高人民法院公布的《關於審理保險糾紛案件若干問題的解釋（徵求意見稿）》規定，人民法院對保險人提出的其賠償責任限於以承保風險為近因造成的損失的主張應當支持。近因是指造成承保損失起決定性、有效性的原因。

近因原則是國際上保險理賠遵循的基本準則，屬於國際慣例。儘管中國目前保險立法中尚未明確規定近因原則，但中國學界普遍承認和接受近因原則，大多數保險法的教材和專著均將近因原則列為保險法的基本原則之一。近因原則是指在風險與保險標的的損害關係中，如果近因屬於承保風險，保險人應負賠償責任；如果近因屬於除外風險或未保風險，則保險人不負賠償責任。

(二) 兩大法系對於因果理論的理解比較

在研究近因原則的時候，一般將近因原則看作因果關係理論的範疇，二者是特殊與一般的關係，當然兩者必定會有聯繫和區別，通過近因原則和因果關係理論的比較，可以使我們更好地瞭解和把握近因原則的特點，即側重於保險責任是否成立的問題，不考慮過錯、違法性等因素，在原因範圍與賠償範圍上有其特定性等。因此，經過幾個世紀的發展逐漸形成了「英美法系因果理論」和「大陸法系因果理論」，為我們呈現出了因果理論的產生及歷史發展的清晰脈絡。

1. 英美法系因果理論分析

在英美法中，一般從兩個層面上分析因果關係。第一個層面是「事實上的因果關係」，又稱「實際原因」或者「要是沒有」檢驗法，該層面對因果關係的分析在本質上涉及被告的行為是否為實際損害發生的必要條件；第二個層面是「近因或法律上的因果關係」，在這個層面上法院會考慮被告的行為與損害之間是否存在充分有效的近因關係。

2. 大陸法系因果理論分析

大陸法系國家通常將因果關係劃分成責任成立的因果關係與責任範圍的因果關係，責任成立的因果關係是指可歸責的「行為」與權利受到「損害」之間具有因果關係，其所欲斷定的是是否因原因事實（加害行為）而發生；而責任範圍的因果關係是指受侵害的權利與損害之間的因果關係，其所欲認定的不是損害與原因事實的因果關係，而是「損害」與「權利」受侵害間的因果關係，即受侵害的眾多權利哪些應歸屬於加害人負賠償責任的問題。大陸法系國家關於因果關係的學說主要有條件說、原因說、相當因果關係說以及法規目的說等。

（三）近因原則的適用規則

保險法中的近因包括承保風險、未承保風險（保險合同未明確的風險既不是承保風險也不是除外風險）和除外風險（保險合同明確的責任免除風險），因此保險人的責任承擔也會因致損原因的不同而不同，並且在認定近因時還要判斷是一因一果，多因一果及多因存在時對結果如何作用等。

三、案例分析

（一）案例介紹

2011年1月31日，A公司作為投保人為該公司所有的一輛轎車在R保險公司投保了保險金額為3,298,000元的機動車損失保險及相應的不計免賠險，保險期間自2011年1月31日12時起至2012年1月31日12時止。2011年8月26日，A公司法定代表人耿某駕駛該轎車行駛至某隧道內時，因隧道內有積水導致車輛被淹熄火，發動機進水受損。

事故發生后，耿某立即向交警部門報案。當日，交警隊對該事故出具《道路交通事故認定書》，認定耿某對該事故負全部責任。當日，A公司向R保險公司報案並由W維修公司維修。事后，A公司委託W維修公司修理事故車輛並產生修理費1,304,500元，其中更換受損發動機產生費用1,256,506.52元。庭審中，R保險公司對A公司因維修事故車輛產生上述維修費1,304,500元的事實無異議。

2011年9月27日，A公司與R保險公司共同委託N機車車輛工藝研究所有限公司司法鑒定所對事故車輛發動機受損的原因進行鑒定。2011年10月20日，該所出具司法鑒定意見書一份，認定事故車輛發動機受損的原因是由於發動機進水或活塞表面積碳嚴重。庭審中，A公司與R保險公司均認可涉保車輛發動機損壞的原因是發動機進水。

R保險公司為證明2011年8月26日涉案事故發生當日的天氣情況，提供了無錫市氣象臺出具的氣象證明資料一份，該證明載明：無錫市2011年8月26日零時至20時，無降水天氣出現，其中在16:48至17:11有0.0毫米的微量降水。

庭審中，A公司與R保險公司對於事故當日無錫地區無降雨，事故路段即無錫市陽山鎮陽山大道錫宜高速高架下隧道中的積水系事故前日無錫地區的降雨造成的事實均無異議。A公司認為是事故前日無錫地區的暴雨導致了涉保車輛發動機進水後受損，

即導致涉保車輛受損的「近因」是暴雨。因此，A 公司因維修受損車輛而產生維修費用 130 萬元，因 R 保險公司對上述費用拒不履行賠償義務，故請求法院判令 R 保險公司立即支付保險金 130 萬元。

江蘇省無錫市錫山區人民法院於 2013 年 1 月 6 日做出判決：駁回 A 公司全部訴訟請求。宣判後，A 公司未提出上訴，本判決已發生法律效力。

(二) 案例評析

1. 保險人已向投保人詳細介紹保險合同

《保險法》第十七條規定，訂立保險合同，採用保險人提供的格式條款的，保險人向投保人提供的投保單應當附格式條款，保險人應當向投保人說明合同的內容。未做提示或者明確說明的，該條款不產生效力。在投保單的「投保人聲明處」載明：保險人已向本人詳細介紹並提供了投保險種所適用的條款，並對其中免除保險人責任的條款（包括但不限於責任免除、投保人被保險人義務、賠償處理、負責等），以及本保險合同中付費約定和特別約定的內容向本人做了明確說明，本人已充分理解並接受上述內容，同意以此作為訂立保險合同的依據，本人自願投保上述險種。A 公司在該投保單投保人簽章處蓋章確認。

所以，投保人應該詳細知道當保險標的發生的事故並不在保險責任範圍內時，保險人有權拒絕賠償。

2. 保險標的發生的事故並不在保險責任範圍內

《R 保險公司非營業用汽車損失保險條款》第四條載明：保險期間內，被保險人或其允許的合法駕駛人在使用被保險機動車過程中，因下列原因造成被保險機動車的損失，保險人依照本保險合同的約定負責賠償……（五）雷擊、雹災、暴雨、洪水、海嘯。第七條載明：被保險機動車的下列損失和費用，保險人不負責賠償……（十）發動機進水後導致的發動機損壞。在《R 保險公司發動機特別損失險條款》中載明：保險期間，投保了本附加險的被保險機動車在使用過程中，因下列原因導致發動機進水而造成發動機的直接損毀，保險人負責賠償：一是被保險機動車在積水路面涉水行駛，二是被保險機動車在水中啟動，三是發生上述保險事故時被保險人或其允許的合法駕駛人對被保險機動車採取施救、保護措施所支出的合理費用。

但由於導致涉保車輛發動機進水受損的近因是耿某的涉水行駛行為而並非是暴雨，因此保險人不用賠償。

(三) 本案存在的爭議

本案的爭議焦點主要是由於哪個近因導致保險標的發生損失，而這些近因是否存在於保險條款中約定的保險責任範圍內。

1. 爭議一：本案中涉保車輛發動機進水受損是否因暴雨造成

本案中車輛發動機進水受損不屬於暴雨造成，理由如下：

(1) 事故發生當日無錫地區並無降雨，事故路段隧道中的積水是由於事故前日無錫地區的降雨導致的。涉保車輛在隧道積水中被淹、發動機進水受損並非是由於暴雨發生當時隧道內形成的積水所導致，而是由於耿某於事故當日在積水的隧道中駕駛涉

保車輛涉水行駛的行為所導致，所以保險標的發生的事故不在保險條款中約定的保險責任範圍內。

（2）A公司訴稱，導致涉保車輛發動機進水受損的「近因」是暴雨。根據近因原則，引起保險標的損失的直接的、最有效的、起決定性作用的因素才是導致保險標的受損的直接原因。中國《保險法》上的近因原則是指損失的發生必須與保險合同約定的保險事故之間存在因果關係，只有當導致損失的近因屬於保險合同約定的承保範圍，保險人方才承擔保險責任。

在本案中，當事人耿某在行駛被保險機動車過程中，前日降雨導致隧道中積水的事實與事故當日耿某駕駛涉保車輛在積水隧道中涉水行駛的事實間並無必然的、直接的因果關係，而耿某駕駛涉保車輛涉水行駛的行為與涉保車輛被淹、發動機進水受損之間存在必然的、直接的因果關係。所以，根據近因原則，暴雨並不是近因。

2. 爭議二：R保險公司是否應承擔保險賠償責任

本案涉保車輛發動機進水損壞所產生的損失，R保險公司無須承擔保險賠償責任，具體理由如下：

（1）如前文所述，本案中導致涉保車輛發動機進水受損的最直接、最主要的原因是耿某的涉水行駛行為，而涉水行駛導致的被保險機動車輛損壞並不屬於保險條款中約定的保險責任範圍，故本案事故本身不屬於保險事故，R保險公司無須承擔保險賠付責任。

（2）根據保險合同的條款約定，保險條款第七條第十項中載明：發動機進水後導致的發動機損壞帶來的損失和費用，保險人不負責賠償。R保險公司已就該責任免除條款向投保人A公司履行了明確說明義務，故該責任免除條款對被保險人A公司產生法律效力。因此，R保險公司無須承擔保險賠付責任。

四、總結

根據近因原則，前日降雨導致隧道中積水的事實與事故當日耿某駕駛涉保車輛在積水隧道中涉水行駛的事實間並無必然的、直接的因果關係，而耿某在事故當日駕駛涉保車輛涉水行駛的行為成為了一項新干預原因，該新干預原因導致了原有因果鏈的中斷，且該原因是導致涉保車輛發動機進水受損的決定性、有效性的原因，因此耿某駕駛涉保車輛的涉水行駛行為才是本案車損發生的近因。因此，近因不屬於R保險公司承保風險的範圍，故本案中R保險公司無須承擔保險賠償責任。

在簽訂保險合同時，保險人必須就保險合同中的條款與投保人詳細說明，尤其是免責條款；在判斷近因原則時，應根據保險條款中有關的部分做出判斷，若是多因素，保險人因就因果關係最大的近因因素或者按比例因果關係來賠償。

中國應盡快在保險立法中對於「近因概念」及「近因原則」予以明確規定。在關於近因原則的立法中，除了要考慮中國的實際情況，也要和國際慣例吻合，這不僅可以使保險理賠案件有章可循，充分維護保險合同當事人的合法權益，實現判決的統一，而且有利於使中國保險業務運作較快與國際保險市場接軌。另外，由於中國的現代保險制度起步較晚，缺乏應有的理論積澱和實際的保險案例，單純依靠法條難以公平公

正地處理保險糾紛，法官應當積極地分析國際上公認的典型案例的處理經驗，細化近因原則的本質內容，以平息當事人雙方激烈爭辯的同時維護法律的尊嚴和當事人的合法權益。

五、思考題

（1）近因原則的應用有哪幾種情形？
（2）本案例中，投保人認為暴雨是近因，為何不對？
（3）車損險的保障責任一般有哪些？

案例 2-4　某車險涉水近因認定案

一、背景介紹

　　近因原則是指只有當承保風險是損失發生的近因時，保險人才負責賠償。保險中的近因原則，起源於海上保險。它的里程碑案例是英國「Leyland Shipping Co. Ltd. v. Norwich Union Fire Insurance Society Ltd」一案。第一次世界大戰期間，Leyland 公司一艘貨船被德國潛艇的魚雷擊中后嚴重受損，被拖到法國勒哈佛爾港，港口當局擔心該船沉沒后會阻礙碼頭的使用，於是該船在港口當局的命令下停靠在港口防波堤外，在風浪的作用下該船最后沉沒。Leyland 公司索賠遭拒后訴至法院，審理此案的英國大法官 Lord Shaw 認為，導致船舶沉沒的原因包括魚雷擊中和海浪衝擊，但船舶在魚雷擊中后始終沒有脫離危險，因此，船舶沉沒的近因是魚雷擊中而不是海浪衝擊。他認為，近因不是指時間上的接近，真正的近因是效果上的接近，是導致承保損失的真正有效原因。英國通過該案例確立了「近因原則」，后來這一原則很快被其他國家的立法所確認。

　　近因原則是保險理賠中必須遵循的重要原則，堅持近因原則，有利於正確、合理地判定保險事故與保險標的的損失之間的因果關係，從而有利於確定保險賠償責任，維護保險雙方當事人的合法權益以及促進保險人提高風險評估和風險控制技術。因此，近因原則在中國保險法的理論與實踐中仍是一個值得深入探討與研究的問題。

二、相關理論知識

（一）國內對近因原則的相關規定

　　有中國學者將「近因」稱為「因果關係」。中國《保險法》將近因原則定義為「保險人對於承保範圍的保險事故作為直接的、最接近的原因所引起的損失，承擔保險責任，而對於承保範圍以外的原因造成的損失，不負賠償責任」。但是，中國現行保險法和海商法均尚未規定有關因果關係原則，而在涉外關係如海上保險中遵循國際慣例，普遍適用近因原則，最高法院 2003 年 12 月公布的《關於審理保險糾紛案件若幹問題的解釋（徵求意見稿）》也已經採用了這一概念。該徵求意見稿的第十九條明確規定：

「人民法院對保險人提出的其賠償責任限於以承保風險為近因造成的損失的主張應當支持。」

(二) 英國對近因原則的相關規定

英國 1906 年《海上保險法》第五十五條規定，根據本法各項規定，除非保險單另有約定，保險人對承保危險造成的損失負責賠償；但是，按照以上限制，保險人對不是承保危險造成的損失不負責任。

1907 年英國法庭對於近因所下的定義是：近因是指引起一連串事件、並由此導致結果的能動的、起決定作用的原因。1924 年進一步說明：近因是指處於支配地位或起決定作用的原因，即使在時間上不是最近的。

后來，英國學者約翰·T. 斯蒂爾將近因重新定義為：近因是指引起一系列事件發生，由此出現某種后果的能動的、起決定作用的因素。在這一因素作用的過程中，沒有來自新的獨立渠道的能動力量的介入。

(三) 國際上對近因原則的相關規定

「近因」，英文為 Proximate Cause，其中 Proximate 意為「（時間、場次、次序上）最接近的、近似的、前后緊接的」，直譯為「近因」。國際貨物運輸保險中的近因原則是指若引起保險事故發生、造成保險標的損失的近因屬於保險責任，則保險人承擔損失賠償責任；若近因屬於除外責任，則保險人不負賠償責任。即只有當承保風險是損失發生的近因時，保險人才負賠償責任。

美國有學者認為 Proximate 一詞，是所謂時間與空間上最近。真正的近因是指效果上的接近，是導致承保損失的真正有效原因。近因所表示的是對結果產生作用的最有效的因素，如果各種因素或原因同時存在，要選擇一個作為近因，必須選擇可以將損失歸因於那個具有現實性、決定性和有效性的原因。

《布萊克法律辭典》認為：「這裡所謂的最近，不必是時間或空間上的最近，而是一種因果關係的最近。損害的近因是主因或動因或有效原因。」

三、案例介紹

1998 年 9 月 7 日，楊某與某保險公司簽訂了一份機動車輛保險單。保險單上載明保險標的為一輛寶馬轎車，車輛損失險保險價值為 900,000 元，保險期自 1998 年 9 月 12 日零時起至 1999 年 9 月 11 日 24 時止。保險公司按照承保險別，依照該保險單上載明的《機動車輛保險條款》《機動車輛保險附加險條款》《某公司機動車輛保險特約條款》以及其他特別的約定，承擔楊某投保車輛的保險責任。簽約后楊某依約向保險公司支付了有關保費。

1999 年 7 月 27 日凌晨大雨，被保險車輛在發動后死火，楊某向保險公司報案。因爭議太大，保險公司沒有賠償損失，楊某遂訴至法院。該案在審理期間，經保險公司申請，法院委託市產品質量監督檢驗所對車輛受損原因進行鑒定。市產品質量監督檢驗所認為：第一，造成發動機缸體損壞的直接原因是進氣口浸泡在水中或空氣隔有餘水，啟動發動機，氣缸吸入了水，導致連杆折斷，從而打爛缸體。第二，事發時的可

能。當天凌晨下了大雨，該車停放的地方漲過水，使該車被雨水嚴重浸泡，進氣管空氣隔進水，當水退至車身地臺以下，駕駛員啟動汽車時，未先檢查汽車進氣管空氣隔有無進水，使空氣隔的餘水被吸入發動機氣缸，造成連杆折斷、缸體破損。楊某和保險公司對質監所的鑒定意見均無異議。

四、案例分析

（一）近因原則的識別

（1）幾種原因同時作用，即並列發生。在這種情況下，承保損失的近因必須歸咎於決定性的、有效的原因。即這個原因具有現實性、支配性、決定性和有效性。雖然其他原因可能在承保範圍內，但因為它不決定損失的發生，只決定程度輕重、損失大小，所以它不是近因。

（2）幾種原因隨最初發生的原因不可避免地順序發生。在此情形下，近因是效果上最接近於損失，而不是時間上最接近於損失的原因。

（3）幾種原因相繼發生，但其因果鏈由於新干預因素而中斷。如果這種新干預原因具有現實性、支配性和有效性，那麼在此之前的原因就被新干預原因所取代，損失的近因為具有支配性有效的新干預原因。

根據上述描述，我們可以得出這樣一個分析近因的方法，即：近因是指造成損失的最直接、最有效、起主導作用或支配作用的原因。近因原則，只論效果，而不論時空。損失是近因必然的和自然的結果和延伸。認定近因的關鍵是確定風險因素與損失之間的關係。如果某個原因僅僅是增加了損失的程度或者擴大了損失的範圍，則此種原因不能構成近因。

（二）近因原則的應用

1. 損失由單一原因所致

若保險標的損失由單一原因所致，則該原因即為近因。若該原因屬於保險責任事故，則保險人應負賠償責任；反之，若該原因屬於責任免除項目，則保險人不負賠償責任。

2. 損失由多種原因所致

如果保險標的遭受損失系兩個或兩個以上的原因，則應區別分析。

（1）多種原因同時發生導致損失。多種原因同時發生而無先後之分，且均為保險標的損失的近因，則應區別對待。若同時發生導致損失的多種原因均屬保險責任，則保險人應負責全部損失賠償責任。若同時發生導致損失的多種原因均屬於責任免除，則保險人不負任何損失賠償責任。若同時發生導致損失多種原因不全屬保險責任，則應嚴格區分，對能區分保險責任和責任免除的，保險人只負保險責任範圍所致損失的賠償責任；對不能區分保險責任和責任免除的，則不予賠付。

（2）多種原因連續發生導致損失。若多種原因連續發生導致損失，前因與後因之間具有因果關係，且各原因之間的因果關係沒有中斷，則最先發生並造成一連串風險事故的原因就是近因。保險人的責任可根據下列情況來確定：若連續發生導致損失的

多種原因均屬保險責任，則保險人應負全部損失的賠償責任；若連續發生導致損失的多種原因均屬於責任免除範圍，則保險人不負賠償責任；若連續發生導致損失的多種原因不全屬於保險責任，最先發生的原因屬於保險責任，而后因不屬於責任免除，則近因屬保險責任，保險人負賠償責任；若最先發生的原因屬於責任免除，其后發生的原因屬於保險責任，則近因是責任免除項目，保險人不負賠償責任。

（3）多種原因間斷發生導致損失。致損原因有多個，它們是間斷發生的，在一連串連續發生的原因中，有一種新的獨立的原因介入，使原有的因果關係鏈斷裂，並導致損失，則新介入的獨立原因是近因。近因屬於保險責任範圍的事故，則保險人應負賠償責任；反之，若近因不屬於保險責任範圍，則保險人不負責賠償責任。

（三）本案的三種不同意見

（1）暴雨為事故的近因，但由於投保人操作不當使損失擴大，保險人承擔部分賠償損失責任。楊某在保險車輛由於暴雨積水而遭受浸泡后，並沒有及時對保險標的進行修理、清洗，反而繼續使用導致發動機受損，屬於個人操作不當，根據《機動車輛保險條款》第三條關於遭受保險責任範圍內的損失后，未經必要修理繼續使用，導致損失擴大部分保險人不負責賠償的規定，保險公司對車輛發動機氣缸被擊穿的費用不予償付，只需賠償合理的清洗費用。

（2）啓動發動機為事故的近因，不屬於保險責任範圍的事故。造成保險車輛發動機缸體損壞的原因是進氣管空氣隔有餘水，啓動發動機，氣缸吸入了水，導致連杆折斷，從而打爛缸體。而進氣管空氣隔有餘水，則是由暴雨所造成。暴雨和啓動發動機這兩個危險事故先后出現，前因與后因之間不具有關聯性，后因既不是前因的合理延續，也不是前因自然延長的結果，后因是完全獨立於前因之外的一個新干預原因。根據《保險法》的近因原則，新介入的獨立的原因即為近因，啓動發動機是直接導致保險車輛發動機缸體損壞的原因，故為發動機缸體損壞的近因。暴雨為發動機缸體損壞的遠因。而啓動發動機屬除外風險，由啓動發動機這一除外風險所致發動機缸體損壞的損失，對此保險人不負賠償責任，保險公司只需賠償因暴雨造成汽車浸水后進行清洗的費用。

（3）暴雨為事故近因，保險人應承擔賠付責任。楊某在車輛受浸低於車身地臺的情況下，不可預見進氣管空氣隔進水，此時啓動車輛屬正常操作。另外，從危險事故與保險標的損失之間的因果關係來看，本案屬於多種原因連續發生造成損失的情形，其中暴雨是前因，車輛進氣管空氣隔進水相對於暴雨是后因，而相對於啓動發動機是前因，啓動發動機是后因，正是由於暴雨的發生，才導致車輛進氣管空氣隔進水，才使啓動發動機這一開動汽車必不可少的條件發生作用，導致發動機缸體損壞。根據《保險法》的近因原則，暴雨才是近因。並且前因是保險風險，后因是除外風險，同時后因是前因的必然結果，則保險人應承擔賠付責任。因此保險公司應向楊某賠償車輛的實際損失。

（四）本案判斷

本案的糾結點在於造成發動機損壞的近因是暴雨還是楊某啓動了發動機。如果是

前者，即近因是在保險責任範圍內，那麼保險公司就要承擔賠付責任；反之，保險公司就不用賠付。

楊某在準備開車上班時，已經發現停放在其住宅區通道的本案被保險車輛輪胎一半受水淹，但楊某沒有對車輛進行檢查，而是直接點火啓動，這直接導致了發動機缸體的損壞。暴雨雖然使車輛進氣管空氣隔進水，但這不會必然導致發動機缸體的損壞，導致發動機缸體損壞的近因是因楊某的個人疏忽或者缺乏相關經驗，在車輛輪胎一半受水淹的情況下，沒有及時檢查車輛進氣管空氣隔是否進水而貿然啓動汽車。可以看出本案是屬於「間斷發生的多種原因造成的損害」的情況，而其中新的干預因素就是楊某啓動汽車。而恰好是這種行為切斷了暴雨損壞車輛的因果鏈，在車輛進氣管空氣隔進水的條件下，啓動汽車的行為必然導致發動機缸體的損壞，是支配性的有效原因，即是車輛損失的近因，而暴雨雖然使車輛進氣管空氣隔進水，但這一原因並不現實性地、決定性地和有效性地使車輛發動機缸體損壞，發動機缸體的損壞既不是暴雨這一前因的合理延續，也不是該前因自然延長的結果。因此，暴雨不是本案車輛發動機缸體損壞的近因。

綜上所述，楊某啓動發動機是發動機損壞近因，而此原因不屬於合同中的保險責任範圍，故保險人不負賠償責任。但暴雨直接導致汽車被水浸，是保險責任範圍內的事故，因此保險公司應當賠償因暴雨造成汽車浸水后進行清洗所需的費用。

五、總結

本次保險賠償糾紛爭論的重點與關鍵是近因原則與保險責任認定這一問題。由前文論述可以得知，近因不是指時間上或空間上與損失結果最接近的原因，而是指造成損失的最直接、最有效、起主導作用或支配作用的原因。話雖如此，但要在生活實踐中，在錯綜複雜的眾多原因中準確找到近因還是有一定難度的，尤其在本次案例中，由間斷發生的多種原因造成了轎車缸體損壞，「啓動轎車」是一個新介入的獨立原因構成了真正的近因，是作為判斷依據的至關重要的一點。

當致損原因與損失結果之間的關係複雜並引發爭議時，如何根據實際情況、利用所得信息準確地判斷與識別事故發生的近因便尤為重要。如何分清各種因果關係，理出明瞭的界限，找出真正的近因，確保保險人承擔應負的保險賠償責任以及被保險人得到保險範圍內的損失補償，是我們學習近因原則與保險責任關係的重要原因之一，也是防止某些人因一己之利，濫用、誤用該原則，從而獲得不當得利的正確舉措。

保險近因原則是保險理賠中必須遵循的重要原則之一。而保險金和保險理賠給付的先決條件，就是造成保險標的物損害的后果的近因必須是保險責任事故。對於一類因果關係較為複雜的保險案件，近因原則便在其中起到判定責任歸屬的重要作用。不過，中國的《保險法》和《海商法》暫時都還沒有關於「近因原則」的明確規定，使得保險合同雙方當事人在處理相關案件時缺乏足夠的法律依據而影響了保險工作的開展，也造成不少法律糾紛案例。

六、思考題

（1）近因原則的存在是否會讓投保人處於不利的地位？
（2）近因原則會不會降低保險公司的信譽？
（3）中國保險法中關於近因原則的法規該怎樣完善？

案例 2-5　損失補償原則的運用[①]

一、背景介紹

損失補償原則規定只有保險事故發生造成保險標的毀損致使被保險人遭受經濟損失時，保險人才承擔損失補償的責任；被保險人可獲得的補償金額僅以其保險標的在經濟上恢復到保險事故發生之前的狀態為限，而不能使被保險人獲得多於損失的補償。損失補償原則的目的在於充分發揮保險的經濟補償職能，並防止被保險人因保險補償而獲得超過其實際損失的額外利益。

在中國保險理論中，損失補償原則與最大誠信原則、近因原則、保險利益原則，並稱為保險的四大基本原則。中國保險立法將損失補償原則僅規定在「財產保險合同」章節中，並在「人身保險合同」章節中對人身保險的保險人是否享有代位求償權做了禁止性規定。2006 年，中國保監會以部門規章的形式頒布了《健康保險管理辦法》，將商業醫療保險劃分為津貼型醫療保險與費用型醫療保險，並明確了費用型醫療保險的補償性質。

由於中國《保險法》從體系解釋的角度一概否定了商業醫療保險適用損失補償原則的可能，而《健康保險管理辦法》及保險理論又對商業醫療保險中的費用型醫療保險適用此原則給予肯定，法律與部門規章以及理論間的衝突，引發了大量醫療保險合同糾紛，法院對相似案件也做出了截然相反的判決。因此本書結合實際案例，對保險的補償原則範圍引發的問題進行探討。

二、相關理論知識

對於損失補償原則的真正含義我們有必要結合保險的發展過程去進行深刻的剖析。共同海損遠遠早於海上保險而產生，它獨立存在於海上航運中。從各國不同時期對共同海損的界定可以看出，補償應該以實際遭受的合理損失或額外支付的費用為準；對損失而言，應使受損財產獲得補償以後，基本上恢復原有的經濟價值；對費用而言，應使合理支付的額外費用得到相應的償還。無論是共同海損、海上保險還是現代保險，其中蘊含的保險標準是一致的，即被保險人通過保險獲得補償是不可以超出其實際遭

[①] 本案例內容選擇的是人身保險中的健康險，2002 年《保險法》修訂開始將短期健康險和意外險納入到財險公司業務範圍；此外，部分健康險適用補償原則，故選擇該案例。

受的損失數額的。

財產保險中，保險標的損失的數額是一定的，保險的作用在於給被保險人帶來損失範圍內的經濟補償使得被保險人恢復到保險發生之前的經濟狀態，但是保險不是投保人與被保險人牟利的工具，所以被保險人不得獲得大於其實際損失的補償。損失補償原則應該在財產保險中適用但絕不僅限於財產保險，損失補償原則適用於所有補償性的保險。

補償性保險又稱為損害保險，是指危險事故發生后由保險人評定被保險人的實際損失從而支付保險金的一種合同，通常以財產保險合同居多。與補償性保險相對應的是定額性保險合同，即合同雙方當事人事先協議一定數目的保險金額，在危險事故發生后，由保險人依照保險金額承擔給付責任的一種合同，大多數人身保險屬於定額保險合同。

保險合同劃分為補償性保險合同與定額性保險合同，對於某些保險合同而言，被保險人因保險事故的發生給其帶來的損失是無法填補的，即保險金的給付無法使被保險人恢復到保險事故發生之前的經濟狀態，為了降低保險人的賠償責任限額，只能實現約定一定的賠償額，否則保險人的賠償責任風險將無法預知。對於這類合同就屬於定額保險合同，如人壽保險合同、總括保險合同。而對於因保險事故的發生給被保險人帶來的損失是可以通過一定的計算方法得出確切的數額的保險，通過對該數額損失的填補，被保險人恢復到保險事故發生之前的經濟狀態，針對該損失的可計算性與可填補性，為了限制被保險人獲得不當得利，保險人的賠償責任限制在被保險人的實際損失內，該類合同稱之為補償性保險合同，如大多數財產保險或人身保險中的醫療及住院等實際費用補償合同。

三、案例分析

(一) 案例介紹

1. 案例一

2008年9月22日，羅某向中國人壽某分公司（以下簡稱國壽）投保了一份麒麟卡保險，保險責任為意外傷殘保險和意外傷害醫療保險，保險金額分別為30,000元和5,000元，並按照合同約定交付了保險費。2009年2月15日，羅某因致害人的行為發生保險責任範圍內的交通事故而受傷就醫，經醫院治療產生醫療費用26,874.50元，其他損害賠償項目共計118,574.40元。事故發生后羅某從侵權第三者處獲得了醫療費用的全部賠償，又向國壽提出理賠，要求保險公司依合同約定給付其9級傷殘級別的30,000元意外傷殘保險金和5,000元意外傷害醫療保險金。國壽以羅某的傷殘等級未達到保險合同約定的給付傷殘保險金的級別、其醫療費用已由侵權第三者支付為由拒絕給付保險金。羅某遂向法院起訴國壽，請求法院判令國壽依合同約定給付其保險金。

本案雙方當事人爭議的焦點在於羅某因受傷發生的醫療費用在已經獲得侵權第三者全部賠償的情況下，其是否仍有權要求國壽按照合同約定給付意外傷害醫療保險金。羅某認為，根據保險合同的約定，當保險事故發生時國壽應當承擔給付保險金的責任。

其與保險公司之間的保險合同關係，和其與侵權第三者之間的侵權法律關係是不同的，國壽不能以其從侵權第三者處獲得侵權損害賠償金為由拒絕給付意外傷害醫療保險金。國壽認為，羅某支出的醫療費用已全部由侵權第三者賠償，基於損失補償原則的規定，保險公司無須向羅某給付意外傷害醫療保險金。

商業醫療保險或意外傷害保險中關於醫療保險責任的保險具有補償性的特點，雖然其屬於人身保險的範疇，但其目的僅在於填補被保險人醫療費用的損失，被保險人不能因此而獲得超過醫療費用損失的額外利益。羅某在保險事故發生後，其醫療費損失已得到侵權第三者全部賠償，故國壽並無給付意外傷害醫療保險金的義務。

2. 案例二

2008年9月1日，孔某向A保險公司投保了一份學生意外傷害綜合保險和附加學生幼兒疾病住院醫療保險。2008年11月30日孔某因保險責任範圍內的疾病就醫，經醫院治療產生醫療費用66,538.22元，其中有19,797.10元醫療費用已由上猶縣城鎮居民基本醫療保險賠付。孔某以醫療費總額66,538.22元計算，按照合同約定的免賠額和分級累進、比例給付的方式，要求A保險公司給付保險金55,234.40元。A保險公司不予賠付，孔某遂起訴至法院。

本案雙方當事人爭議的焦點在於孔某的醫療費用在城鎮居民基本醫療保險賠付了一部分的情況下，其是否仍有權要求A保險公司對已賠付的醫療費給予賠付。A保險公司認為，因孔某的醫療費已由城鎮居民基本醫療保險賠付了19,797.10元，根據保險損失補償原則，應予以相應扣減後再按照合同約定的給付方式給付保險金。孔某認為，保險損失補償原則只適用於財產保險，醫療保險屬於人身保險，其不適用損失補償原則，A保險公司仍需給付已賠付部分的醫療費。

本案例中的孔某的保險標的雖然是個人的身體，但是被保險人因一宗保險事故而支付一定數額的醫療費用，在該筆費用已經從第三者處獲得全額賠付時，如果再允許被保險人從商業保險處再次獲得相應的醫療費用的賠付，這不僅有違補償性保險應該遵循損失補償原則的保險法理，而且也是對社會保險的宗旨的違反。因此A保險公司無須再次支付已賠付部分的醫療費用。

3. 案例三

2003年5月7日，李某的母親向G保險公司為李某投保了一份學生平安保險和附加意外傷害醫療保險，並按照合同約定交付了保險費。而李某在T保險公司也擁有一份相同類型的附加意外傷害醫療保險。

2004年1月7日，李某因保險責任範圍內的交通事故受傷就醫，經醫院治療產生醫療費用1,313.90元。事故發生後，T保險公司收到李某給付保險金的請求後，對醫療費發票原件進行核定，扣除50元免賠額後履行了給付1,263.90元醫療保險金的義務。李某在收到T保險公司的醫療保險金後，又持醫療費發票複印件等有關資料向G保險公司要求理賠，G保險公司以被保險人辦理醫療保險理賠手續未按照保險合同約定持醫療費發票原件為由拒絕給付保險金。李某遂向法院起訴G保險公司，請求法院判令G保險公司向其給付醫療保險金1,313.90元。

本案雙方當事人爭議的焦點有三個：一是意外傷害醫療保險的性質如何界定，是

屬於人身保險還是財產保險；二是李某擁有兩份相同類型的醫療保險，在 T 保險公司已向其給付醫療保險金的情況下，G 保險公司能否拒絕重複理賠；三是 G 保險公司能否以李某未按照保險合同約定持醫療費發票原件辦理理賠手續為由拒絕賠付。李某認為意外傷害醫療保險屬於人身保險，根據現行保險法之規定，人身保險允許重複投保，獲得多份賠償。G 保險公司認為意外傷害醫療保險屬於財產保險，應該適用損失補償原則，李某在已經獲得 T 保險公司賠付的情況下，不能重複獲得理賠。

因事故產生的醫療費用是可以用貨幣估量的經濟損失，應當適用損失補償原則，補償其損失金額，並阻止被保險人因保險補償而獲得超過其實際損失的額外利益。在 T 保險公司已向其給付醫療保險金的情況下，G 保險公司應當拒絕理賠（在重複保險情況下，根據《保險法》的規定，本案應該採用比例分攤，即 G 保險公司應該承擔一部分醫療費用。但是，健康保險合同一般有賠付順序條款，會約定本公司的賠償順序）。

(二) 案例評析

從上述三個案例中可以看出，三個典型案例各有不同的爭議焦點，李某一案反應的是商業醫療保險是否適用重複保險制度的問題，即醫療費用在已經獲得一個保險人賠付的情況下，被保險人是否仍有權就已賠付部分再向已投保的其他保險人要求賠付。羅某一案反應的是商業醫療保險是否適用保險代位求償制度的問題，即醫療費在已經獲得侵權第三者賠償的情況下，被保險人是否仍有權就已賠償部分再向保險人要求賠付。孔某一案反應的是商業醫療保險與基本醫療保險的重複給付問題，即醫療費在已經獲得基本醫療保險賠付的情況下，被保險人是否仍有權就已賠付部分再向保險人要求賠付。

雖然這三個典型案例各有不同的爭議焦點，但歸納起來，其實都是圍繞著一個總的爭議焦點，只是反應問題的側重點各有不同。這個共同的爭議焦點即損失補償原則的適用範圍，被保險人可否因保險補償而獲得超過其醫療費用支出的額外利益。

中國保險立法僅將損失補償原則規定在「財產保險合同」章節中，從體系解釋的角度而言，損失補償原則僅適用於財產保險，人身保險並無適用的可能。但值得注意的是，人身保險中的商業醫療保險，雖然其保障的是人身受到損害後所遭受的損失，保險標的是人的壽命和身體，其歸屬於人身保險範疇，但是不能因為商業醫療保險屬於人身保險，保障的對象是人的身體，就簡單地得出商業醫療保險不適用損失補償原則的結論。

上述案例中的費用型醫療保險屬於人身保險的類型是不應動搖的。費用型醫療保險畢竟是基於人身發生疾病或者傷殘需要治療而形成的保險，其保障的是人身受到損害後所遭受的損失，保險標的是被保險人的身體。醫療行為必將伴隨著醫療費用支出的經濟損失，且此損失是可以用貨幣估量的，因此，費用型醫療保險應歸屬於補償性保險合同的範疇。

保險是否適用損失補償原則，應當以該保險的保險目的作為判斷標準。只要此保險合同的目的是對費用損失的補償，無論其屬於人身保險合同還是財產保險合同，都應適用損失補償原則。費用型醫療保險的目的僅在於補償被保險人因治療發生的醫療

費用，保險人也是基於被保險人實際支出的醫療費用來承擔其保險責任，故其屬於補償性保險，適用損失補償原則。

四、總結

損失補償是保險的根本原則，如果被保險人因保險事故的發生可以獲得超出其實際損失的賠償，這無異於鼓勵人們以保險的形式進行賭博。通過損失補償原則的適用可以抑制保險帶來的道德風險，同時可以使保險業正常運轉。保險就是集合眾多同類的危險，以損失分擔的原理為方法，使受損害者得到補償為目的的一種經濟制度。保險的實質包含了填補受害人損失和禁止受害人得利兩個方面，而禁止得利又是該原則的核心和關鍵。

因此損失補償原則作為保險的四大基本原則之一，它的意義就在於填補被保險人遭受的實際損失，並禁止被保險人的不當得利。

五、思考題

（1）財產保險合同與補償性保險合同有何差異？
（2）人身保險適用補償原則嗎？
（3）補償原則有哪些派生原則？
（4）重複保險分攤如何計算？

案例 2-6　A 車險代位求償權案

一、背景介紹

《保險法》第六十條第一款規定：因第三者對保險標的的損害而造成保險事故的，保險人自向被保險人賠償保險金之日起，在賠償金額範圍內代位行使被保險人對第三者請求賠償的權利。

某公司《非營業用汽車損失保險條約》第二十條第一款規定：因第三方對被保險機動車的損害而造成保險事故的，保險人自向被保險人賠償保險金之日起，在賠償金額範圍內代位行使被保險人對第三方請求賠償的權利，但被保險人必須協助保險人向第三方追償。

二、相關理論知識

保險代位求償權又稱保險代位權，是指當保險標的遭受保險事故造成的損失，依法應由第三者承擔賠償責任時，保險公司自支付保險賠償金之日起，在賠償金額的限度內，相應地取得向第三者請求賠償的權利。「保險代位權是各國保險法基於保險利益原則，為防止被保險人獲雙重利益而公認的一種債權轉移制度」，通常認為保險代位權其實質是民法清償代位制度在保險法領域的具體運用。

代位求償權是由保險法的基本原則損失補償原則派生出來的。當第三人的行為造成保險標的損害而引起保險事故時，被保險人一方面因保險事故的發生而取得對保險人的保險賠償請求權，另一方面又作為第三人行為的受害者而取得對第三人的損失賠償請求權。為貫徹損失補償原則，被保險人若要行使保險賠償請求權就必須將其對第三人的損害賠償請求權讓渡給保險人代位行使。

關於保險代位權的權利性度，大致有三種觀點：

（1）債權擬制[①]轉移說，認為被保險人的債權雖然因為保險人償付保險金而消滅，但法律擬制債權仍存在，並移轉給保險人。

（2）賠償請求說，認為保險人自給付保險金時起，便取得與已消滅之債權同一的賠償請求權。

（3）債權轉移說，認為代位求償權實質上是保險人對第三人債權的「法定受讓」，無須被保險人的讓與意思表示，也無須債務人的同意。

該學說目前為大多數學者所採納。中國《海商法》第二百五十二條明確規定：保險標的發生保險責任範圍內的損失是由第三人造成的，被保險人向第三人要求賠償的權利，自保險人支付賠償金之日起，相應轉移給保險人。

《保險法》尚未明確保險人行使代位求償權以保險人的名義還是被保險人的名義，以往對此存在有爭議。目前審判實踐普遍接受保險人以自己的名義行使代位求償權。2000年7月1日實施的《中華人民共和國海事訴訟特別程序法》第九十四條規定：保險人行使代位求償權利時，被保險人未向造成保險事故的第三人提起訴訟的，保險人應當以自己的名義向該第三人提起訴訟。

三、案例分析

（一）案例介紹

被保險人T高速公路養護工程有限公司（以下簡稱T高速）在A財產保險股份有限公司（以下簡稱A公司）為其所有的瀝青混凝攤鋪機投保了機動車損失保險，保險金額2,600,000元，保險期限為2007年11月15日至2008年11月14日。

2007年11月26日，被保險車輛在連霍高速三門峽段施工時，被J物流貨運公司（以下簡稱J集團）所有的津AD0770（津AN762掛）斯太爾重型半掛車追尾撞擊，造成被保險車輛嚴重損壞。該事故經三門峽公安交警大隊處理，認定津AD0770（津AN762掛）斯太爾重型半掛車應負事故的全部責任，被保險車輛無責任，后經三門峽價格認證中心評估認定，此次事故造成被保險車輛的損失135.60萬元，路產損失50餘萬元。

2008年4月28日，T高速向鄭州仲裁委員會提出仲裁申請，要求A公司在機動車損失保險（特種車）項下賠償其車輛的損失1,356,770元。鄭州仲裁委員會於2008年6月16日開庭審理了此案，並於2008年11月1日做出了仲裁裁決，依法裁決A公司向T高速支付保險金1,356,174元及承擔仲裁費26,434元。

[①] 法律擬制（或法定擬制）是將原本不符合某種規定的行為也按照該規定處理。

裁決生效后，T 高速向鄭州市中級人民法院申請強制執行。2009 年 7 月 11 日，鄭州市中級人民法院做出（2009）鄭法執一字第 196 號執行裁定書，從 A 公司銀行帳號扣留相關款項 148 萬元。

在對 T 高速的損失進行賠償後，A 公司依法行使代位求償權，向陝縣人民法院提起了訴訟，要求事故侵權方 J 集團以及其承保公司——P 財產保險股份有限公司（以下簡稱 P 保險公司）等依法賠償相關事故損失 135 萬元。經過開庭審理，2010 年 5 月 6 日，陝縣人民法院做出一審判決：第一，P 保險公司天津市寧河支公司給付 A 公司 J 集團津 AD0770（津 AN762 掛）斯太爾重型半掛車在第三者責任項下保險理賠款 78 萬元。第二，J 集團賠償 A 公司經濟損失 576,174 元；第三，案件受理費 18,120 元，訴訟保全費 5,000 元，共計 23,120 元，由第三人 P 保險公司天津市寧河支公司承擔 10,000 元，被告 J 公司承擔 5,350 元，A 公司河南分公司承擔 2,420 元。

P 保險公司不服一審判決，上訴到了二審三門峽市中級人民法院。經過開庭審理，三門峽市中級人民法院於 2010 年 7 月 26 日做出了終審判決：駁回上訴，維持原判。

（二）案件分析

依據《保險法》第六十條第一款規定，行使代位求償權符合規定。

1. 確定案件管轄法院

案件求償第一步，首先要做的事就是立案。理論上講，三者的住所地是天津市，其承保公司 P 保險公司也是在天津本地，A 公司應到天津提起追償訴訟，但考慮司法實踐中廣泛存在的地方保護主義和行政干預因素，在天津法院立案起訴顯然對 A 公司不利，於是 A 公司在事故發生地三門峽市陝縣法院提起了訴訟。陝縣法院對此案司法管轄權的確立，為追償工作的展開奠定了基石，也為后期工作打下了較好的基礎。

2. 調查三者財產情況及投保公司，及時申請財產保全

訴訟工作一展開，A 公司即根據從被保險人處獲得第三者的資料和信息，趕赴天津對第三者的經營情況、股東構成、關聯公司以及財產狀況進入了深入的調查，同時根據調查的結果，迅速向陝縣法院遞交了財產保全申請書，並協同陝縣法院的法官二度趕赴天津，對第三者的銀行帳號進行凍結，對肇事車輛進行了查封，更重要的是凍結了第三者在 P 保險公司的保險理賠款 1,245,000 元。

上述工作的展開，不僅使 A 公司在訴訟中處於優勢地位，同時也確保 A 公司在勝訴后能夠實現訴訟利益。

3. 尋找有關司法判例，為法院判決提供理論支持和案例參考

在訴訟過程中，存在兩個爭議焦點：

（1）涉及被保險車輛的損失數額問題，一共有兩份評估：A 公司持有的是三門峽市價格認證中心出具的《價格認證書》（估算數額 1,356,770 元），P 保險公司持有的是中國檢查認證集團天津有限公司出具的《鑒定報告》（估算數額 474,811.5 元）。那麼，究竟該以哪份鑒定報告作為認定被保險車輛損失的依據？（註：A 公司以 1,356,770 元的損失數額向被保險人支付了理財賠款。）

（2）侵權車輛津 AD0770（津 AN762 掛）斯太爾重型半掛車在 P 保險公司主車

投保三責險 500,000 元，掛車投保三責險 500,000 元，全車三責險保險金額共計 1,000,000 元。

P 保險公司的《保險合同條款》第二十條約定：「掛車投保後與主車視為一體，發生保險事故時，掛車引起的賠償責任視同主車引起的賠償責任，本公司對掛車賠償責任與主車賠償責任所負責之和，以主車賠償限額為限。」

(三) 案件知識點解析

1. 保險代位求償權的構成要件

(1) 保險事故的發生是由於第三者的過錯所致，即二者存在直接因果關係。實踐中，保險事故發生時，被保險人才可能因同一損害事實享有請求權：一是向第三者請求賠償的權利，二是向保險人請求賠償保險金的權利；否則就不具有成立保險代位求償權的可能。

(2) 第三者的過錯行為給被保險人造成了傷害。第三者的過錯行為必須是給被保險人造成了損失，即要有損害後果的發生。如果沒有損失後果的發生，被保險人沒有任何損失，保險人就無須負任何賠償責任，也就不存在保險代位求償權的問題。

(3) 被保險人對第三者享有賠償請求權。保險人的代位求償權行使的先決條件就是被保險人對第三者造成保險事故發生導致的損害享有賠償請求權，否則保險人的代位求償權自然無法成立。

實踐中，被保險人對第三者的賠償請求權的來源既可以包括第三者的侵權行為，也可以包括被保險人與第三者的合同行為。如保管公司中保管人未盡到保管義務致使保管物毀損或運輸合同中運輸人的違法行為致使貨物損毀等情況。

(4) 保險人已向被保險人賠償保險金。保險代位求償權的主體是保險人，而保險人之所以能夠取得代位求償權，其對價則是保險人已向被保險人賠償了保險金。如果允許保險人在未支付對價（向被保險人賠償金）就取得代位求償權，將可能出現保險人從中受益而損害被保險人利益的情況，從而有悖於設立求償權的初衷。當然保險人在具體支付保險賠償金時，根據《保險法》第六十條的規定，被保險人已經從第三者取得賠償損失時，保險人賠償保險金時，可以相應扣減被保險人從第三者已取得的賠償金額。根據財產保險的「損失補償原則」，保險人僅對被保險人因保險事故發生所受實際損失中未獲得第三者賠償部分的損失承擔賠付責任。

2. 保險代位行使的範圍

財產保險中，第三人大致可因侵權行為和合同違約行為損害保險標的，在海商法中還有共同海損引起的保險代位求償範圍。

侵權行為的民事責任，根據侵權行為的具體情節，侵權人應承擔返還財產、折價賠償、恢復原狀賠償損失的民事責任。侵占財產的，應當返還財產，不能返還財產的應當折價賠償。損壞財產的，應當恢復原狀或者折價賠償。受害人因此遭受其他重大損失的，侵害人應當理賠損失。鑒於保險所代位權利的債權性質，保險因侵權的代位求償權指的是損害賠償請求權，不包括返還財產和恢復原狀。合同違約行為的民事責任，依據《合同法》第一百零七條的規定，有繼續履行、採取補救措施或者賠償損失等形式。保險人

的依法合同違約的代位求償權也僅僅是賠償損失，不包括繼續履行和採取補救措施。可見保險人可代位行使的權利範圍，原則上不享有被保險人對第三方可行使的所有權利。

保險人代位的被保險人對第三人的損失賠償請求權與保險人實際享有的對第三人的損害賠償請求權的金額範圍也不完全一致。第一，保險人代位受到保險賠償額的限制。第二，與保險責任的範圍有關，在保險範圍內發生的損失額，屬於保險人可代位行使的權利範圍，原則上保險責任之外的原因造成保險標的的損失，保險人不負賠償責任，因此保險人代位的求償權中也不包括此項損失的賠償請求權。

此外，《合同法》第一百二十一條規定，當事人一方因第三方的原因造成違約的，應當向對方承擔違約責任。當事人一方和第三方之間的糾紛，依照法律規定或者照約定解決。而在過錯責任歸責原則下，因合同當事人之外的第三方原因造成保險標的損害的，保險人行使代位求償權的同時也受到限制。以貨物運輸合同為例，兩車未相撞的交通事故造成貨物損失，事故責任無外乎承運人自身原因、相對方原因和混合原因。無論何種原因，都造成承運人對貨主（被保險人）的違約，貨主對承運人當然有合同權利。然而，因相對方原因造成承運人對貨主違約的，依照《合同法》第一百二十一條的規定，貨主不能追究相對方責任，但責任方為侵權方，貨主可直接追究相對方的侵權責任。此種情況下，保險人只能選擇代位侵權的損害賠償直接追究責任，而不能選擇承運人合同違約的賠償責任。

四、總結

此案中，作為基層法院的法官，如果不瞭解保險，不熟悉保險事務，不熟悉保險法律事務，在審理案件時就會有失偏頗。此案件中 A 公司依法享有求償權無疑，但上述兩個爭議焦點都會影響 A 公司可能獲償數額。基於上述考慮，我們認為，僅僅靠開庭時的觀點陳述和論辯是不夠的，法官或許更需要類似的判例作為參照物。

另外，保險人要正確行使代位求償權，儘管保險求償權制度在中國立法中確定已久，但在業務中，在實踐過程中卻始終沒有得到很好的貫徹。例如，在部分車險案件中，已經投保車輛損失險的機動車輛在無責或有部分責任的情況下被第三方碰撞而導致車輛損失，在肇事車輛第三方逃逸或未投保機動車輛責任保險及沒有經濟賠償能力的情況下，保險人疏於通過行使代位求償權保護被保險人的利益，運用拒賠或限制賠償額度的方式推卸保險責任，讓客戶自行向肇事者追償損失。因此，從保護被保險人利益的角度出發，監管機關和行業組織有必要對於保險公司行使代位求償權的情況進行調查，督促保險公司按照保險法的要求，對於由於第三方原因導致保險標的發生保險事故，而被保險人未從第三方取得損害賠償的，被保險人未放棄對第三者請求賠償的權利的，第三方非被保險人的家庭成員或其組成成員，保險人應當以被保險人利益為重，自覺行使代位求償權。

五、思考題

（1）在保險合同中，掛車的保險責任如何認定？
（2）代位追償有哪兩種類型？二者有何差異？

第三章　車險業務

案例 3-1　車險理賠服務質量

一、背景介紹

近年來，私家車數量迅猛增長，隨之而來的「車險理賠難」問題也日益成為社會關注的焦點，其中車主們反應最多的就是「索賠時間長」「流程繁瑣」等問題。民眾反應強烈的「車險理賠難」究竟難在何處？如何解決這個難題呢？在機動車輛保險快速發展的今天，對機動車保險理賠服務進行深入、全面的研究，分析機動車保險理賠服務究竟存在哪些問題、對哪些方面應該進行創新，具有極大的現實意義。

二、相關理論知識

（一）汽車保險的特點

中國汽車保險的被保險人曾經是以單位、企業為主，但是隨著個人擁有車輛數量的增加，被保險人中個人車主的比例逐步增加。汽車保險的保險事故雖然損失金額一般不大，但是事故發生的頻率高，保險公司在經營過程中需要投入的精力和費用較大，保險公司應予以足夠的重視。由於汽車的功能特點，決定了其具有相當大的流動性，車輛發生事故的地點和時間不確定，要求保險公司必須擁有一個運作良好的服務體系來支持理賠服務。在汽車保險的理賠中扮演重要角色的是修理廠，修理廠的修理價格、工期和質量均直接影響汽車保險的服務。此外，汽車保險是道德風險的「重災區」。

（二）汽車保險理賠常見流程

1. 接受索賠申請

發生保險事故后，客戶通過約定的方式及時報案，並索賠。保險理賠人員核對基本信息無誤之後，要向客戶詢問出險情況，協助安排救助，告知後續理賠處理流程並指導撥打報警電話（緊急情況下客戶應該先撥打報警電話）。

2. 現場查勘

車險公司理賠人員或委託的公估機構、技術鑑定機構、海外代理人到事故現場勘查事故經過，瞭解涉及的損失情況，查閱和初步收集與事故性質、原因和損失情況等有關的證據和資料，確認事故是否屬於保險責任，必要時委託專門的技術鑑定部門或

科研機構提供專業技術支持。指導客戶填寫出險通知書（索賠申請書），向客戶出具索賠須知等。

3. 理算

對保險財產的損失範圍、損失數量、損失程度、損失金額等損失內容、涉及的人身傷亡損害賠償內容、施救和其他相關費用進行確認，確定受損財產的修復方式和費用，必要時委託具備資質的第三方損失鑒定評估機構提供專業技術支持。

4. 達成賠償協議

對客戶提交的索賠材料的真實性和完備性進行審核確認。在提交的索賠材料真實齊全的情況下，與客戶達成最終的賠償協議。

5. 支付賠款及追償

保險公司依據相關法律以及與客戶商定的賠款支付方式和保險合同的約定支付賠款。因第三者對保險標的的損害而造成保險事故的，在保險公司根據保險合同的約定和相關的法律法規支付賠款后，雙方簽署權益轉讓書，由保險公司向第三方進行追償工作。

三、案例分析

（一）案例介紹

家住遼寧省沈陽市的陶某於 2013 年 9 月貸款購買了一臺國產轎車，加入「有車一族」。然而，經歷一次事故之後，與保險公司的「糾葛」使陶某對車再也沒了當初的興致。2013 年 11 月 19 日下午，陶某駕車從安達市返回沈陽。16 時許，天空下著大雪，由於前方一輛大貨車突然發生側滑，橫在路中央，陶某慌忙躲閃之中，汽車滑進高速公路一側的深溝內。

陶某在事後的第一時間撥通了交警部門「122」電話，隨即於 16 時 49 分撥通 R 保險公司的報案電話。接線員仔細詢問了事故情況和發生地點之後說：「你們在現場等著，公司馬上派人去勘查。」

不多時，安達市交警隊的事故處理車到達現場。近 18 時，吊車也趕到了。陶某和交警在寒風中等待保險公司前來勘查確認現場。直到近 20 時，大家終於耐不住性子，自作主張把汽車從深溝裡吊了出來。「再熬下去就得凍死，大不了不用他們賠了！」陶某說。待陶某駕駛損壞的汽車重新駛上高速公路之後，手機裡傳來保險公司人員甜美卻是責怪的聲音：「真是的，不是跟你說在原地等著嗎？咳！既然這樣了，你們明天到公司來立案吧！」

由於遼寧省各地普遍降雪，交通「摩擦」比平時頻繁得多。11 月 20 日一早，陶某按指令來到位於開發區內的保險公司總部時，事故報案受理處前已經圍了很多人。陶某只見一個保險公司的小伙子忙得不可開交，而大廳內其他工作人員則閒適地各自做著自己的事情。

一個多小時后，陶某終於拿到幾張表格。陶某按要求填好表格，又按要求將車開到修理廠，然后打電話聯繫察看損壞情況，確定維修所需費用。電話那頭的接線員說：

「你在那裡等著，會有我們的業務員與你聯繫的。」直到下午，仍不見有人與自己聯繫，陶某只好再次撥通電話詢問。那位接線員在電話中說：「業務員太忙了，每天要走很多地方。你等明天吧。」

第二天一早，陶某再次通過電話與保險公司商定上午到修理廠「定損」，但是左等右等不見有人露面。臨近中午，陶某忍不住再次打電話追問，得到的回答是：「他們太忙，下午1點去吧。」一直等到下午3時，還是不見有人來，也沒有電話聯繫。氣憤之下，陶某將車徑自開到保險公司總部。公司前臺的一位業務員問明情況，便帶了攝影器材來到停車場，直接察看損壞情況，仔細記錄了損壞部位和需要更換的部件。原來以為多麼複雜的「定損」過程，其實前後只用幾分鐘時間就完事了。

因為那一段時間陶某的工作比較忙碌，經常出差到外地，所以等修復了汽車，又按要求重返事故發生地的交警部門開具證明，辦好所有手續已經到了12月末。帶著保險公司出具的材料，陶某來到當初投保的公司辦理最後的賠付程序。

巧合的是，接待陶某的正是當初介紹保險的業務員。不同的是，當初燦爛的笑容不見了，取而代之的是一張冷冰冰的臉孔。「10天之後來取。事先打電話聯繫一下。」女子言簡意賅，看起來不願多說一個字。2014年1月17日，早已過了10天的期限，陶某徑直到保險公司領取1,700元的賠償金。由於臨近春節，公司業務量不多，業務廳內只有陶某一個客戶。掛著「理賠」牌子的窗口沒有人在崗。一連問了幾聲，終於從其他窗口懶洋洋地走過來一位女子，不耐煩地問道：「什麼事？」聽罷陶某自報的姓名，女子粗略地翻閱了一下桌面上的登記簿后說：「沒到，再等兩天吧。」

1月19日，陶某撥通了保險公司留下的聯繫電話。電話那頭的聲音遲疑了一下，回答道：「還沒到，等過了年吧。」就這樣，1,000多元錢到底成了一筆「隔年帳」。

(二) 案例評析

分析上述案例，我們可以看出，該案中，理賠人員的不負責任是整個理賠流程的一大阻力所在，從查勘環節到定損再到核賠，各個環節中的工作人員服務態度不盡如人意，不僅影響了理賠時效，也大大降低了客戶體驗。然而，類似的「理賠難」現象還有許多。

我們可以先從整個流程的始發端「客戶出險」說起。從客戶的角度出發，理賠流程以及賠付週期就是從出險時間而不是從報案時間開始算起的。客戶在出險後，進入保險公司內部理賠流程之前，補報案是使客戶產生「車險理賠難」困擾的矛盾集中點。有些保險公司將出險時間超過48小時的案件計為補報案[①]。補報案流程相當繁瑣，如果因被保險人自身原因引起的補報案，還需被保險人攜帶身分證原件親自到保險公司辦理補報案手續。對於補報案週期較長的案件，更是需要逐級審批，使客戶感到耗時、費力。

客戶出險這一環節是理賠服務的開始，一個好的理賠服務開端，對提升車險理賠

---

① 各個公司的流程和名稱各不相同。

服務質量非常重要。通過案例分析，針對車險理賠存在的問題，保險公司要確保車險從業人員達到專業水平。據業內有關人士透露，目前車險定損員管理缺少行業標準，存在著各公司錄用標準不統一、業務培訓不充足、內部管控不嚴格等弊病，導致行業服務水平下降、違規行為屢有發生，這就需要保險行業管理部門對車險從業人員水平進行規範和管理。

保險公司車險案件查勘環節一般包含接報案、現場查勘、車輛定損、材料收集幾方面。客戶出險後，一般與查勘人員的聯繫最為密切，第一個接觸的人也是保險公司的理賠查勘人員。如果查勘人員能在處理現場時將所有能收集到的材料一次性收齊，將大大提高理賠服務時效，如行駛證、駕駛證、被保險人身分證、銀行帳戶信息等。只要查勘員在處理案件的過程中，從多角度思考問題，增強工作責任心，將案件疑點在源頭抓住，便能有效地提高工作效率，在客戶心中樹立公司良好形象。

此外，強化車險人傷案件管理流程、構建保險消費者權益保護的司法審查機制都可以提升理賠服務水平。

四、總結

機動車輛保險作為金融服務行業重要組成部分，忽略金融行業的客觀經營規律，粗放型的比拼理賠速度必不能長久。改變目前國內車險行業人才匱乏的不利局面，以高端管理人才為主導，利用高科技手段輔助管控風險、明確服務對象、打造高素質的理賠團隊，從理賠理念轉變的源頭提升理賠服務水平，提供更加貼近客戶實際需求、具有核心競爭力的理賠增值服務，才可以有效解決機動車輛保險理賠服務存在的問題。

社會在不斷進步，終端客戶的思想觀念也在不斷發生變化。對未出險客戶的增值服務進一步強化、對已出險客戶的風險分析進一步細化，以利益導向引導客戶自主、自助管控風險，使優質客戶共享經營風險得利，最終構建廣大客戶共同參與的最廣泛的風險管控體系，引導客戶購買保險的核心目的由「出險可賠」轉為「風險可控」，應該是未來機動車輛保險理賠服務乃至整個行業的發展方向。

五、思考題

（1）車險理賠服務為何日益重要？

（2）請查閱任一保險公司的車險理賠流程。

（3）保險公司提升車險理賠服務採取了哪些改革措施？

案例 3-2　交強險免責條款的理解

一、背景介紹

　　交強險的全稱是「機動車交通事故責任強制保險」，是由保險公司對被保險機動車發生道路交通事故造成受害人（不包括本車人員和被保險人）的人身傷亡、財產損失，在責任限額內予以賠償的強制性責任保險。交強險是中國首個由國家法律規定實行的強制保險制度。交強險的實施，一方面促進了社會的穩定，但是另一方面，由於一些規定的不夠完善，仍存在許多的爭議。

　　近年來，隨著人民生活水平的逐步提高和國家交通事業的不斷發展，車輛數量猛增，各類交通事故頻發。因交通事故產生的人身損害賠償糾紛和財產損害賠償糾紛不斷湧現，人民法院受理此類案件數量也大幅上升，保險公司經常成為被訴的對象，並往往承擔賠償責任。受害人起訴保險公司賠償損失，一方面反應了公民維權意識、轉嫁風險意識和法律意識的提高，另一方面也不同程度地暴露出相關法律制度的缺陷。

二、相關理論知識

（一）交強險條款

　　《機動車交通事故責任強制保險條款》（以下簡稱《交強險條款》）第八條規定：在中華人民共和國境內（不含港、澳、臺地區），被保險人在使用被保險機動車過程中發生交通事故，致使受害人遭受人身傷亡或者財產損失，依法應當由被保險人承擔的損害賠償責任，保險人按照交強險合同的約定對每次事故在下列賠償限額內負責賠償：

　　（1）死亡傷殘賠償限額為 110,000 元；

　　（2）醫療費用賠償限額為 10,000 元；

　　（3）財產損失賠償限額為 2,000 元；

　　（4）被保險人無責任時，無責任死亡傷殘賠償限額為 11,000 元，無責任醫療費用賠償限額為 1,000 元，無責任財產損失賠償限額為 100 元。

　　死亡傷殘賠償限額和無責任死亡傷殘賠償限額項下負責賠償喪葬費、死亡補償費、受害人親屬辦理喪葬事宜支出的交通費用、殘疾賠償金、殘疾輔助器具費、護理費、康復費、交通費、被扶養人生活費、住宿費、誤工費，被保險人依照法院判決或者調解承擔的精神損害撫慰金。

　　醫療費用賠償限額和無責任醫療費用賠償限額項下負責賠償醫藥費、診療費、住院費、住院伙食補助費，必要的、合理的后續治療費、整容費、營養費。

　　《交強險條款》第九條規定：被保險機動車在本條（1）至（4）之一的情形下發生交通事故，造成受害人受傷需要搶救的，保險人在接到公安機關交通管理部門的書面通知和醫療機構出具的搶救費用清單後，按照國務院衛生主管部門組織制定的交通事故人員創傷臨床診療指南和國家基本醫療保險標準進行核實。對於符合規定的搶救

費用，保險人在醫療費用賠償限額內墊付。被保險人在交通事故中無責任的，保險人在無責任醫療費用賠償限額內墊付。對於其他損失和費用，保險人不負責墊付和賠償。

（1）駕駛人未取得駕駛資格的；

（2）駕駛人醉酒的；

（3）被保險機動車被盜搶期間肇事的；

（4）被保險人故意製造交通事故的。

對於墊付的搶救費用，保險人有權向致害人追償。

《交強險條款》第四條規定：下列損失和費用，交強險不負責賠償和墊付：

（1）因受害人故意造成的交通事故的損失；

（2）被保險人所有的財產及被保險機動車上的財產遭受的損失；

（3）被保險機動車發生交通事故，致使受害人停業、停駛、停電、停水、停氣、停產、通信或者網路中斷、數據丟失、電壓變化等造成的損失以及受害人財產因市場價格變動造成的貶值、修理后因價值降低造成的損失等其他各種間接損失；

（4）因交通事故產生的仲裁或者訴訟費用以及其他相關費用。

三、案例分析

（一）案例介紹

2010年5月21日16時許，被告張某在未取得機動車駕駛證的情況下駕駛輕型普通貨車，沿國道109線由西向東行駛至白銀職專大門前路段時，與步行橫過馬路的原告李某相撞，致原告李某受傷，車輛損壞，造成交通事故。該事故經白銀交警部門認定，被告張某安全意識淡薄，未取得機動車駕駛證駕駛機動車輛，遇行人橫過道路時，不注意避讓，是造成此事故的直接原因。該事故由被告張某承擔全部責任，原告李某不承擔責任。

原告李某傷后即入住白銀市第二人民醫院，被診斷為重度顱腦損傷。住院期間，李某進行了各項常規檢查，醫院給予其肌肉注射破傷風抗毒素、清創縫合、止血、降血壓、預防感染、營養腦神經、激素對症及支持等綜合性搶救治療，李某於2010年7月12日出院。同年7月27日，原告李某再次入住白銀市第二人民醫院，進行了各項常規檢查后，李某被診斷為左額亞急性硬膜外血腫和重度顱腦損傷恢復期。醫院給予其微創錐顱引流術、抗炎、止血、營養腦神經、對症及支持等綜合性治療，李某於2010年8月18日出院。

原告李某上述兩次住院共76天，花去住院費38,729.65元，門診檢查治療費363元，合計39,092.65元，其中2,700元由被告張某支付，其餘由原告李某自行墊付。住院期間原告李某因購買成人尿褲花去費用75元，因做傷情鑒定支付鑒定費250元。住院期間原告李某由其兒子李某某護理，其與兒子李某某均為農業人口。

事故車輛在R保險公司投保有交強險。李某因與張某及R保險公司就賠償問題協商未果后，遂於2010年8月訴至一審法院。原告李某認為，被告張某無照駕駛機動車，忽視交通安全，撞傷行人，依據交通事故認定書，被告張某負本次事故的全部責任，

由於該事故車輛在被告 R 保險公司處投有交強險，故請求判令兩被告共同賠償其醫療費 39,342.65 元、誤工費 3,792.4 元、護理費 5,654.4 元、住院伙食補助費 3,040 元、營養費 760 元、交通費 1,520 元、鑒定費 250 元、后續治療費 15,000 元、康復費 5,000 元，合計 77,067 元，並由兩被告承擔本案全部訴訟費用。

被告張某辯稱，原告李某的陳述屬實，其已經支付了 2,700 元醫療費，現已無能力賠償，但事故車輛在保險公司投保有交強險，所以應當由保險公司在交強險額度內先賠償受害人。被告 R 保險公司辯稱，本次事故被告張某無照駕駛所致，根據交強險條例及條款的相關規定，無照駕駛系保險公司的法定免責事由，故其不承擔任何賠償責任。

一審法院審理后認為原告李某因道路交通事故受傷致殘，《中華人民共和國侵權責任法》（以下簡稱《侵權責任法》）第四十八條規定：機動車發生交通事故造成損害的，依照道路交通安全法的有關規定承擔賠償責任。《中華人民共和國道路交通安全法》（以下簡稱《道路交通安全法》）第七十六條規定：機動車發生交通事故造成人身傷亡、財產損失的，由保險公司在機動車第三者責任強制保險責任限額範圍內予以賠償；不足的部分，按照下列規定承擔賠償責任：

（1）機動車之間發生交通事故的，由有過錯的一方承擔賠償責任；雙方都有過錯的，按照各自過錯的比例分擔責任。

（2）機動車與非機動車駕駛人、行人之間發生交通事故，非機動車駕駛人、行人沒有過錯的，由機動車一方承擔賠償責任；有證據證明非機動車駕駛人、行人有過錯的，根據過錯程度適當減輕機動車一方的賠償責任；機動車一方沒有過錯的，承擔不超過 10% 的賠償責任。交通事故的損失是由非機動車駕駛人、行人故意碰撞機動車造成的，機動車一方不承擔賠償責任。

根據上述規定，對本案原告李某的損害，首先由保險公司在機動車強制保險責任限額範圍內予以賠償，保險公司辯稱無照駕駛系交強險免責事由無法律依據。

綜上，法院判決被告 R 保險公司賠償原告李某醫療費、鑒定費、誤工費、護理費等共計 45,785.65 元（不含張某已付的醫療費 2,700 元），該款於判決生效之日起 10 日內一次性付清；駁回原告的其他訴訟請求。

一審宣判后，被告 R 保險公司不服，提起上訴，請求撤銷一審判決，改判上訴人對李某不承擔賠償責任。二審法院在審理本案過程中，對案件基本事實的認定與一審一致，但對無照駕駛情形下保險公司應否免責以及賠償費用應否按照分項限額判決的問題形成了不同意見：

第一種意見認為，《機動車交通事故責任強制保險條例》（以下簡稱《交強險條例》）第二十二條並非是對交強險免責事由的規定，該條例第二十二條第三款明確規定，只有受害人故意造成道路交通事故損失時，保險公司才不予賠償。關於分項限額，因法律法規中並無相關規定，《交強險條款》為部門規章，因此，只要損失數額在交強險限額內，保險人均應予以賠償。一審判決並無不當，應予維持。

第二種意見認為，國家設立交強險的目的在於有效、及時地填補受害人的損失，無照駕駛當然不能成為保險公司的免責理由，但基於公平原則和為進一步懲罰、打擊

無照駕駛、酒駕等違法犯罪行為，應當參照《交強險條款》第八條關於分項限額的規定進行判決。據此，本案中被上訴人的醫療費 36,392.65 元，上訴人 R 保險公司應在交強險醫療費 10,000 元限額內承擔責任，其餘 26,392.65 元醫療費應由侵權人張某負擔。

第三種意見認為，《交強險條例》第二十二條明確了在「駕駛人未取得駕駛資格或者醉酒」造成交通事故的，保險公司只在交強險額度範圍內墊付搶救費用，結合參照《交強險條款》第九條的相關規定，無照駕駛情形下造成損失的，保險公司免責。因此，本案上訴人 R 保險公司的上訴理由成立，對於被上訴人李某的損失，應由侵權人張某完全負擔，上訴人 R 保險公司對此不承擔責任。

該案因合議庭意見分歧較大，后經二審法院裁判委員會討論，最終以上述第二種意見為理由進行了改判。

(二) 案例評析

本案在一審、二審過程中，雙方當事人、委託代理人就相關問題展開了激烈辯論，合議庭成員及裁判委員會委員對相關問題的認識也是仁者見仁，智者見智。一種意見認為，本案被上訴人張某無照駕駛致第三人李某受傷，R 保險公司應當免責。而多數法官堅持，無照駕駛並非保險公司的法定免責事由，本案中 R 保險公司仍應在交強險責任限額內承擔賠付責任。此外，在認定本案 R 保險公司承擔賠償責任的前提下，又形成兩種不同觀點，一是嚴格按照《交強險條款》第八條關於分項限額的規定進行裁判，超出分項限額部分由侵權人張某負擔；二是保監會制定分項限額賠付標準不具有可操作性，應當依據《道路交通安全法》第七十六條規定在 12.2 萬元交強險責任限額內判決 R 保險公司承擔賠償責任，超過 12.2 萬元的部分由侵權人張某負擔。

1. 免責觀點分析

第一，中國實行機動車交通事故責任強制保險、制定《交強險條例》的目的，不僅僅在於保障無辜受害人的利益，更是為了維護正常的交通秩序，保障交通安全。而要保障交通安全，就應當嚴厲處罰無照駕駛等違法行為，這樣才能真正實現立法目的。如果一味地讓保險公司承擔賠償責任，等同於守法者將為違法者的行為支付費用，不僅違反公平原則，而且還讓真正的違法者逃避了法律的責任，從而造成社會負面影響。事實上，從《侵權責任法》《道路交通安全法》和《交強險條例》的立法目的來看，立法者對於無照駕駛等違法情形「在道德上都是進行責難的」。

第二，《交強險條例》第二十二條第一款規定的是 4 種特殊情況下保險公司的墊付搶救費義務，並不能說明保險公司負有代替無照駕駛人等違法者進行賠償的義務，立法者本著能夠讓受害人及時得到救治的原則，規定保險公司作為交強險的承保人，由其先履行此項義務並無不當。

第三，《交強險條例》第二十二條是關於保險公司除外責任的規定，作為賠償義務人，保險公司只有在法律有明確規定時才負有墊付或者賠償義務，不能推理為法律沒有禁止即為必須，否則不僅違反了擴大解釋的原則，更不符合《交強險條例》的立法意圖，也與立法者對無照駕駛等違法行為「在道德上都是進行責難的」本意不符。

第四，《道路交通安全法》第七十六條第一款的規定，是為了明確機動車交通事故責任強制保險的作用，無法必然得出凡機動車發生交通事故造成人身傷亡、財產損失的，一律由保險公司在責任限額內予以賠償的結論。而無證駕駛作為「馬路殺手」是人人痛恨的違法行為，如果法律對這樣的行為不嚴加懲罰，公平正義何在？

綜上，本案中被上訴人張某無照駕駛機動車肇事，造成被上訴人李某受傷，該車雖在上訴人 R 保險公司處投保有交強險，根據《交強險條例》第二十二條的規定，並參照《交強險條款》第九條的規定，被上訴人 R 保險公司的上訴請求成立，應當改判其不承擔任何賠償責任。

2. 有責觀點分析

《侵權責任法》第四十八條和《道路交通安全法》第七十六條是裁判機動車道路交通事故責任的一般性規則，《交強險條例》相對於上述法律而言雖為特別法，但該條例中也未明確規定無照駕駛機動車發生道路交通事故情形下承保交強險的保險人應當免責，《交強險條款》更是保監會單方制定的部門規章，包括其發布的相關函件，當法律法規有一般性規定時，該部門規章、文件精神並不能成為法院裁判該類案件的法律依據。

第一，《侵權責任法》第四十八條規定：機動車發生交通事故造成損害的，依照道路交通安全法的有關規定承擔賠償責任。該法第四十九條至五十三條均為機動車持有人與使用人不一致造成交通事損害責任的規則，在學說上叫作機動車關於交強險免責事由及分項限額的事故特殊責任主體。除上述規定外，《侵權責任法》對無照駕駛造成道路交通事故承保交強險的保險公司應否承擔賠償責任及如何承擔賠償責任並未做出規定。故此，依據上述第四十八條的規定，一般機動車道路交通事故賠償糾紛，應當按照《道路交通安全法》的有關規定確定賠償責任。

第二，《道路交通安全法》第七十六條規定，機動車發生道路交通事故造成人員傷亡、財產損失的，首先由保險公司在肇事機動車投保的第三者責任強制保險的責任限額範圍內進行理賠。這是法院裁判處理交通事故損害賠償糾紛案件的一般性規則。同時，因交強險保險金額有數額限制，在事故損失大於保險金額的情況下，上述法條又明確規定了超過責任限額的補充性賠償處理原則。持賠償觀點的認為，《道路交通安全法》第七十六條明確規定了保險公司在交強險責任範圍內的賠償責任是無過錯責任原則，即不論被保險機動車一方是否具有過錯保險公司都要給予賠付，除非道路交通事故的損失是由受害人一方故意造成的，保險公司則不予賠償。另外，根據該條規定，結合《保險法》第六十八條第一款關於「保險人對責任保險的被保險人給第三者造成的損害，可以依照法律的規定或者合同的約定，直接向該第三者賠償保險金」的規定，可以得出受害人對保險公司享有直接請求權的結論。《道路交通安全法》《保險法》均是受害人要求保險公司在交強險限額內直接賠付的一般條款。

第三，本案審理過程中不同觀點的分歧點仍然是對《交強險條例》第二十二條的不同理解。主張賠付的法官認為，關於保險公司的免責情形，《交強險條例》第二十二條第三款明確規定，只有在受害人故意造成道路交通事故時，保險公司才能免責。《交強險條例》第二十二條規定的是保險公司在無照駕駛、醉酒駕駛、被保險機動車在被

盜搶期間肇事、被保險人故意製造交通事故等四種情況下負有的墊付搶救費用的義務、向致害人追償和對受害人財產損失不予賠償的權利，該條並非保險公司的免責條款。

對立觀點認為此處的「財產損失」與最高院《關於審理人身損害賠償案件適用法律若干問題的解釋》第一條中「財產損失」的概念等同，但缺乏相關的立法表述，況且，運用其他司法解釋中的概念來解釋本法規中的概念也沒有法律依據。具體分析《交強險條例》第二十一條第一款中的「人身傷亡、財產損失」與第二十三條第一款中的「死亡傷殘賠償限額、醫療費用賠償限額、財產損失賠償限額」，不難看出，立法者已經將「人身傷亡」與「財產損失」分別表述，區別開來，同一部法律中的相同名詞，不可能做出不同的解釋。關於無照駕駛情況下保險公司是否免責的問題，《侵權責任法》《道路交通安全法》雖無明確規定，但對於保險公司賠償責任卻有明確的原則性的規定，如有法外免責和例外適用的情形，在《交強險條例》這一特別法中應有具體而明確的規定，否則，應當適用法律的原則性規定。

保監會單方制定的《交強險條款》第十條明確規定了保險公司的免責事由，其中並不包括無照駕駛。而在法律有明確規定的情況下，部門規章和行業內部文件也並不必然成為人民法院裁判案件適用的依據。概言之，無照駕駛保險公司不能免責。

四、總結

一審法院和二審法院對同一案件做出了不同的判決結果，從表面看，只是改變了保險公司賠償數額，但問題的實質在於：按照一審判決，受害人李某的損失包括醫療費、誤工費、護理費、住院伙食補助費等共計 45,785.65 元完全由 R 保險公司賠付，只要判決生效，李某在很短時間內就能拿到保險公司的賠償金；按照二審判決，受害人李某只能從保險公司獲得部分賠償金，剩餘 26,392.65 元醫療費由侵權人張某給付，鑒於張某的實際情況，結合「執行難」這一普遍情形，李某能拿到這醫療費的可能幾乎為零。近年來隨著公私車輛數量的猛增，機動車道路交通事故侵權糾紛案件的數量也呈幾何倍增加，本案只是冰山一角。因此完善中國交強險制度已是迫在眉睫！

五、思考題

(1) 交強險分項限額有沒有法律效力？
(2) 請給案例中涉及的法律法規的效力從高到低排序。
(3) 保險公司墊付之后，能否向張某追償？

案例 3-3　車險詐欺問題

一、背景介紹

隨著經濟快速發展，汽車數量不斷增加，車險業務占財產保險公司業務的比例現已突破 70%，成為財產保險業務最大的險種。隨著車險市場的快速發展，車險在維護

道路交通安全、解決糾紛和促進社會經濟建設等方面扮演著越來越重要的角色。然而，車險詐欺的現象日益頻繁，成為保險犯罪的高發區，呈現出團伙化、專業化和職業化等特徵。據統計，西方國家車險詐欺犯罪活動頻發，美國車險賠付支出的近 20% 是被詐欺者違法獲得的；歐洲的保險詐欺也相當嚴重，保險公司一年內因詐欺要有多出近百億歐元的賠付支出。

中國因車險詐欺而導致的理賠支出比例也在不斷攀升，嚴重威脅著車險業務的穩定健康發展。2009—2013 年，車險賠付占財產保險公司賠款的 76% 左右，以 2012 年為例，車險承保利潤呈負增長狀態，為 -41.1%。因此，通過典型案例對車險詐欺進行全面的分析進而提出車險反詐欺的策略顯得尤為必要。

二、相關理論知識

（一）保險詐欺的含義與特點

1. 含義

在國際上，通常根據保險詐欺的性質，將保險詐欺分為保險硬詐欺和保險軟詐欺。保險硬詐欺是指投保方在保單承保範圍內，故意編造或製造保險事故；保險軟詐欺是指投保方誇大合法的索賠。基於詐欺的性質進行分類，一般將詐欺分為機會型詐欺和計劃型詐欺，所謂機會型就是指隨機偶然的，即事故發生后，為騙取保險公司賠償或更多的賠償而故意造假或誇大損失；而計劃型是指行事之前做出計劃安排的，即指事故前經過精心策劃，在計劃中製造看似屬於保險責任範圍內的事故，騙取保險公司的賠償。

車險的賠付情況不容樂觀，賠付支出占整個產險的賠付支出均在 70% 以上，賠付率基本在 50% 以上，基本高於產險整體的賠付率。車險詐欺無疑是造成車險賠付率居高不下的主要原因之一。據相關資料統計，中國每年汽車保險騙賠金額占理賠總額的 20% 左右。

2. 車險詐欺的特點

（1）團伙化，即車險詐欺人員內部組織嚴密，分工明確。如今涉及偽造、編造修車發票，偽造公安交警部門交通事故責任認定書等騙保行為的多為團伙勾結作案。通常有以下幾種情況：車主自己勾結同伙實施騙賠，修理廠、代理機構實施團伙騙賠，保險公司與社會人員內外勾結騙賠，車主與醫院聯合造假騙賠等。

（2）專業化，即車險詐欺作案手法專業性越來越強，極具隱蔽性。由於參與車險詐欺的作案人員對於車險查勘定損及理賠的流程比較瞭解，作案現場布置得很有迷惑性，再加上現如今高科技的發展，偽造有交通事故責任認定書及醫院的診斷證明等材料，在相當程度上能夠以假亂真。詐騙實施人思路清晰，手法專業，通常能利用異地出險查勘理賠程序的漏洞。

（3）職業化，即車險詐欺由起初的機會型詐欺逐漸向職業化轉變。隨著車險市場的發展，使得人們為追逐利益鋌而走險，做起了專門進行保險詐騙的勾當。這其中既有專門製造假事故、偽造理賠資料向保險公司要求賠償，騙取保險金的，也有制售假

保單，出具假保險證、收據、印章等，騙取消費者的保費，最后卷款跑路的，嚴重影響著保險市場的秩序。

(二) 車險詐欺的危害

1. 增加保險公司經營風險

(1) 假車險事故發生后，保險公司對保險事故進行調查要付出大量人力、物力和財力，而帶有詐欺性的事故調查更是困難。因為車險詐欺案件往往具有極強的隱蔽性，作案手法具有極高的專業性，詐欺證據獲取非常艱難，這樣使詐欺者較易得逞，公司做出賠付致使其經濟利益受損。

(2) 如果公司對案件的調查需要更長時間的取證，詐欺者為逼迫保險公司賠付，就會在社會公眾面前散布謠言，損害保險公司的聲譽，致使保險公司現有客戶和潛在客戶的流失。

(3) 車險占據產險公司業務量的絕對數額，由於車險賠付率較高，盈利狀態維繫艱難，將會影響產險公司整體的可持續發展，甚至出現償付能力不足，瀕臨破產的境地。

2. 侵犯保險消費者合法權益

(1) 據美國商會估計，車險詐欺致使非壽險業的費率上升了 25%，每年僅人傷案件中的詐欺金額估計高達 52 億~63 億美元。保險公司會將由於車險詐欺造成的成本上升通過提高保險產品的費率轉嫁給消費者，即車險詐欺導致保險公司增加的成本，都是由眾多投保人承擔的，間接侵犯了消費者的利益。

(2) 那些制售假保單和打著本不存在的保險公司的旗號進行車險經營的假機構，以優惠活動進行車險促銷，招攬投保客戶的，當保險事故發生時，就使得被保險人得不到應有的賠償，這是對保險消費者合法權益的直接損害。

3. 損壞保險行業形象

(1) 由於假事故的大量存在使得保險公司為轉嫁成本的上升而提高保費，同時嚴格審查投保條件和理賠條件，使保險公司與客戶之間存在隔閡，加重了客戶對保險行業的疑惑感，不利於保險行業的公信力建設。

(2) 由於假保單的泛濫，不少保險消費者深受其害，花錢買到的不是保障，而是不能兌現的承諾。保險消費者由於保險業的詐騙行為的存在，對保險行業整體的信任感下降。

4. 影響和諧社會的構建

(1) 利益驅使詐騙分子以身試法，採用各種手段詐騙保險公司的賠付和保險消費者的保費，是對誠信道德底線的嚴重踐踏，敗壞了社會道德風氣。

(2) 車險詐欺嚴重破壞了社會秩序，不僅引發了巨大的經濟損失，還滋長了行騙獲利之風，嚴重影響著保險經濟助推器和社會穩定器功能的發揮，不利於社會主義和諧社會的構建。

(三) 騙保行為的定義和法律后果

中國《保險法》規定，保險事故發生后，被保險人或其允許的駕駛人在未依法採

取措施的情況下駕駛被保險機動車或者遺棄被保險機動車逃離事故現場，或故意破壞、偽造現場、毀滅證據的，都屬於騙保。

騙保的后果包括：

1. 投保人騙保，解除保險合同，並不退還保費

《保險法》規定，如果投保人故意隱瞞事實，不履行如實告知義務的，或者因過失未履行如實告知義務，足以影響保險人決定是否同意承保或者提高保險費率的，保險人有權解除保險合同。投保人故意不履行如實告知義務的，保險人對於保險合同解除前發生的保險事故，不承擔賠償或者給付保險金的責任，並不退還保險費。

2. 投保人騙保，或構成保險詐騙罪

根據《中華人民共和國刑法》（以下簡稱《刑法》）第一百九十八條的規定，有下列情形之一進行保險詐騙活動，數額較大的，處五年以下有期徒刑或者拘役，並處一萬元以上十萬元以下罰金；數額巨大或者有其他嚴重情節的，處五年以上十年以下有期徒刑，並處二萬元以上二十萬元以下罰金；數額特別巨大或者有其他特別嚴重情節的，處十年以上有期徒刑，並處二萬元以上二十萬元以下罰金或者沒收財產。

保險事故的鑒定人、證明人、財產評估人故意提供虛假的證明文件，為他人詐騙提供條件的，以保險詐騙的共犯論處。

三、案例分析

（一）案例介紹

1. 機會型車險詐欺的典型案例

2014年2月，R保險公司接到報案，稱一輛由該公司承保的帕薩特在超車時不慎與一輛正常行駛的奔馳發生剮蹭。查勘員接到報案後迅速與報案人取得聯繫，並趕往事故現場。在對事故現場進行查勘時，查勘員發現3處疑點：

（1）從報案人員報案到查勘員到現場僅20分鐘，帕薩特車體溫熱，但奔馳車卻冰涼，明顯與報案人稱輛車輛正常行駛超車時發生事故的情況不符。

（2）奔馳車受損部位還有多處「舊傷」，與此次事故造成的剮蹭相互重疊。可奔馳車主卻聲稱近期未出現過事故。

（3）事故路段較寬闊，日常車流量並不多，並且事故發生在中午，視線良好，正常情況下行駛一般不會發生這種事故。

查勘人員將上述疑點報給了R保險公司理賠案件反詐欺小組，反詐欺小組與事故車輛車主聯繫後，向其講述了此案的疑點，同時說明了故意製造虛假事故進行騙賠的法律後果。報案人員迫於法律的威嚴最終道出了實情，原來是未買保險的奔馳車不慎發生了事故，不甘心自己掏錢修車，找來拖車將受損奔馳車拖到路邊，又找來自己的朋友開帕薩特製造了此起交通事故。

2. 職業型車險詐欺的典型案例

案例一：被保險方組建詐騙團伙。

2013年12月12日，Y保險公司向宜賓公安局經偵支隊報案稱，2013年12月9日

23時，一輛POLO轎車在宜賓至琪縣路段與一輛黑色奔馳轎車和一輛紅色中華車三車追尾，損壞嚴重，向保險公司申報維修費用10萬餘元。

查勘員在處理事故理賠時發現4處疑點：

（1）該公司查勘員當晚11點多接到報案，駕駛員陳某稱交警已經處理了三車追尾事故，車已經開走了，不用過來查勘了。然而查勘員第二天去車場定損時，陳某卻說交警沒有到過現場。

（2）當晚查勘員詢問陳某追尾的是什麼車時，陳某說不知道是什麼車。查勘員到車場發現被撞的是輛奔馳車，而按照這個品牌的知名度，陳某不可能不知道。

（3）查勘員在修理廠定損時，發現碰撞痕跡不吻合。

（4）陳某的情緒異常激動，要求馬上賠付，不配合理賠查勘員的調查。

查勘員認為，POLO駕駛員陳某有伙同他人騙取保險賠償金的嫌疑，立即向保險公司上級主管報告了此事。

發現這起事故可疑後，宜賓市保險行業協會立刻啓動了保險行業的協調調查制度，同時向公安經偵報案。經偵要保險行業協會提供更多案例，協會立刻群發短信給行業協會會員要求協助調查，找出2013年所有涉及奔馳車的保險賠案。各會員單位迅速組織工作人員將2013年所有涉及奔馳車的賠付案件進行復查。結果發現，的確有兩個奔馳車賠案很可疑，並將其中三車追尾的類似案件提交到公安機關。

在多家保險公司提交給公安機關的資料中，警方發現從2013年4月到2013年12月，共有13起涉嫌車險詐欺的理賠案件。從資料中可以發現，每起事故中都有一輛成都牌照的奔馳轎車，並且都是被追尾的無責任車，在多張保險公司定損的照片中都有一個人在場。經過警方嚴密偵查，此人正是這一系列車險詐騙案的幕后操作者彭某。2014年3月10日，宜賓市公安局在前期偵查的基礎上，開始破案收網，抓獲11名犯罪嫌疑人，打掉了一個以高檔轎車作為作案工具，詐騙13起，涉案金額近100萬元的車險詐騙團伙。

案例二：內外勾結詐騙團伙。

2014年10月27日，福建晉江警方對外透露：該局日前摧毀一個特大車險詐欺團伙，9名涉案人員悉數被刑拘。據瞭解，該團伙自2012年10月以來，在廈門、泉州、晉江等多地偽造交通事故、拆換破舊汽車配件並誇大交通事故損失，同時，用賠款總額的10%誘惑某保險公司查勘員黃某對其偽造的涉及其公司的虛假交通事故「睜一只眼閉一只眼」，並適時抬高定損價格，共作案17起，騙取了四家保險公司賠付保險金總額達50餘萬元。經調查，該團伙以一名盧姓男子為首，其餘人員多數是盧某的親戚朋友，在向保險公司投保時，交替更換投保人、報案人、被保險人、駕駛員等角色，這些人分別在偽造的交通事故中扮演修理廠老板、修理工和車主等身分。保險公司在處理賠案時，就發現賠案有騙保嫌疑，但苦於找不到證據，只能當「冤大頭」。

（二）案例評析

1. 車險詐欺的主要手段

（1）利用「拆車件」組裝後製造交通事故。據宜賓市公安局經偵大隊副大隊長羅

文虎介紹，以彭某為首的詐騙團伙嫌疑人利用在成都汽配件市場上購買修復后的奔馳車的舊配件，又稱「拆車件」，主要是保險杠、大燈，組裝到從租賃公司租來的奔馳轎車上，然后用自己或同伙的車製造與奔馳車三車或兩車追尾的交通事故，騙取保險公司賠償金。

（2）選擇夜間偏僻處製造事故現場。詐騙團伙往往會在夜裡選擇十分偏僻並且人跡罕至的道路製造事故現場，原因在於這些地方沒有目擊者，也沒有攝像頭監控，同時給保險公司的現場查勘製造了困難。

（3）選擇車流量大且事故多發的地段製造事故。據彭某交代，一般設置一個現場的準備時間為兩天，地點選在車流量大、有彎道、雙向車道容易產生事故的地方，並且避過監控攝像頭。

（4）串通熟悉的汽修廠老板一起完成騙賠。汽修廠是詐騙團伙騙取保險賠款的重要環節，犯罪嫌疑人事先將租回的奔馳車開到修理廠，把修復后的舊配件，如前后保險杠、大燈、葉子板和引擎蓋等換到奔馳車上，然后人為製造事故現場，報案騙取保險賠款。據犯罪嫌疑人劉某交代，一起假賠案最高的獲利七八萬元，非法暴利使得犯罪分子鋌而走險。

（5）利用代年檢或者借車偽造事故。據宜賓市公安局經偵大隊介紹，彭某等往往是借用朋友的車來製造假事故，騙取保險后將這些車修復后再還給車主。他們也利用找他幫忙年檢或者修車的車輛來騙保，當然，這些車主根本不知道自己的車竟被利用去實施犯罪。這些並不知情的車主往往在續保的時候才會發現自己的利益受到了損害，而此類保險詐騙行為也會製造被保險人和保險公司之間的矛盾。

（6）利用虛假維修車輛票據來騙取保險賠償金。在彭某等人進行的十幾起詐騙保險賠款案中，都出具有虛假維修車輛票據來騙取保險公司的保險賠償金。知情人士透露，在行業內確實有這樣的現象，有些車主要求你給他開票據來報保險賠償金，汽修廠開出了票據以後，也會從中得到一些利益，形成了「互動互利」的合作關係。

2. 車險詐欺產生原因

（1）法律法規不夠完善，懲罰力度不夠。「低投入，高產出」誘使詐騙團伙鋌而走險，頻頻作案。在上述案例中不難發現，在多數車險詐欺行為被識破后，多數保險公司只會採取批評教育的方式對詐欺者進行說教，最終也只是對假賠案拒賠或是解除保險合同而已。在保險業內很難找到對車險詐欺案件走法律訴訟的，即使訴諸法律，很多時候都會被認定為一般的合同糾紛，詐欺者只承擔一些民事責任。這樣看來，詐欺者幾乎沒有承擔法律責任的風險，如此低的犯罪成本讓很多詐欺者都抱有僥幸心理。

（2）車險信息共享平臺有待全面普及。案例中的詐騙團伙之所以能夠成功作案十多起，究其原因就在於行業信息沒能實現共享，多起疑似詐騙的案件由於沒能放在一起做比對，導致保險公司最後做出了賠付的決定。

2013年5月保監會要求行業協會積極搭建反詐欺工作平臺，及時發布案情通報和風險提示，在涉及多家保險公司案件偵辦中牽頭組織開展聯合調查和風險排查。黑龍江、北京、河北等一些省保險行業協會相繼在其官網上建立了車險信息共享平臺，基本實現了省內信息共享。但是大部分省份乃至全國性的車險信息平臺仍是空白區。在

這些無法實現車輛信息共享的地區，保險公司無從得知投保車輛的歷史信息和理賠記錄。信息不對稱使得投保者能重複投保、異地作案、重複索賠等。由於作案手段隱蔽，篩查成本大，使得騙賠成功率大大升高。

（3）考慮到聲譽影響，保險公司對車險詐欺的態度不夠強硬。由於保險公司更重視企業形象、客戶滿意度等因素，在有詐欺風險而理賠金額較小時，常選擇賠付。在有詐欺風險的大客戶理賠金額較大時，儘管沒有實際證據，但為了保持與大客戶的合作關係或者擔心敗訴帶來負面影響，保險公司寧願放棄立案調查，給付賠款。由於保險公司的瞻前顧后，過分看重公司聲譽，使得詐欺者有機可乘，造成公司大量的財務損失。

（4）保險公司的管理存在漏洞。第一，隨著越來越多的保險公司的成立，車險市場的競爭越來越激烈，為了搶占市場份額，許多保險公司忽視保險單證的管理和印章合同管理的重要性，未認真做好風險控制，理賠時便容易處於劣勢。主要表現在業務員為盡快完成承保手續賺取佣金，違規在投保單上代客戶簽字確認。第二，保險公司對虛假事故的查勘調查缺乏有效的方法。從技術方面看，當接到報案后，現場查勘的熟練查勘員人手配備不足，對詐欺案件缺乏有效識別，造成了車險詐欺行為高發的可能。從態度方面看，對於詐欺金額較小的，保險公司擔心查勘成本過高，往往不會真正調查事故真實與否便會賠付。第三，對於汽修企業「代索賠政策」的空隙缺乏有效的規避措施。保險公司為在日益激烈的競爭中佔有一席之地，服務品質成為公司競爭力的重要體現。如保險公司為了提高客戶滿意度，方便消費者理賠，給予一些有合作關係的4S店、汽修廠代索賠權限。這從表面上看是節省了客戶理賠環節，實際上卻減少了保險公司與客戶的直接溝通，為詐欺者提供了作案空間，使保險公司處於被動地位。

（5）監管缺失，尤其是對兼業代理的監管。無論是銀行保險渠道還是4S店車險渠道，從某種意義上，這些兼業代理機構壟斷著相當一部分的保險資源。在這種情況下，兼業代理機構實際上控制了代理關係的主動權，以此為籌碼抬高代理手續費，費用高者自然就成了這些兼業代理機構的合作對象，然而兼業代理機構卻未考慮合作者的合法性，從而使詐騙具備了可行性。

（6）部分車主風險防範意識不強，貪圖便宜。部分車主為省事將車開到修理廠，留下駕駛證、行駛證、保單等相關理賠資料就放心地走了，把相關事宜交予修理廠全權處理。竟不知正是讓其放心的修理廠，會利用其留下的資料製造虛假的保險事故進行詐騙，損害車主的利益。

四、總結

車險作為產險公司最主要的業務來源，其經營的好壞直接影響著整個產險公司的持續發展。然而，車險在經歷了快速發展的階段后，暴露出了許多嚴重問題，車險詐欺就是其中之一。車險詐欺的存在擾亂了車險市場的經營秩序，無論是對產險公司還是社會公眾都產生了嚴重的危害，尤其是職業型詐欺。所以，車險反詐欺工作的推進是非常必要和迫切的。而推進車險反詐欺的工作需要多方的共同努力，如保險監管機

構、保險行業協會、保險公司、其他相關部門和社會公眾等。只有經過各方的協調配合，車險反詐欺工作才能得到有序、有效的推進，車險市場也將得到淨化，才能有利於和諧社會的構建。

五、思考題

(1) 車險詐欺產生的原因主要有哪些？
(2) 根據《保險法》的規定，車險詐欺的法律后果有哪些？
(3) 全國各地車險信息平臺建設的情況如何？

案例 3-4　Y 保險公司的車險理賠管控

一、背景介紹

車輛保險是 Y 保險公司陝西分公司（以下簡稱 Y 保險公司）的龍頭產品，在 Y 保險公司占比約為 86%，車險的經營結果直接決定著分公司的經營結果。提高車險經營質量，在嚴格把好承保質量關的同時，理賠工作質量的作用顯得非常重要。理賠管控的重點就是要加強對理賠高風險案件發生規律的研究，梳理出高風險案件的類型及其主要的風險點，同時基於風險管控的思路再造理賠作業流程以實現對理賠高風險案件的管控。加強高風險車險案件的管控是 Y 保險公司控制影響賠付率升高的核心要素，通過對高風險案件的識別及制度化管控，在機動車輛保險業務中，建立新的車險業務發展戰略，加強車險經營的承保管理工作，控制整體賠付率水平，從而保障公司業務的健康可持續發展。

二、相關理論知識

(一) 保險經營的主要風險

保險業是經營風險的特殊金融服務行業。保險公司通過評估保險標的風險的大小，以收取合理的保費為條件，一旦發生保險事故，保險公司即按照合同約定承擔賠付保險金的責任。保險經營和其他的經營活動一樣，面臨許多風險，但集中表現在財務風險上。如果保險公司有足夠的資金支付保險金，就可以持續經營；如果沒有資金支付保險金，就只能破產倒閉。保險公司的財務狀況取決於收入和支出的關係。收入部分主要包括保費收入、投資收入、分保佣金、追加資本金等；支出部分主要包括保險金賠付、營運費用、再保險費、紅利支付、稅金、退保費等。

(二) 車險理賠風險

車險理賠管理制度建設的風險是指因財產保險公司在理賠管理制度設計上不完善而存在的風險。車險理賠權限管理的風險是指保財產保險公司在理賠作業時採取逐級授權的管理模式而存在的風險。車險接報案環節的風險是指財產保險公司在接報案環

節中報案信息真實性及報案證據完整性帶來的風險。代領保險賠款的風險是指代理被保險人領取賠款的風險。理賠資金支付環節的風險是指理賠資金支付環節存在的風險。虛假理賠案件的風險是指理賠中虛假理賠案件給公司帶來的風險。

車險理賠風險分類的維度有很多，從車險經營的險種的維度將其分為兩類：一是車損險中理賠風險的類型，主要包括虛構（冒充）保險標的、重複保險、先險後保、主觀故意詐欺（包括編造事故經過、編造虛假事故、故意擴大損失程度、故意製造事故等）和隨機性詐欺（包括誇大損失程度、頂包酒駕人員等）。車損險的詐欺目前有朝著全產業鏈參與、集團化運作的方向發展的趨勢。二是責任險中理賠風險的類型，主要包括虛假索賠資料，與交警部門、醫療部門公估人公司中的個別不法分子聯合詐欺。

三、案例分析

（一）Y保險公司車險理賠現有管控流程介紹

   1. 理賠管控流程各環節

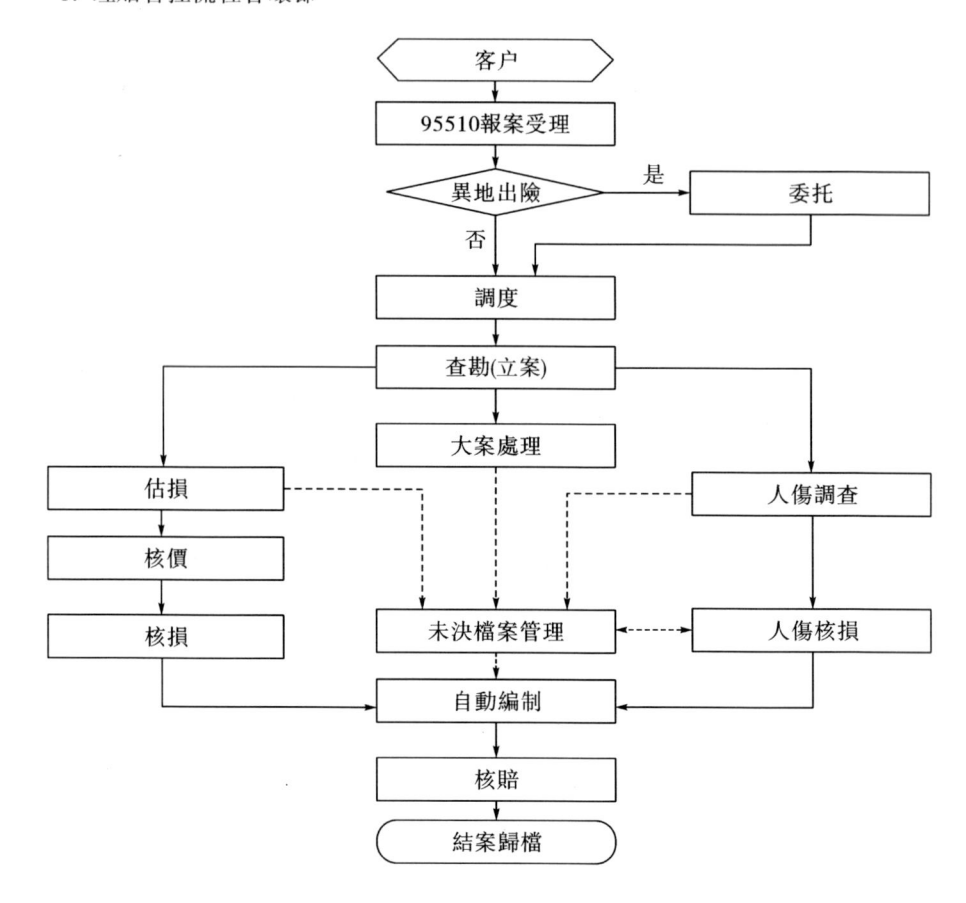

```
客戶
  ↓
95510報案受理
  ↓
異地出險 ──是──→ 委託
  │否              │
  ↓←──────────────┘
調度
  ↓
查勘(立案)
  ↓
大案處理
  ↓
估損 ┄┄┄┄┄┄ 人傷調查
  ↓                ↓
核價               ↓
  ↓                ↓
核損 ┄┄ 未決檔案管理 ┄┄ 人傷核損
          ↓
       自動編制
          ↓
        核賠
          ↓
       結案歸檔
```

   2. 事故現場的查勘

（1）接派工：查勘員接到派工后，按照時效要求到達現場。首先，查勘員需要指導客戶填寫《索賠申請書》，要求當事人詳細描述事故發生經過；現場查勘時需要及時掌握承保信息，特別是劃痕險、玻璃單獨破碎險等附加險的歷史賠付記錄；對於單方事故，出險車輛需施救時，查勘定損人員在徵得客戶同意后應主動與客服人員聯繫，由客服人員通知查勘救援服務合作單位進行施救，採取合理的施救措施。

（2）拍攝事故現場照片：查勘員需要對事故現場進行 4 張 45 度角的全貌拍攝。數碼相機設置的要求：數碼相機的日期順序調整為年、月、日；數碼照片顯示日期必須與拍攝日期一致，不能以各種理由調整相機后備日期；照相機的焦距調整準確，光線適用得當；數碼相機像素調整為 480×640；盡量避免使用立式拍攝與對角拍攝。

（3）確認保險標的：查勘員依據承保信息詳細核對標的車輛的各項身分信息並拍照確認，重大事故需拓印發動機號、車架號以核對標的。

3. 現場定損

簡易案件客戶決定自修事故車輛時，由定損人員與被保險人一起協商核定本次事故造成的車輛損失部分和修理項目，確定修理工時費及材料費，協商一致后，由當事人或被保險人簽名確認並出具定損單。另外，對於造成的三者非車損失不大且能協商處理的損失，必須現場協助客戶處理，確定損失，以免給被保險人造成損害。

4. 非現場定損

一般事故定損根據損失類型分為事故車輛定損與財產損失定損。

（1）保險公司根據抄單信息、查勘錄入信息、行駛證信息、受損車輛照片信息，瞭解受損車輛型號、規格、年款及車身構造的類型，比對上述四處提供的車牌號碼、發動機號和車架號（VIN 碼）是否一致。

（2）保險公司通過抄單信息、報案信息、查勘情況說明瞭解事故發生的時間、地點、原因及碰撞過程情況，確定保險責任範圍。

（3）通過查閱查勘記錄的信息，落實保險人是否存在故意擴大事故損失程度的情況。

5. 理賠權限設置

（1）查勘權限設置：一般查勘員的現場查勘權為 3,000 元，超 3,000 元的報地市理賠經理，超 10,000 元的上報省公司理賠部，超 100,000 元的由省公司理賠部報總公司理賠部。

（2）定損權限設置：一般定損員具有 10,000 元以下單車損失的定損權，超 10,000 元的需報省公司理賠部。超 100,000 元的由省公司理賠部報總公司理賠部。

（3）核賠權限設置：一般核賠員具有 10,000 元以內的核賠權限，中級核賠員有 10,000～50,000 元的核賠權限，高級核賠員有 50,000 元以上的核賠權限。

6. 理賠的管理

從作業流程及管理權限設置可以看出，Y 保險公司的理賠管控及理賠資源的配比完全是以案件金額的大小來配比的。理賠的作業流程也按照案件的金額大小來進行作業環節的分流。對於占到總案件發生數量超過 60%，總賠款超過 50% 的 10,000 元以內的事故配比的理賠資源最少，涉及的理賠環節最少。

(二) 目前理賠管控存在的問題

（1）查勘定損人員基本素質較差、理論知識匱乏、業務能力不足、實際工作技能偏低，不能滿足現階段下查勘定損工作的需求，更跟不上行業發展的步伐。

（2）現場查勘工作不到位。經統計，目前單方事故的第一現場查勘率不足 60%，遠遠沒有達到要求的 95% 以上。

（3）核損核價管理不到位。定損權限管控不合理、核損機制不健全，部分二級機構 95% 左右的案件及近 40% 的賠款下放了查勘核損權，存在極大的風險隱患。

核價權限設定不科學、不合理，本地價格維護較為粗獷。部分機構對核價崗重視不夠，未嚴格執行系統價格。正在使用的核價系統涵蓋車型數量從起初的 4,500 個車型，擴充到 15,500 多個車型，增長了 2.4 倍，每個車型平均配件數量約 600 個，完全可以滿足常規車型日常定損核價需求。可是由於部分機構對核價工作不重視，崗位人力缺失，核價單的大多數價格都是經驗價格或維修單位的報價，沒有切實發揮系統價格的作用。

（4）重大案件管理不到位。重大案件管控權限不明確，相互推諉時有發生，造成管理上的混亂；查勘定損責任人制不明確，查勘定損跟蹤缺乏責任心，造成損失核定變化無常且找不到責任人。機構為推卸責任往往會以當事人離司、照片丟失、案件無法核准、只能如此等理由搪塞上級，蒙混過關，給公司造成諸多方面的損失。

（5）復勘管理不到位。復勘崗是查勘定損工作的監督、檢查、監察崗位，是對查勘結果的真實性、查勘資料的完整性、核損核價的準確性、定損結果的合理性進行全流程監督檢查的崗位。

（6）人傷案件管理不到位。公司相當一部分機構對這方面的管理幾乎處於失控狀態，僅有的人傷核損人員僅僅只能就醫療結果核定其合理與否，沒有跟蹤案件、跟蹤醫院和跟蹤受傷人員，未能將風險控制點前移，導致了人傷案件管理十分被動的局面。

（7）「直賠」管理不到位。部分機構沒有認真對待而是變通使用了「直賠」服務，歪曲了「直賠」的意義，影響了「直賠」質量。個別機構甚至內外勾結，將一些不符合條件的、與小團體或個人存在利益關係的修理廠作為「直賠」合作企業，違規甚至違法操作，給公司的車險經營帶來了較為嚴重的經濟損失和十分惡劣的社會影響。

(三) Y 保險公司車險理賠風險實證分析

事故概況：2013 年 4 月 9 日 11 時許，駕駛員姚某電話報案訴稱，其本人駕駛陝 AK553U「起亞」轎車，沿臨潼迎賓路由西向東行駛中遇見熟人，因向后倒車與后面駛來的一輛車碰撞，致使兩車受損，已向當地交警部門報警，受損車輛被拖移至執法停車場。

查勘經過：臨潼營銷服務部查勘員劉某接到勘查任務後，趕到停車現場，聽取了駕駛員對事發經過的陳述，做了詳細的詢問筆錄，查驗了標的車及三者車輛損失情況，初步估計兩車損失約 50,000 元。通過對受損車輛的勘驗，結合駕駛員對事故發生過程的描述，劉某敏感地覺察到此案存在有疑點。

復勘調查及結論：4 月 10 日上午，劉某向西安理賠中心復勘組通報了案情，說出

了自己的疑慮並且提請復勘組介入復勘。受理該案后，復勘組長牛某，復勘員吳某、高某於當日上午 10 點到達臨潼事故發生地，對出險現場進行全方位拍照，模擬了兩車碰撞情景，並向周邊群眾瞭解當日事故發生情況。兩名知情者講述了當時所看到的事故情況。得到這些信息后，復勘人員又前往臨潼區公安交警大隊瞭解了一些情況並拷貝了事故現場照片，接著到達受損車輛停放場地，對標的車及三者車輛的碰撞痕跡進行了比對分析。

通過查勘、復勘人員廣泛細緻的調查、核實、勘驗、取證和分析判斷，他們一致認為，當事車輛車損嚴重，如果按當事人報案所稱，存在的疑點有：一是現場停放車輛較多，車流量大，常規情況下是不可能倒車的；二是兩車碰撞的痕跡不符合當事人描述的相撞后的特徵，復勘時所看到的是后車追尾前車的碰撞特徵；三是現場照片反應的受損車輛位置與倒車碰后車不一致。因此綜合得出的結論是：倒車相撞事故不成立。

事故實情：根據以上的論證結果，復勘組單獨與當事人面談，再三詢問事故詳情，告知復勘所取得的證據和公安、司法、保險聯合嚴厲打擊保險騙賠的案例等，當事人終於在復勘人員的耐心規勸和自身心理壓力下，講述了事故實情。事發時，他停車在路邊和朋友說話，突然一輛高速行駛的車撞在他的車輛尾部而且強大的撞擊推力導致停放在他車前的兩輛車也受損。事故發生后，肇事車駕駛員對三輛車給予了補償，給了他 20,000 元讓他承攬此次事故責任並向保險公司報案索賠。未料到被勘查出破綻，姚某自感心存壓力和后悔，於是當面主動道歉和隨后電話告知公司客服撤案。

（四）理賠管理改進措施

1. 建立和完善理賠的人才機制

目前，保險從業人員的專業知識普遍不足，原因在於中國的保險業起步較晚，相關專業的研究、教育工作明顯滯后於保險業的發展。近幾年，各高校特別是經濟類院校普遍開設了保險相關專業。同時，隨著這幾年中國各類職業技術院校的發展，圍繞保險公司的保險公估、汽車估損、汽車理賠、保險人傷理賠等職業教育專業也大量開展起來。以上相關教育行業的發展為保險業新時期的發展奠定了基礎，而有計劃、有針對性地吸引、引進、培養相關保險專業甚至高端人才就顯得尤為必要。

2. 優化理賠流程和環節

（1）接報案環節：接報案件數，即受理報案的件數，按事故級統計，可酌情考慮受損對象數量、對應案件數量等加權系數。平均振鈴時長是指坐席人員受理來電報案振鈴時長的總和除以電話量。報案通話平均時長是指坐席人員接報案電話的總時長與報案電話數量之比。通話質量是指對受理的服務電話按照電話時長、受理類型進行隨機質量抽檢，或擬定內容模擬撥打抽檢，包括話務規範、操作規範和專業知識等內容。

（2）調度環節：調度件數，即調度提交的件數。

調度平均時長＝∑（定損任務流入時間－調度任務流入時間）/調度任務數量。

及時調度率＝（查勘及時調度件數＋定損及時調度件數）/（查勘調度總件數＋定損調度總件數）×100%，其中查勘及時調度以（調度任務流入時間－查勘任務流入時間）

不超過 10 分鐘為準認定（系統故障除外），定損及時調度以（定損任務流入時間-調度任務流入時間）不超過 12 個小時為準認定。

（3）人傷調處環節：人傷調處件數即實際完成的查勘定損的案件數，酌情考慮金額、地域、有無機構、傷者數量等加權係數。

人傷調處及時率＝及時完成人傷調處（定損）案件數/所有人傷案件數×100%，具體人傷調處時效可參照公司人傷理賠操作指引等相關規定，各級理賠服務中心也可在其基礎上進一步細化。

人傷訴訟率（件數）＝人傷核損案件中訴訟人傷任務數/人傷核損案件中人傷任務總數×100%。

人傷訴訟率（金額）＝人傷核損案件中訴訟人傷任務核損金額/人傷核損案件中所有人傷任務核損金額×100%。

（4）核損環節：核損件數是指實際核損的人傷任務件數，酌情考慮金額、更換項目數等加權係數。

核損及時率＝及時核損的任務數/核損的總任務數×100%。

核損核減率＝（核損前金額-核損金額）/核損金額×100%。

核損問題案件數占比是指核賠、審計等環節發現的核損問題案件數與經辦案件數或樣本案件數的比例。

（5）報價環節：實際報價的任務件數，酌情考慮金額、更換項目數、有無系統價等加權係數。

報價及時率＝及時報價的任務數/報價的總任務數×100%。

報價核減率＝（報價前金額-報價金額）/報價金額×100%。

配件價格本地維護/更新完成率，實際完成本地維護或更新項目數量/應完成本地維護或更新項目數量×100%。

報價問題案件數占比是指核賠、審計等環節發現的報價問題案件數與經辦案件數或樣本案件數的比例。

（6）人傷核損環節：人傷核損件數是指實際人傷核損的任務數，酌情考慮金額、醫療/死亡/傷殘、是否涉訴等加權係數。

人傷核損及時率＝及時人傷核損的任務數/人傷核損的總任務數×100%，統計人傷定損到人傷核損的時長。

人傷核損核減率＝（人傷核損前金額-人傷核損金額）/人傷核損金額×100%。

人傷核損后訴訟率（件數）＝人傷核損后發生人傷訴訟的人傷任務數/完成人傷核損的任務總數×100%。

人傷核損后訴訟率（金額）＝人傷核損后發生人傷訴訟的人傷任務金額/完成人傷核損的任務金額×100%。

人傷核損問題案件數占比是指核賠、審計等環節發現的人傷核損問題案件數與經辦案件數或樣本案件數的比例。人傷主動援助件數（占比）是指實際完成主動援助的人傷件數或占比。

（7）大案管理環節：大案處理件數即大案管理崗處理的大案件數，酌情考慮金額、地域、損失任務數量等加權系數。

（8）理算環節：理算件數，即理算已完成且已結案的件數，酌情考慮金額、任務數、是否人傷等加權系數。

理算及時率＝及時理算案件數量/理算案件總數量×100%。

核賠回退率＝核賠回退件數/理算總件數×100%。

支付信息差錯率即案件支付信息因審核不到位導致回退修改的案件數量占比。

（9）核賠環節：核賠件數，即已核賠通過的案件數量，酌情考慮金額、任務數等加權系數。

核賠及時率＝及時核賠件數/核賠總件數×100%。

核賠問題案件數占比＝核賠問題案件數/核賠案件總數量×100%，該指標以理賠檢查結果為準。

四、結論

本案例基於風險管控的角度，研究了 Y 保險公司的理賠風險管控現狀，結合風險及風險管理的基本概念得出：基於案件金額大小簡單區分案件類型，配比相應理賠資源的理賠作業流程，是無法實現通過理賠對案件的風險進行有效管控的。車險理賠風險管控的核心是高風險案件的管理，就 Y 保險公司而言，其高風險案件為小額高風險案件、重大損失案件、營運貨車案件、涉及人傷的案件。基於風險管理的角度重建以上四種案件類型的管控流程將從制度設計上有效防範理賠風險。

相關建議是：針對車險理賠的外部環境，結合國情提出了在中國保監會框架內籌建「保險反詐欺局」及在司法部門建立專門的保險法庭的構想。提出了加強被保險人的引導和教育，使被保險人充分認識到理賠資源的稀缺性。針對車險理賠風險管理的內部環境，基於對風險發生規律的研究，通過對理賠案件的風險類型進行梳理，對理賠全流程的作業環節基於風險的類型及分佈進行調整，最終實現以簡單授權的理賠模式向風險管控的理賠模式的轉變，有效控制理賠中的各類風險，對公司長期穩健經營起到積極作用。同時，通過理賠服務的提升打造財產險公司的核心競爭力。目前，公司的理賠作業信息化已成趨勢，建議在相關理賠電子化作業系統中加入案件風險引擎。通過案件風險引擎的工作自動在理賠人員的作業終端自動推送風險提示信息，同時自動連帶出相關比對信息，包括承保信息的比對及歷次出險信息的比對。

五、思考題

（1）Y 保險公司車險理賠的主要風險是什麼？
（2）可以從哪些方面對 Y 保險公司的理賠進行改進？
（3）請調查並獲取其他某一保險公司的車險理賠控制措施。

案例3-5　車商渠道建設與維護

一、背景介紹

在保險行業的發展中，創新意識不強、經營方式粗放、行業監管薄弱等問題，成為了制約中國保險行業發展的主要因素，阻礙了行業「轉方式、促規範、防風險、穩增長」的發展要求。面對當前地區保險市場競爭與日加劇、行業產品同質性強、營銷手段複製率高的現象，單純依靠價格競爭已不能完全應對市場形勢。提升創新意識、實現精細化管理、專業化渠道銷售、全力助推保險業發展方式轉變、實現保險業全面轉型升級，是全行業需要採取的對策。

銷售是保險企業一切經營活動的起始點與著眼點，銷售渠道更是銷售活動的核心要素之一。這幾年，營銷界很流行一句話：「營銷制勝，渠道為王」。可見銷售渠道在營銷活動中的重要地位。

二、相關理論知識

（一）保險銷售渠道的定義及作用

保險銷售渠道是指保險商品從保險公司向保戶轉移過程中所經過的途徑。保險銷售渠道的選擇直接制約和影響著其銷售策略的制定和執行效果。選擇適當的銷售渠道，不僅會減少保險公司經營費用的支出，而且還會促成保險商品的銷售。保險銷售渠道的功能主要有溝通信息、促進保險公司與客戶之間的接觸以及保險促銷等。換言之，即是將保險商品由保險公司轉移至保戶，消除和克服保險公司與保戶之間在時間、地點、所有權等方面的各種矛盾。保險銷售渠道是保險公司的無形資產。

（二）保險銷售渠道的分類

保險銷售渠道按保險產品從保險公司轉移到客戶的過程中有無中間商參與，分為直接銷售渠道和間接銷售渠道兩類。近幾年隨著科技信息技術發展，又出現了以電銷、網銷等為代表的新興銷售渠道。

1. 直接銷售渠道

直銷渠道也叫直銷制，是保險公司利用支付薪金的員工向保險需求者直接提供各種保險險種的銷售和服務。

2. 間接銷售渠道

間接銷售渠道也叫仲介制，是指在保險公司與客戶之間引進了中間商，通過中間商將保險產品或服務傳達到客戶手中。間接銷售渠道主要包括保險代理人和保險經紀人。保險代理包括個人代理、兼業代理、專業代理。個人代理是指根據保險人的委託，在保險人授權的範圍內代辦保險業務並向保險人收取代理手續費的個人。兼業代理是指主營業務不是保險業務，但取得監管部門準予代理相應保險產品資格，與保險公司

簽訂代理合同，利用其主營業務優勢開展保險產品銷售代理，獲得代理手續費的機構。目前兼業代理機構主要包括銀行、郵政、鐵路貨運部門、汽車銷售商、汽車修理廠、旅行社等組織。專業代理是指專門從事保險代理業務的保險代理公司。經紀公司是指基於投保人的利益，為投保人與保險人訂立保險合同提供仲介服務，並依法收取佣金的單位。

3. 新興銷售渠道

新興銷售渠道也叫直復銷售渠道，是指保險公司借助於信息技術和數字交互媒體，不經過其他中間商，直接向顧客提供信息，並通過獲得顧客的回覆信息達成交易。其具體形式有：電話銷售、短信銷售、網路銷售、電視銷售、自助服務等。目前部分同業公司正在嘗試的門店渠道和手機終端渠道也是新興銷售渠道的一種。

三、案例分析

（一）案例介紹

1. Z保險公司的渠道業務情況

Z保險公司作為國家財政部、農業部最早開展農業保險試點的單位，受到內蒙古自治區黨政領導的重視，於2004年由自治區政府招商引資進入內蒙古自治區設立省級分公司。自2004年10月18日開業以來，分公司恪守「穩健、創新、持續、高效」的經營理念，堅持「服務至上、信守承諾、回報社會」的服務宗旨，以市場為導向，狠抓險種創新、服務創新和經營管理創新，強化內控制度，增強風險和效益意識，在規模和速度上保持良好發展勢頭的同時，在質量和結構、規範和秩序、品牌和形象等方面也同步取得了科學發展和新突破。

自2005年以來，Z保險公司的業務規模逐漸壯大，保費規模連年穩居行業第二名。公司先後承保了多家國內大型商業風險項目百餘個，項目涉及煤炭、冶金、電力、金融、化工、交通運輸等眾多行業，承擔風險上千億元。2013年，公司全年保費收入達18.08億元，其中支農惠農的政策性農險保費收入7.31億元，渠道業務保費收入7.5億元，占公司總保費的60%。其中，個人代理人4,700人，個代渠道保費收入5.75億元，占渠道保費收入的75%以上；車商合作106家，保費收入6,000萬元，占渠道保費收入的8%；省級銀郵合作機構10家，保費收入5,000萬元，占渠道保費收入的7%；專業代理機構和經紀公司20家，保費收入5,000萬元，占渠道保費收入的7%。連續幾年來，公司總體保費規模穩居全區21家財險公司主體市場第二位，公司綜合實力和競爭力進一步加強和提升，為內蒙古經濟社會的全面發展做出了應有的貢獻。

2. Z保險公司銷售渠道的發展歷程

2004年公司成立初期，內蒙古的市場主體較少，競爭強度不大，且公司機構設置沒有完成，業務沒有全面鋪開，在人力物力有限的情況下，公司業務基本靠公司員工直銷來完成。2005年開始，隨著市場競爭主體的不斷增加，競爭態勢顯現，為保持市場地位，公司開始大批量招募個人代理人，通過保險個人代理人拓展市場，拓寬業務範圍和規模。隨著公司代理人的不斷湧入，業務規模也空前擴大，讓公司的市場地位

有了穩步提升。

伴隨著個人代理人數量的不斷增加，人員管理上的問題日漸顯現，法律關係的不明晰，佣金（手續費）比例的價格戰，責任義務的不對等等問題日益凸顯，導致業務人員大進大出，公司業務也隨之波動。此時，內蒙古地區其他先進主體，如人保、平安、太保等公司都已經建立了分渠道專業經營模式，且經營模式運作逐漸成熟。與同業市場主體比，公司依舊是以傳統的個人代理業務為支撐，創新力度和建設力度較為滯後。為整合銷售資源，提升銷售能力，推進公司轉型升級，公司決定進行銷售渠道改革，加快銷售渠道專業化建設。2013年年初，總公司啟動了銷售渠道改革，號召全系統探索符合公司實際的渠道改革之路。內蒙古分公司在細分客戶和渠道的基礎上，結合總公司渠道改革工作的部署，著手制訂公司渠道改革實施方案，根據渠道配置資源，力求建成一個體系完善、結構合理、營運合規、綜合競爭力強、發展速度和效益相統一的銷售渠道新體系，以滿足不同渠道客戶的需求。

3. Z保險公司銷售渠道改革綜述

經過前幾年的調整轉型，公司的風險管控能力大大提升，各項經營指標已經達到行業先進水平，公司即將步入全新的發展階段。為此，公司提出要轉型升級，全面提升公司的發展能力。Z保險公司原有的以業務員直銷和以個人代理為主的混合型大營銷模式曾經在推動業務快速發展的過程中發揮了重要作用，但在當前保險業銷售渠道專業化的時代背景下，也逐漸暴露出了諸多弊端。與行業先進公司相比，Z保險公司在銷售渠道多元化發展、專業化建設、精細化管理等方面還存在很大差距。2013年年初，Z保險公司正式啟動銷售渠道改革工作。

4. 改革前Z保險公司銷售渠道存在問題

（1）銷售渠道單一。與行業平均水平相比，Z保險公司整體的渠道結構比較單一，個人代理業務占比超過70%，而兼業代理、專業代理、經紀公司等渠道業務占比都遠低於行業水平。過於依賴業務員直銷與個人代理業務，已經越來越難以適應營銷渠道化發展的趨勢，猶如遊擊隊對陣正規軍，在各專業渠道的夾擊下，業務員與代理人在業務拓展上比較困難，很難做大做強。而且，銷售渠道過於集中會導致銷售費用列支困難，個人代理業務的手續費稅賦過高也會直接影響到市場競爭力。部分機構為了降低稅賦壓力，存在虛掛仲介業務套取手續費的違規行為，又使公司面臨很大的監管風險。渠道的單一嚴重制約公司的業務發展能力與市場競爭能力。

（2）專業渠道發展滯後。一方面，新興渠道發展與行業先進水平還有很大差距。2012年Z保險公司實現電、網銷保費收入1.3億元，保費收入在總業務中的占比為6.4%，在內蒙古地區電、網銷售市場上占市場份額的5.57%，居第五位。雖說新興渠道業務的快速發展對於推動公司提速發展作用明顯，但與行業先進水平相比，還處於發展初期，無論是在業務規模還是業務占比上都還有較大的差距，還有很大的發展空間。另一方面，車商、銀保、經代、大項目等專業渠道發展滯後，與公司的市場地位很不匹配。以車商業務為例，2012年公司車商代理業務占比只有8.34%；車商合作數量超過150家，但平均每家保費只有50萬元，合作產能低。銀保、經代、大項目等專業渠道業務發展同樣存在類似的問題，規模小、占比低、份額少，與公司的行業地位

很不匹配。

（3）銷售渠道管理粗放。銷售渠道管理粗放主要體現在：第一，Z保險公司的營銷管理模式仍然停留在混合型、粗放式的大營銷模式階段，業務發展對於費用的依賴度還很高，這種模式由於缺乏營銷對象的針對性與營銷策略的靈活性，一旦失去費用優勢，業務發展就舉步維艱。第二，由於沒有專業渠道管理部門，導致Z保險公司的專業化渠道建設無法真正落地，渠道管理的架構不清、職責不明，存在相互交叉的問題。第三，銷售渠道沒有分清，沒有考核，沒有明確公司的銷售渠道究竟分為哪幾大類，要重點發展哪些渠道，渠道管理制度建設滯后，缺乏信息系統的有效支持。

（4）銷售渠道控制力較弱。一方面，由於還沒建立自上而下的銷售渠道垂直管理與考核體系，銷售渠道的發展還停留在各級經營機構自發拓展階段，公司對於渠道的控制力比較弱，機構主動拓展與管理渠道的意識不強，主要依靠業務員的人脈關係來拓展與維護渠道，很多車行、銀行、經代等渠道業務都控制在業務員手中，渠道業務發展缺乏穩定性與延續性。另一方面，由於公司不能有效控制渠道，就無法有效掌握渠道的客戶資源，渠道客戶信息真實性很低，公司無法與客戶進行直接有效的溝通與聯繫，公司與客戶之間的關係主要是通過業務員與渠道來維護，客戶對於公司的忠誠度不高，續保率也難以提升。電銷渠道的發展在一定程度上解決了客戶真實性的問題，使公司增加了對電銷渠道客戶資源的掌控力度，但其他渠道仍普遍存在客戶資源掌控力度不足的問題，非常不利於公司今后推進「以客戶為中心」的發展戰略。

（5）新興銷售渠道起步晚。Z保險公司總公司電子商務部成立於2011年，內蒙古分公司2012年才開始開展電話銷售業務，與此同時，平安、太保、人保、大地等保險公司已經占據車險電銷市場的95%以上。受制於起步晚、社會知名度低、坐席少等客觀因素，導致目前電銷業務大多為原自有業務因價格競爭問題轉換而來，真正的新保業務較少。

（6）銷售人才缺失。在以往的營運管理模式下，公司的三、四級機構還承擔著大量的業務管理職能，導致公司銷售人員與管理服務人員的比例出現嚴重倒掛，Z保險公司3,400名員工中，銷售人員只有40%，而非銷售人員達到60%，公司的人均產能遠低於行業水平，使公司營運管理成本居高不下，在同樣的費用率水平下，公司能夠真正投入市場的費用就要低於競爭對手，從而大大削弱了公司的市場競爭力。缺乏專業化銷售人才、銷售隊伍建設基礎薄弱的弊端逐步顯現，成為制約業務增長的重要瓶頸，與行業先進公司相比，Z保險公司在隊伍建設的渠道化、專業化、精細化管理方面存在較大差距。

(二) Z保險公司銷售渠道改進措施

針對銷售管理粗放的問題，需要根據客戶來源特性，將銷售渠道進行重新界定，再根據目標市場的不同，劃分六大銷售渠道，並根據渠道劃分進行組織機構的調整，形成專業化渠道管理，明晰管理職責。不同銷售渠道的業務範圍各具特點，統計分析各級機構各渠道業務的發展情況，進一步摸清家底，是保證保險銷售渠道成員發揮自身功效的前提。按照公司對渠道的控制以及各類渠道的性質和特點，公司將銷售渠道

清分為：綜合渠道、車商渠道、銀保渠道、代理渠道、經紀重客渠道、電商渠道。

1. 綜合渠道

綜合渠道主要針對公司自屬業務和代理人業務。公司對綜合渠道的業務可控力最強，其中，自屬業務主要來源於公司銷售員工，其優勢是銷售人員忠誠度高，對公司的承保理賠服務熟悉程度高，對市場敏感性強。代理人業務的優勢是展業動力較強，業務來源廣。公司通過綜合渠道能夠充分地調動和發揮營銷員在業務推動中的作用，更方便地對其進行考核和管理，達到扶持、吸引有發展潛力的營銷員以促進公司業務發展的目的。

2. 車商渠道和銀保渠道

車商渠道主要針對汽車製造商、經銷商；銀保渠道主要針對銀行、郵政、小額信貸公司等金融類機構。汽車經銷商和銀行能夠發揮其主營業務中所掌握的客戶資源優勢，利用主營業務渠道，代理銷售保險產品，渠道銷售能力較強，容易形成一定業務規模。缺陷是保險代理手續費要求很高，代理的保險產品種類受限。

3. 代理渠道

代理渠道主要針對專業代理公司。代理渠道的優勢是代理產品種類範圍寬泛，有助於提升公司品牌知名度；劣勢是對佣金要求較高，合作成本大，缺乏穩定性。

4. 經紀重客渠道

經紀重客渠道主要針對保險經紀公司業務和大型招投標項目等重點客戶或重要項目業務。經紀重客渠道的優勢是合作方的保險知識豐富、保險技能專業，能夠獲得更大的客戶群體；劣勢是由於保險經紀公司對於保險市場及主體非常熟悉，保險公司的利潤空間被大大壓縮。

5. 電商渠道

電商渠道是依託公司統一搭建的電商平臺，直接面向客戶開展業務，渠道業務包括電話銷售和網路銷售。電商渠道的優勢是成本低、便於管理、活動效果可測定；劣勢是有較高的技術壁壘，需要借助於電話、網路、手機和終端自助設備。

四、總結

銷售是保險企業一切經營活動的起點與落腳點，銷售渠道則是銷售活動的核心要素之一。縱觀國內保險業30多年的發展，每一次銷售渠道的重大變革與革新無不對行業的發展與競爭格局的變化產生重大而深遠的影響。

在分析國內保險銷售渠道現狀后，提出中國保險銷售渠道主要存在的問題：一是過分依賴傳統銷售渠道；二是仲介銷售渠道經營空間小，專業優勢得不到發揮；三是保險公司與專業代理機構的合作淺顯；四是保險銷售人員業務素質不高；五是保險仲介市場秩序混亂，監管困難。

對公司銷售渠道的改革情況進行回顧並做出評價。積極方面：一是渠道改革明確了各級機構的定位；二是渠道改革重新調整了組織架構；三是渠道改革增強了各級機構銷售管理職能；四是渠道改革完成了渠道清分，為做好專業化渠道建設奠定了基礎。不足之處：一是在渠道配置上一刀切，二是沒完成渠道業務數據清分，三是缺少對渠

道市場的深入分析，四是渠道人員配置不足，五是缺少渠道考核激勵體系。

對銷售渠道建設的優化對策：一是優化組織架構、明確職能定位；二是清分客戶群，制定差異化銷售政策；三是設置考核指標，建立考核預警機制；四是建立銷售人員的激勵與保護機制；五是開展對客戶和銷售人員的常態化培訓；六是加大公司品牌宣傳推廣力度。

五、思考題

（1）目前財險主要銷售渠道發展情況如何？
（2）本案例中，Z保險公司的渠道變革會不會成功？
（3）如何看待新型營銷渠道的發展？

案例3-6　滴滴順風車事故拒賠案

一、背景介紹

「滴，您預約的車輛正在趕來的路上」，這是某手機應用軟件的語音提示。沒錯，這就是近年來興起的網約車行業。滴滴出行，是中國的一款打車平臺。而在中國打車應用市場，滴滴出行無疑是市場領袖。調查顯示，91.3%的打車用戶表示，滴滴出行是他們最常使用的服務之一。目前，滴滴出行已從出租車打車軟件，成長為涵蓋出租車、專車、快車、順風車、代駕及大巴等多項業務的一站式出行平臺。滴滴出行因為其便利性——不僅便於註冊為司機的車主，也便於出行的乘客，逐漸成為一項新的「兼職」與出行方式的選擇。然而隨著用戶的增加，各方面的問題和弊端也逐漸暴露出來。

二、相關理論知識

（一）基本概念

家庭自用汽車：根據《家庭自用汽車損失保險條款》的規定，家庭自用汽車是指在中華人民共和國境內（不含港、澳、臺地區）行駛的家庭或個人所有，且用途為非營業性運輸的核定座位在9座以下的客車、核定載重量在0.75噸以下的客貨兩用汽車。

營運車輛：根據中國1986年《公路運輸管理暫行條例》規定，營業性運輸指為社會提供勞務、發生各種方式費用結算的公路運輸。

保險實務中對於機動車的投保費率：對於車輛的使用性質不同，車輛可以分為營業車輛和非營業車輛。受利益驅動，營業車輛通常比非營業車輛使用率高、風險也更高。在保險合同中會對營業車輛和非營業車輛進行明確的確認。

（二）相關法律

根據《民法通則》《保險法》有關規定，當保險標的的危險顯著增加的，被保險人應按照合同約定及時通知保險人，被保險人未履行通知義務的，因保險標的的危險

程度顯著增加而發生的保險事故，保險人不承擔賠償保險金責任。

(三) 保險條款

《保險法》第十三條規定：投保人提出保險要求，經保險人同意承擔，保險合同成立。保險人應當及時向投保人簽發保險單或者其他保險憑證。保險單或者其他保險憑證應當載明當事人雙方約定的合同內容。當事人也可以約定採用其他書面形式載明合同內容。依法成立的保險合同，自成立時生效。投保人和保險人可以對合同的效力約定附條件或者附期限。

《保險法》第十六條規定：訂立保險合同，保險人就保險標的或者被保險人的有關情況提出詢問的，投保人應當如實告知。投保人故意或者因重大過失未履行前款規定的如實告知義務，足以影響保險人決定是否同意承保或者提高保險費率的，保險人有權解除合同。投保人故意不履行如實告知義務的，保險人對於合同解除前發生的保險事故，不承擔賠償或者給付保險金的責任，並不退還保險費。

《保險法》第五十一條規定：被保險人應當遵守國家有關消防、安全、生產操作、勞動保護等方面的規定，維護保險標的的安全。保險人可以按照合同約定對保險標的的安全狀況進行檢查，及時向投保人、被保險人提出消除不安全因素和隱患的書面建議。投保人、被保險人未按照約定履行其對保險標的的安全應盡責任的，保險人有權要求增加保險費或者解除合同。保險人為維護保險標的的安全，經被保險人同意，可以採取安全預防措施。

《保險法》第五十二條規定：在合同有效期內，保險標的的危險程度顯著增加的，被保險人應當按照合同約定及時通知保險人，保險人可以按照合同約定增加保險費或者解除合同。被保險人未履行前款規定的通知義務的，因保險標的的危險程度顯著增加而發生的保險事故，保險人不承擔賠償保險金的責任。

《交強險條例》第十一條規定：投保人投保時，應當向保險公司如實告知重要事項。重要事項包括機動車的種類、廠牌型號、識別代碼、牌照號碼、使用性質和機動車所有人或者管理人的姓名（名稱）、性別、年齡、住所、身分證或者駕駛證號碼（組織機構代碼）、續保前該機動車發生事故的情況以及保監會規定的其他事項。

三、案例介紹

2015年7月，宋某籌錢買了一輛二手車，在網上註冊了「滴滴出行」司機用戶。7月底，宋某委託在4S店工作的朋友辦理該車保險手續。同年8月15日零時20分，宋某通過「滴滴出行」軟件的「順風車」平臺，與乘客陸某聯繫並協商將陸某從群星城送到仁和路，滴滴出行軟件自動計算出的車費為10元。當車行駛到團結大道仁和路地鐵口時，宋某沒有注意到前方有一個大坑，汽車一頭扎進坑中，導致前輪胎爆胎、安全氣囊打開，車頭嚴重毀損。

宋某將該事故車輛拖運至4S店維修。2015年9月13日，4S店為該車出具維修估價單，預計維修費用為131,005元。事故發生後，R保險公司武漢服務部工作人員前往事故現場進行了勘查，之後對發生本次交通事故時宋某車輛上的乘客陸某做了談話筆

錄，確定了陸某在 2015 年 8 月 15 日通過「滴滴出行」軟件上的「順風車」平臺叫了宋某的車，協商以 10 元的價格從群星城到仁和路，在仁和路地鐵口處發生交通事故的事實。R 保險公司武漢服務部認為，宋某駕駛車輛從事營運，與保險申報情況不符，因此拒絕理賠。

2015 年 9 月 18 日，因理賠遭拒，宋某將 R 保險公司武漢車商營銷服務部告上法庭，請求漢陽區法院判令保險公司支付全部車輛維修費。法院經審理查明，宋某辦理涉案車輛所有權轉移登記的日期為 2015 年 7 月 20 日，同年 7 月 29 日宋某在 R 保險公司武漢服務部處為這部車購買了包括機動車交通事故責任強制保險、機動車損失保險、第三者責任保險等險種，繳納保費共計 6,015.29 元，申報的汽車使用性質為「家庭自用汽車」，保險期自 2015 年 7 月 30 日零時至 2016 年 7 月 29 日 24 時止。宋某提交的《R 保險公司電話營銷專用機動車輛保險單（正本）》中的「特別約定」項載明：「該車出險時，如為營業性用途，我公司不承擔一切賠償責任。」該保險單的「重要提示」項載明：「收到本保險單、承保險種對應的保險條款后，請立即核對，如有不符或疏漏，請在 48 小時內通知保險人辦理變更或補充手續；超過 48 小時未通知的，視為投保人無異議。」因此保險公司拒絕理賠。此外，宋某表示，在 4S 店托朋友購買保險后，保險單被朋友送到另外一個朋友那裡，直到本次事故發生後其才拿到保險單，所以對保單內容並不知情。

四、案例分析

（一）出險原因及責任分析

（1）出險地點：群星城至仁和路地鐵口路段，符合保單上規定的行使區域。

（2）出險時間：2015 年 8 月 15 日零時 20 分，在保險期限內。

（3）保險標的：家庭自用汽車，發生事故時與保單上說明的車輛性質不符。

（4）交費情況：已繳納保費。

（5）出險原因：碰撞、傾覆。

據被保險人描述，當時車行駛到團結大道仁和路地鐵口時，他沒有注意到前方有一個大坑，汽車一頭扎進坑中，導致前輪胎爆胎、安全氣囊打開，車頭嚴重毀損。經查證和現場查勘，本次事故原因為碰撞。

（6）保單責任：「該車出險時，如為營業性用途，我公司不承擔一切賠償責任。」

（二）案例評析

該場索賠糾紛的原因在於對保險標的使用性質方面出現爭議。保險公司認為當宋某作為「滴滴出行」的註冊司機，在事故發生時處於營業狀態，顯著增加了保險標的的危險程度，並且沒有告知保險人，因此保險公司拒絕賠付。而宋某認為自己當時並未向乘客陸某收取費用，屬於合乘範圍。但是 R 保險公司武漢服務部在訂立保險合同后，提供的保險單雖為格式文本，但在保險單正本加粗字體「重要提示」項中已向宋某做出提示說明，該項標註已達到足以引起投保人注意的標準，R 保險公司武漢服務部對保險免責條款已盡到了提示說明義務。同時「滴滴出行」軟件是提供了一個供車

輛所有人使用自有車輛載客並收取一定費用的軟件平臺，由車輛所有人與乘客通過該軟件平臺聯繫，並自行收取或由該軟件自動計算出行車費用，由乘客將乘車費用支付給車輛駕駛人，其本質就是交易行為，所以宋某並未盡到作為被保險人的責任。

（1）從車輛性質、保險實務以及相關條例的角度看，根據風險類別和風險大小會實施風險等級費率，在投保時，被保險人（投保人）應告知保險人車輛的用途與性質。公路運輸分為營業性、非營業性兩種。而宋某註冊了「滴滴出行」平臺的順風車司機，以載客賺取乘車費用，本質就是交易行為，所以該車為營運車輛。

宋某當時投保的保險標的是「家庭自用汽車」，而不是營運車輛，且保單上已經印有「特別約定」項載明「該車出險時，如為營業性用途，我公司不承擔一切賠償責任」。宋某增加了保險標的的危險程度，卻並未告知保險公司。

（2）從法律角度看，《保險法》第五十二條規定：「在合同有效期內，保險標的的危險程度顯著增加的，被保險人應當按照合同約定及時通知保險人，保險人可以按照合同約定增加保險費或者解除合同。被保險人未履行前款規定的通知義務的，因保險標的的危險程度顯著增加而發生的保險事故，保險人不承擔賠償保險金的責任。」並且保險公司出示的保單上已經明確說明提示印有「特別約定」。

宋某並未如實告知保險公司車輛的性質，同時一直辯稱當時屬於合乘而非載客。這種做法是對《保險法》的片面瞭解，並不能改變車輛從事營運的事實。R 保險公司已經完成了告知的義務，在這種情況下，R 保險公司選擇拒絕理賠是正確的。

（3）從保險學原理角度看，簽訂保險合同的雙方必須遵守最大誠信原則，告知是最大誠信原則的主要內容。R 保險公司已經在保單上明確提示，但司機宋某在買這輛二手車時，已經在網上註冊了「滴滴出行」的司機用戶，即當時宋某已經違反最大誠信原則。

（4）宋某表示，在 4S 店托朋友購買保險后，因保險單被朋友送到另外一個朋友那裡，直到本次事故發生後其才拿到保險單，所以對保單內容並不知情。該說法難以減輕宋某的責任。汽車保險投保有一定特殊性，可以遠程無紙化投保，合同雙方不需要面對面。宋某委託他人投保，其結果真實有效，對合同內容視同已知。

五、總結

在市場經濟的發展中，「滴滴出行」是順應用戶的需求而產生的應用軟件。但是由於這個市場的規則並不完善，「滴滴出行」存在著很多缺陷，需要一定的解決策略去應對打車軟件所帶來的一系列問題。加入類似打車平臺之後，司機應當按照營運車輛投保，以避免本案爭議再次出現，切實維護自身權益。

「滴滴出行」營運商也可以根據軟件的實際使用情況，設置相應的對策，處理好各種問題。

六、思考題

（1）有沒有專為「滴滴出行」車輛設立的保險產品？
（2）「滴滴出行」公司可以採取哪些措施避免類似問題出現？

案例 3-7　交強險精神撫慰金的歸屬

一、開篇

某省市中級人民法院近日調解一起由該院再審提審的道路交通事故人身損害賠償糾紛案，法官的釋法析理得到當事人的理解和讚同，最終申請再審方撤訴，由原審被告保險公司賠償死者家屬精神撫慰金 3 萬元。該中院法官認定：同時購買交強險與商業險，確定賠償順序應有利於被保險人。

二、背景介紹

《交強險條款》第八條第二款規定：「死亡傷殘賠償限額和無責任死亡傷殘賠償限額項下負責賠償喪葬費、死亡補償費、受害人親屬辦理喪葬事宜支出的交通費用、殘疾賠償金、殘疾輔助器具費、護理費、康復費、交通費、被扶養人生活費、住宿費、誤工費，被保險人依照法院判決或者調解承擔的精神損害撫慰金。」

條款中將精神損害撫慰金排在賠償項目的最后一位，這樣的規定暗示著在其他項目賠償完畢之後，如有餘額才可以賠償精神損害撫慰金。同時，中國保險行業協會《機動車交通事故責任強制保險承保、理賠實務規程要點》（中保協發〔2006〕8 號）規定：「對被保險人依照法院判決或者調解承擔的精神損害撫慰金，原則上在其他賠償項目足額賠償後，在死亡傷殘限額內賠償。」

然而，2008 年 10 月 16 日，《最高人民法院關於機動車交通事故責任強制保險賠償限額中物質損害賠償和精神損害賠償次序問題的批覆》（〔2008〕民一他字第 25 號）指出：《交強險條例》第三條規定的「人身傷亡」所造成的損害包括財產損害和精神損害。精神損害賠償與物質損害賠償在強制責任保險限額中的賠償次序，請求權人有權選擇。請求權人選擇優先賠償精神損害，對物質損害賠償不足部分由商業第三者責任險賠償。

而商業第三者責任險的賠償責任範圍限於被保險人遭受的能用貨幣來衡量經濟價值的損失，並以損害補償原則為理賠基本原則。被保險人所遭受的精神損害賠償是不包括在財產保險合同承保範圍之內的，並且是無法用貨幣來衡量的生理上和心理上的傷害，所以保險公司對商業第三者責任險的賠償責任不應包括精神損害賠償。

因此，在商業第三者責任險不承保精神損害賠償金的情況下，一旦賠償超出交強險的保險限額，就會產生由被保險人賠償精神撫慰金的結果。如果保險公司和被保險人雙方不能很好地進行調解，就極易引發糾紛。

三、相關理論知識

(一) 機動車第三者責任強制險與機動車第三者責任商業保險的區別

「機動車第三者責任強制保險」這一用語主要來源於《道路交通安全法》，而《交

強險條款》將其改為「交強險」。之所以做這樣的改變，其原因在於「機動車第三者責任強制保險」的稱法和以前所謂的「商業性機動車第三者責任強制保險」的區別不是很明顯，因此立法者為了更好地區分二者，而稱其為「交強險」。它是由國家以立法方式強制推行的保險，源於德國、瑞典及挪威。目前，美國、英國、法國、日本、韓國以及中國港、澳、臺灣地區均已通過立法明確規定了這種強制汽車責任保險。該保險由國家立法強制推行，如果機動車一方拒絕投保或者保險公司拒絕承保，均將遭到相應處罰或制裁。在機動車一方投保該保險後，如果被保險機動車發生交通事故造成損害，保險公司對被保險機動車輛發生道路交通事故造成本車人員、被保險人以外的受害人的人身傷亡、財產損失，在責任限額內予以賠償。

機動車交強險與機動車商業三責險的不同點一：法律依據、社會功能不同。機動車交強險優先適用《道路交通安全法》《交強險條例》，為交通事故受害人提供基本保障；機動車第三者責任商業險適用《保險法》，以商業保險的功能，在機動車強制責任保險責任限額外承擔保險責任。

機動車交強險與機動車商業三責險的不同點二：投保費率、責任限額不同。機動車交強險的基礎費率由保監會審批，責任限額由保監會制定；機動車第三者責任商業險的投保費率由保險公司制定，責任限額由保險當事人以合同方式約定。

機動車交強險與機動車商業三責險的不同點三：管理模式不同。機動車交強險堅持不盈不虧的營運原則，保險費交納後，國家抽取一定比例作為救助基金的資金來源；機動車第三者責任商業險的保險費完全由保險機構管理支配，採用商業化的營運模式，以營利為目的。

機動車交強險與機動車商業三責險的不同點四：承擔責任的方式不同。強制險較商業險具有更強的公益性，在一定程度上具有社會保險性質，承擔保險責任不以被保險人的過錯程度、不法行為性質為前提，而是依據法律的明確規定；商業險依據保險合同約定承擔保險責任。

（二）中國的交強險制度現狀

交強險承保被保險人或其允許的合格駕駛人在使用保險車輛的過程中發生意外事故，致使第三者遭受人身傷亡或者財產損失，依法應由被保險人承擔的經濟賠償責任，保險公司負責賠償。《道路交通安全法》第十七條規定，國家實行機動車第三者責任強制保險制度，設立道路交通事故社會救助基金。具體辦法由國務院規定。其中，精神賠償納入強制保險範圍。

《最高人民法院關於審理道路交通事故損害賠償案件適用法律若干問題的解釋》第十六條規定：同時投保機動車第三者責任強制保險和第三者責任商業保險的機動車發生交通事故造成損害，當事人同時起訴侵權人和保險公司的，人民法院應當按照下列規則確定賠償責任：先由承保交強險的保險公司在責任限額範圍內予以賠償；不足部分，由承保商業三者險的保險公司根據保險合同予以賠償；仍有不足，依照《道路交通安全法》和《侵權責任法》的相關規定由侵權人予以賠償。被侵權人或者其近親屬請求承保交強險的保險公司優先賠償精神損害的，人民法院應予支持。

由此可見，被侵權人或者其近親屬可以優先選擇精神損害撫慰金在交強險死亡傷殘項下賠償。

(三) 精神損害撫慰金的含義及處理

1. 精神損害撫慰金的確認
(1) 必須是人民法院依職權確定的精神損害撫慰金。
(2) 必須是法院判決者調解的精神損害撫慰金。
(3) 必須是依法由被保險人承擔的精神損害撫慰金。
(4) 駕駛人在交通事故中有較大過錯（負事故同等責任以上）。
(5) 精神損害撫慰金原則上在其他賠償項目足額賠償後，在死亡傷殘賠償限額內賠償。

2. 責任免除
(1) 根據被保險人與他人的合同協議，應由他人承擔的精神損害撫慰金。
(2) 未發生交通事故，僅因第三者或本車人員的驚恐而引起的損害。
(3) 懷孕婦女的流產發生在交通事故發生之日起30天以外的。
(4) 每次賠償實行一定的絕對免賠率，不適用主險中的各項免賠率、免賠額約定。

3. 相關附加險

各家保險公司該險種的條款基本相似，一般來說，只有在投保了機動車第三者責任險或機動車車上人員責任險的基礎上才可投保這一附加險。如果在三者險基礎上附加該險種，保險公司只負責賠償第三者的精神損害撫慰金；在車上人員責任險的基礎上附加該險種，那麼保險公司只負責賠償車上人員的精神損害撫慰金。各公司新車險的精神損害附加險在事故賠償限額和絕對免賠率的設定也不相同。

根據《交強險條款》的規定，交強險所指的「精神損害撫慰金」僅限於「被保險人依照法院判決或者調解承擔的精神損害撫慰金」，對於「被保險人依照交警部門調解或者其自行和解承擔的精神損害撫慰金」，交強險均不負責賠償。《交強險條款》第二十條有類似規定：「因保險事故造成受害人人身傷亡的，未經保險人書面同意，被保險人自行承諾或支付的賠償金額，保險人在交強險責任限額內有權重新核定。」「被保險人依照交警部門調解或者其自行和解承擔的精神損害撫慰金」屬於該條規定的「被保險人自行承諾或支付的賠償金額」，保險公司對此「有權重新核定」。因此，發生交通事故爭議，最好通過訴訟途徑處理，在保險理賠方面更能有效保護自身的權益。

四、案例分析

(一) 案例介紹

2008年3月15日，原審被告楊某駕駛其公司的長安小客車，在通過一人行橫道時，與正在行走的劉某發生碰撞致其受傷死亡。公安交管部門認定不能確認當事人的責任。劉某的子女與楊某及其公司協商不成，將楊某告上法庭，法院審理中追加保險公司為被告。一審法院查明，楊某所在公司在同一家保險公司為肇事車購買了限額為12.2萬元的交強險和限額為10萬元的商業險，約定精神損害賠償、訴訟費不為商業險的賠償範圍。

一審法院認為，楊某駕車通過人行橫道時，對正在行走的行人未停車讓行，在沒

有證據證明劉某違反《道路交通安全法》的情況下，楊某對事故負全部過錯，並承擔相應民事責任。依照規定和其所在公司與保險公司約定，保險公司應在責任限額範圍內對相關損失進行賠償。該案核定的醫療費、死亡賠償金等共計13萬餘元，扣除楊某及其公司已墊付的1.7萬元、保險公司墊付的1萬元，故判決保險公司賠償原告方11.1萬餘元，楊某及其公司賠償原告方精神撫慰金3萬元，駁回原告方其他訴請（交強險限額共12.2萬元，本案中交代不清楚，數據略有出入。下同）。

判決生效后，楊某及其公司不服，向中院提起再審申請，認為判決由其承擔的3萬元也應在投保的交強險和商業險約定的由保險公司賠付的責任限額內，應判決由保險公司承擔該精神撫慰金的賠付責任。保險公司則辯稱，加上這3萬元，已超出交強險的賠償限額，其不應再承擔精神撫慰金的賠償。

中院決定再審並提審該案，在審理過程中，當事人對原審認定事實無異議，但對由誰承擔精神損害賠償發生分歧，最終承辦法官在查明案情的基礎上，辦法析理，耐心細緻地向各方當事人仔細分析、闡釋相關法律關係及法律風險，提出和解方案，使當事人心悅誠服地接受了法官的建議，並最終握手言和。

(二) 案例評析

1. 保險公司只認法院判決的精神撫慰金，不承認調解的精神撫慰金

據業內人士透露，交強險的理賠範圍包括精神損失，但是有相當的限制。比如在一起事故中，法院判決責任方賠償20萬元，其中包括2萬元的精神賠償。按照責任劃分，交強險理賠金達到上限11.2萬元，那麼其中精神賠償的比例約10%，也就是1.12萬元，剩餘部分精神賠償不能在交強險範圍內得到賠付。如果車主沒有附加精神損害撫慰金責任險，商業三者險是不負責的，也就是其餘8,800元精神賠償部分將由責任方自己承擔。

2. 條款本身沒有規定賠償項目的先后順序

有業內人士指出，該案爭議焦點為，同時購買交強險和商業險，當受害人的損失超出交強險限額時，由於商業第三者責任險不予賠償精神損害，故精神損害在交強險中的賠償序位應如何界定較為關鍵。即在交強險賠償限額不足以賠付損失時，先在交強險限額內賠償精神撫慰金，可最大限度實現商業險的補償功能，投保人可實現賠付利益的最大化。若不在交強險限額內先行賠償精神撫慰金，而商業險又明確不對精神損害進行賠償，投保人就不能實現賠付利益的最大化。

有學者認為，商業三者險確實不應負擔精神撫慰金，最直接的理由是商業三者險在其條款中明確將精神撫慰金排除在保障範圍之外。只要是保險公司在銷售商業三者險時就將這一排除對投保人予以明確說明，則該條款合法有效。也就是說，商業三者險不負擔精神撫慰金。倘若法院要求首先在交強險限額內支付精神撫慰金，則是變相強制商業三者險承擔一部分精神損害撫慰金。法院將精神損害撫慰金首先全額支付，導致交強險限額可支付的其他項目金額減少，而這些項目的金額能夠在商業三者險限額內獲得賠付。於是，本不應該由商業三者險賠付的部分精神損害撫慰金，現在以其他項目賠償的名義進入了商業三者險。

3. 最大限度保護被保險人的利益

權威機構認為，應當允許請求權人選擇對自己有利的賠償順序，理由如下：

第一，從設立目的和賠償範圍看，交強險屬於具有強制性的特別保險，其突破了一般商業保險「自願、只賠償直接損失」原則，目的在於擴大投保範圍，為受害人提供基本需要保障。目前交強險保險條款中規定，交強險限額為 12.2 萬元，且將精神撫慰金納入死亡傷殘賠償範圍。本案中，應當賠償的費用總計 16 萬餘元，而楊某所在公司還另行購買了 10 萬元商業三者險，故所有損失也在 22.2 萬元總限額範圍內。因此，在商業險明確將精神損害賠償納入合同免賠事項的前提下，其可用交強險進行補充賠付。而被保險人之所以選擇購買商業險，也是希望最大程度轉移自己的風險。如以精神撫慰金超出交強險限額為由不賠，而根據商業險條款也不予賠付，不僅有違當事人訂立合同的目的，也不利於交強險功能的發揮。

第二，從債權特性出發，因交通事故導致的物質損害和精神損害求償權，可視為標的物上並存的互不存在排他性和優先性的債權，彼此具有相容性和平等性。該案中，物質損害和精神損害總和雖超出了交強險限額，但受害方可以選擇物質損害賠償和精神損害賠償的順序，這並非是對抗債權的相容性和平等性，而是行使其作為債權人對數個債權的處分權。而保險公司在案件審理中主張在交強險中排除精神損害，實質是替代債權人行使債權處分權的行為，顛倒了二者的權利義務關係，同時也構成了對債權人債權實現方式的限制。

第三，從充分保護第三人利益出發，現階段中國的交強險總限額雖有所提高，但在受害人傷亡較大的情況下，交強險可能還是難以充分賠償受害人的損失，故在同時購買商業險時，受害方選擇在交強險中優先賠付精神損害，將更好、更充分地彌補其損失。同時，保險人在簽訂合同時也應當預見到自己的義務是保險限額下的所有損失，應允許請求權人選擇在交強險賠付範圍先行賠付精神損害，這未超出保險人的合理預期，也未增加其負擔。

五、總結

從上述分析中可看出，該案一審判決顯屬不當。而中院的上述剖析解釋，楊某及其公司、保險公司均認為較為合理並予以認可，故在互諒互讓的基礎上和解，並在受害人獲得賠償的基礎上以撤訴的方式做到案結事了。

法律規定，商業三責險不賠償精神撫慰金，但是交強險可以賠償精神損害撫慰金，賠償的條件是要通過訴訟經過法院判決認可的精神損害撫慰金數額，而且要在交強險的限額內賠償。如果發生交通事故的車輛既投保交強險又投保商業三責險，那麼賠償權利人在訴訟的過程中請求保險公司在交強險範圍內先賠償精神損害撫慰金，對於其他超過交強險限額的賠償，都可以在商業三責險中一併解決。但是如果沒有經過訴訟途徑判決精神損害撫慰金數額而由雙方當事人自由協商精神損害撫慰金數額，保險公司一般不予承認、賠償。所以遇到此類案件，當事人最好通過訴訟途徑解決，最大限度地免除得不到精神損害撫慰金賠償的尷尬。

國家以法律法規的形式確立了機動車交通事故強制保險，然而在交強險的賠付問

題上，精神撫慰金能否在交強險中優先賠付，直接關係到受害人、被保險人和保險公司的切身利益。為實現賠付利益最大化，精神撫慰金應在交強險中賠付。

六、思考題

（1）可保風險損失必須是經濟價值的減少，而以上談到的是精神損害撫慰金，你認為這兩者是否矛盾呢？

（2）如果理賠精神損害撫慰金不得已真的要通過訴訟等途徑來解決，如此麻煩，你認為是否有必要廢除它呢？

（3）為實現投保人利益的最大化，你認為在實際操作中應該怎樣處理精神撫慰金的賠付問題呢？

七、補充閱讀[①]

福建某巴士公司訴訟案

2013年4月16日，某巴士公司就所屬某客車與保險公司簽訂了《機動車交通事故責任強制保險合同》和《機動車第三者責任保險合同》。合同約定：事故責任強制保險賠償限額為12.2萬元，其中死亡傷殘賠償限額為11萬元、醫療費用賠償限額為1萬元、財產損失賠償限額為2,000元以及死亡傷殘賠償項下負責賠償喪葬費、殘疾賠償金、殘疾輔助器具費、護理費、交通費、誤工費、被保險人依照法院判決或者調解承擔的精神損害撫慰金等。第三者責任險賠償限額為100萬元。保險期間自2013年4月22日零時起至2014年4月21日24時止。

2013年11月2日19時15分許，該保險車輛發生了致行人黃某死亡、車輛損壞的道路交通事故。2013年11月21日，武夷山市交警大隊做出《道路交通事故認定書》，認定肇事司機馬某承擔該事故的全部責任。事故發生后，馬某與受害人家屬在武夷山市道路交通事故人民調解委員會的主持下，達成了《交通事故人民調解協議書》，同意賠償黃某的親屬因道路交通事故造成的死亡賠償金、精神損害撫慰金等共計685,262.57元，其中精神損害撫慰金為6萬元。武夷山市法院於2013年12月13日製發民事調解書，對上述協議內容進行了確認。因馬某系巴士公司雇傭的駕駛員且肇事車輛屬於巴士公司所有，故巴士公司於2013年11月29日支付了理賠款685,262.57元。

后來，巴士公司向保險公司提出理賠請求，保險公司做出核定，但核定項目中不包含精神損害撫慰金6萬元，認為原告駕駛員與被害人家屬之間達成的協議沒有保險公司的參與，不對保險公司產生約束力，保險免責條款約定精神損害賠償不屬於商業險賠償範圍，故請求駁回原告的訴請。

武夷山市法院經審理後認為，在原告巴士公司主動願意承擔1萬元精神損害撫慰金的情況下，依法判決被告保險公司應支付原告巴士公司賠付給死者家屬的精神損害撫慰金5萬元。

宣判后，保險公司不服，提出上訴。二審法院於2014年8月14日做出民事判決：駁回上訴，維持原判。判決現已發生法律效力。

---

① 補充閱讀摘自福建省武夷山市人民法院網站。

第四章　非車險業務

案例 4-1　校方責任險責任判定

一、背景介紹

近年來，隨著教育事業的蓬勃發展，學生意外傷害事故的發生率居高估下。關於賠償問題與責任判定，家長與學校爭議不斷，頻頻發生衝突，這給學校和教育管理部門帶來困擾，也給教育事業的發展帶來陰影。而學校為了減少學生意外傷害事故的發生，甚至採取減少戶外活動，取消體育活動等措施，這些措施非常不利於和諧校園的構建，不利於學生的全面發展。針對這些問題，校方責任保險制度於 2001 年在上海實施。校方責任保險的出現，使校園意外傷害事故的解決由原來單純的校方和學生間的賠償逐步演變成社會保障體系。該保險從一定程度上解決了學生意外傷害事故責任賠償問題，緩解了學校的賠償壓力，甚至是社會壓力和矛盾，對學校起到了一定的幫助。但其在實施過程中，如何確定哪些學生傷害事故屬於校方責任險的賠償範圍，這是合理妥善解決學生傷害事故，處理好學校、學生、保險公司等多方利益的基礎。

二、相關理論知識

（一）校方責任險的定義

校方責任險的保險責任是在保險期間，被保險人及其雇員在其校園內或由其統一組織並帶領下的校園外活動中（限中國大陸地區，港、澳、臺地區除外），由於過失造成下列依照中華人民共和國法律（不包括港、澳、臺地區法規）應由被保險人承擔的經濟賠償責任，保險人按照本保險合同的約定負責賠償；第一，在校註冊學生的人身傷亡或財產損失；第二，事先經保險人書面同意的仲裁或訴訟費用。保險事故發生后，被保險人為防止或減少對註冊學生的人身傷亡或財產損失的賠償責任所支付的必要的、合理的費用，保險人按照本保險合同的約定也負責賠償。

校方責任險是建立在學校傷害事故的基礎上的，而學校傷害事故是在學校實施的教育教學活動或學校組織的校外活動中，以及在學校負有管理責任的校舍、場地以及其他教育教學設施、生活設施內發生的，造成在校學生人身損害後果的事故，學校應承擔與其過錯相應的責任並給予賠償。

(二) 與校方責任險有關的法律規定

中國在《民法通則》《最高人民法院關於貫徹執行〈民法通則〉若幹問題的意見(試行)》《最高人民法院關於審理人身損害賠償案件適用法律若幹問題的解釋》等法律法規中有相關規定。對未成年人依法負有教育、管理、保護義務的學校、幼兒園或者其他教育機構，未盡職責範圍內的相關義務致使未成年人遭受人身損害，或者未成年人致他人人身損害的，應當承擔與其過錯相應的賠償責任。第三人侵權致未成年人遭受人身損害的，應當承擔賠償責任。學校、幼兒園等教育機構有過錯的，應當承擔相應的補充賠償責任。

上述規定都對學生傷害事故人身損害賠償責任做了明確的法律規定，學校必須承擔與其過錯相應的法律后果和責任，但是對承擔責任的后果輕重、範圍大小、賠償金額等沒有強制。而對於學校的歸責原則，中國《民法通則》中第一百二十三、一百二十四、一百二十七條規定了學校應承擔無過錯責任，其他的法律法規有：《侵權責任法》的第三十八、三十九、四十條；《學生傷害事故處理辦法》的第九條，從12個方面歸納概括了學校在學生傷害事故中應承擔責任的過錯行為，這些違法行為是在中國校方責任險規定的保險責任範圍內的。

(三) 中國校方責任險基本責任的主要特點

1. 中國校方責任險基本責任中傷害對象的特定性

中國校方責任險的基本責任中保險事故發生的特定傷害對象主要是指各類公立、私立學校在校正式註冊、住宿或走讀、正常學習生活的學生，不包含臨時來校學習、交流、參觀的外校學生或進入校園的校外人員及校內教職員工等。

2. 中國校方責任險基本責任中時間的特定性

中國校方責任險的基本責任中保險事故發生的特定時間主要是學校實施的教育教學活動或者學校組織的校外活動中。學校實施的教育教學活動或者學校組織的校外活動主要包括上課期間、體育活動、實驗課、課間操、課外活動、春秋遊、夏冬令營和各類社會實踐活動、校內外實習等，還應包括學生在學習期間與在校生活的期間。學生在節假日或寒暑假期間，自行上學、放學、返校、離校途中，或者放學后、假期期間自行留校或自行到校期間等，學生自行組織的校內外活動期間都不屬於校方責任險規定的保險責任範圍。

3. 中國校方責任險基本責任中地點的特定性

中國校方責任險的基本責任中保險事故發生的特定地點主要是指學校負有管理責任的校舍、場地、其他教育教學設施、生活設施，這包括教室、運動場、花園、學生宿舍、學校的超市、澡堂等校園延伸設施。

4. 中國校方責任險基本責任中主觀意願的特定性

中國校方責任險的基本責任中保險事故發生的主觀特點是疏忽或者過失。校方如果主觀上是故意過錯或者明知過錯會引發的校園傷害事故，故意行為造成受害人的人身傷害和財產損失，不屬於校方責任險的保險責任範圍，保險公司是不負賠償責任的。

5. 中國校方責任險基本責任中違法行為與結果的特定性

中國校方責任險中規定了違法行為與結果的必然因果性。校方的疏忽或過失行為與受害學生的人身傷害和財產損失有直接的關係，即必然造成了學生的人身傷害和財產損失的事實存在。如果校方的行為沒有造成學生的傷害事故的結果，也無須承擔賠償責任，也就是說校方行為與傷害結果有直接利害關係就承擔賠償責任，沒有直接利害關係就不承擔賠償責任，光有行為無結果的也不承擔賠償責任。

學校的違法行為必然違反了應對學生承擔的法定職責，致使學生傷害事故發生，也就是說，學校的違法行為必須承擔相應的責任，如果學校的行為並不需要承擔責任，要求學校承擔法律責任於法無據。這裡所說的違法，應當是廣義的，既可以是作為違法，也可以是不作為違法。作為違法是指侵權行為人違反法律規定，主動或故意的行為致使受害人的合法權益受到了損害。不作為違法是指侵權行為人沒有盡到法定的職責，未排除威脅到受害人的危險，因疏忽或過失致使受害人的合法權益受到了損害。法定的學校義務是判斷學校是否違反了對學生所應承擔的職責的前提。如果惡意侮辱、體罰學生，非法搜查學生身體，那麼學校違反了法定的義務，是法律規定不該為的違法行為。如果學校明知校舍或教育教學設施有危險，而不採取措施或不及時報告，致使發生重大傷亡事故的學生在校期間突發疾病或受到傷害，學校發現，但未根據實際情況及時採取相應措施，導致不良后果加重的，都屬學校未盡對學生的安全保障義務，是不作為之違法行為。

中國校方責任中保險責任規定了保險人承擔賠償的三類費用，即註冊學生的人身傷亡或財產損失，事先經保險人書面同意的仲裁或訴訟費用，被保險人為縮小或減少對註冊學生的人身傷亡或財產損失的賠償責任所支付必要的、合理的費用，其他費用不在保險人賠償範圍之內。校方責任險的賠償數額限於保險合同中規定的每次賠償限額，如果超出賠償限額的部分由校方自行承擔。

三、案例分析

1. 案例一

2008年3月，A縣某高級中學的學生畢某在體育課上打籃球時不慎摔倒致傷頭部，當時畢某牙出血並感覺頭疼，畢某到學校醫務室治療后堅持在校上課。后因病情加重，於2008年4月請假回家，回家當天畢某父母帶其到縣中醫院檢查，結論是左額顳頂部慢性硬膜下出血。此后，畢某父母帶其到第一附屬醫院治療，確診為：骨髓增生異常綜合徵與硬膜下出血。當天，第一附屬醫院向畢某父母發出畢某的病危通知單，並進行搶救，結果畢某因血小板減少、顱內出血經搶救無效死亡。畢某死亡后，父母向學校提出理賠要求。

另查明，2007年9月，學校就其註冊學生向保險公司投保了校（園）方責任保險，保險期限自2007年9月25日零時起至2008年9月24日24時，保險費34,100元，每次事故賠償限額為4,500,000元，賠償總限額為204,600,000元，每人賠償限額為300,000元。學校於2007年9月25日將保險費交給被告保險公司。2008年8月，保險公司以畢某腦外傷死亡為由，按照學生傷害保險條款賠付給畢某父母保險金

10,000元。

在該案例中,學生畢某在學校就讀期間,意外摔傷頭部后,學校的醫務室為學生畢某治療時對學生頭部受傷危險性認識不夠,沒有對畢某進行全面的檢查,也沒有告知學生到校外其他的醫療機構做進一步的檢查。學校也沒有盡到將學生受傷的事情告知其父母的義務,致使學生硬膜下出血這一病變不能及時被發現,延誤了治療,從而導致學生因顱內出血死亡的嚴重后果。因此,學校對學生畢某的死亡應當承擔管理上的疏忽、過錯責任。被害人畢某雖然是在校的中學生,還沒有走進社會,生活經驗不足,但其受傷時已經滿18周歲了,對其自身的傷病應該有一定的判斷,其對自己疾病的嚴重程度、危險性的認識不夠而沒有及時去校外的醫療機構及時檢查、治療,自己也是有一定的過錯,應該承擔相應的責任。

因為學校就其註冊的學生在保險公司投保了校(園)方責任保險,《校(園)方責任保險條款》第三條約定:在本保險期限和本保單明細表中列明的保險區域範圍內,被保險人在其校(園)內或由其統一組織並帶領下的校(園)外活動中(限中國境內、港澳臺地區除外),由於疏忽或過失造成下列依法應由被保險人承擔的經濟賠償責任,保險人負責賠償:(一)註冊學生的人身傷亡或財產損失……根據條款,學校的民事賠償責任應該由保險公司來負責賠償。不論是學校先對學生進行賠償而后找保險公司理賠,還是保險公司直接對學生理賠,最終的理賠主體應是保險公司。

2. 案例二

2007年9月6日鄭州某高校一名大二女生康某從宿舍的上鋪意外摔下,腦部砸到地板,康某當時昏迷,口吐白沫,被120急救車送到了河南省某醫院。經診斷,康某頭左側顱頂部著地,蛛網膜下腔出血,經搶救無效死亡。康某父親認為,學校床鋪設計不合理,康某上鋪床板距離地板182厘米,護欄高度17.5厘米,而護欄和床頭之間的缺口有78厘米,故學校應該承擔一定的賠償責任。他查到了2002年教育部頒布的《學生傷害事故處理辦法》。該辦法規定,學校提供給學生使用的學具、教育教學和生活設施、設備有明顯不安全因素的,因此造成的學生傷害事故,學校應當依法承擔相應的責任。學校已為康某墊出了醫藥費,雙方經過協商,最后,學校又賠償康某父母損失費4.5萬元。

該案例中,學生年齡是首要考慮條件之一。康某雖然是在校就讀學生,墜床事件純屬意外,但由於受傷時已經年滿18周歲,對其行為是否妥當,應該有一定判斷的能力,應當預見可能發生的危險。因此,康某對自己發生該意外事故有不可推卸的責任。另外,學校在學生入校時,進行過必要的安全教育,學校盡了其教育的責任。而對於家長認為學校高低床設計暗藏隱患,學校應當承擔一定責任。如果學校的住宿管理和床具設置確實存在安全隱患,那麼學校就應該承擔相應的賠償責任。如果沒有安全隱患,學校不應承擔相關責任。但目前國內還沒有專門制定高低床的國家標準和行業標準,對高低床的高度並沒有限制,只在《GB/T3328-1997家具床類主要尺寸》中規定,高低床的安全護欄高度要大於等於20厘米,護欄和床頭之前的缺口應為50~60厘米。對高低床的高度並沒有明確規定,只規定第一層和第二層之間高度要大於等於98厘

米，所以給責任認定造成困難。

3. 案例三

12歲的原告伍某全托就讀於被告江蘇省宿遷市某小學。該校為學生宿舍每層樓安排一個宿管人員。2012年5月28日晚，伍某在雙層床上鋪睡覺時頭朝著沒有護欄的一頭，宿管人員未予發現和制止。29日凌晨，伍某從上鋪摔下，導致眼睛受傷。住院17天，花費醫療費合計19,901.3元。經鑒定，伍某高處墜落致左眼盲目5級構成人體損傷八級傷殘。經查實，原告摔傷時使用的雙層床，床鋪淨長167.5厘米，上鋪離地面高度為149.5厘米，護欄高度不足20厘米，長度不足整張床的一半。法院認為，學校未盡到教育、管理責任，具有過錯，鑒於原告違反學校管理要求頭朝沒有護欄一頭睡覺存在一定過錯，確定學校承擔80%責任，判決學校賠償原告各項損失合計180,233.52元。

該案例同樣是學生在學校宿舍從床上摔下，但由於學生摔傷時使用的雙層床床鋪淨長167.5厘米，護欄高度不足20厘米，長度不足整張床的一半，即學校的雙層床安全護欄缺口長度和安全護欄高度均未達到國家規定的標準，更不符合未成年學生的安全需要，不足以防止學生睡覺時從上鋪摔下來，存在明顯的安全隱患，所以學校明顯具有過錯。而且學生受傷時剛年滿12周歲，屬於限制民事行為能力人，對於提供不符合國家規定標準並有明顯不安全因素臥具給12周歲未成年人的學校，應當盡到更為嚴格的教育、管理責任。而學校的宿管人員沒有發現和制止學生頭朝沒有護欄的一頭睡覺，更加重了其過錯。

退一步說，對於作為未成年人的中、小學生，學校對其居住上鋪可能存在的安全隱患認識能力和控制能力不足。即使床鋪符合安全標準，學校因使用了雙層床仍應當承擔相應的管理責任，且因國家安全標準系工業產品的門檻性標準，也不是小學生臥具的選擇標準，其法律的位階層級亦不可與民法等量齊觀；學校使用雙層床，則應提供保證學生安全的更為嚴格的看管、照顧責任，未盡到這一職責，應認定學校有過錯。

另外，學校事故案件的責任承擔並非學校承擔全部責任，還存在著受害人有過錯的情形，這就涉及責任分配問題。依據《侵權責任法》第二十六條的規定，被侵權人對損害的發生也有過錯的，可以減輕侵權人的責任。結合該案例中，未成年學生違反學校和宿管人員要求在沒有護欄一頭睡覺，也存在一定的過錯，為此，酌情確定學校承擔80%的責任，是適當的。

四、總結

從案例二、三可見，校方責任險仍然存在不完善之處，高校的校方責任缺乏法律基礎，導致事後索賠較為複雜。責任險的保險標的是被保險人在法律上應負的民事損害賠償責任。社會法中的未成年人保護法是校方責任保險的法律基礎。但是高校學生的年齡大多是18周歲以上的成年人，這使得事故發生後的賠償變得缺少法律依據，使得事後索賠往往幾經波折。加之保險責任範圍過窄，免責條款過寬的問題，保險人在面對擴大風險責任時，通常會採取增加附加條款進而來減少風險造成的損失，但與此

同時被保險人即校方必然會面臨由此帶來的保費提高這一現實經濟問題；或者保險人只承擔過錯責任，不承擔無過錯責任，在事故發生後對損失賠償沒有起到積極有效的成果。因此我們要完善校方責任險相關的法律法規。

第一，完善現有的條款。消除現有條款的前後矛盾的情況，把保險責任裡帶有故意性質的行為剔除，如體罰、變相體罰學生對於被保險人的學具、教育教學和生活設施等不符合國家規定的標準導致的事故，要詳細區分被保險人是否履行規定的職責去維護修繕。如果被保險人已經履行了職責，仍然導致事故發生，則納入校方責任保險的範疇；如果被保險人沒有履行相關的職責，或者這些建築及場地等存在被保險人應該知道的安全隱患，被保險人沒有及時採取防範措施導致的安全事故，應為除外責任。

第二，建議制定針對大學生意外傷害事件專門的法律。目前，中國針對大學生意外傷害事件還沒有制定專門的法律予以調整，多數法律法規僅僅針對中小學校的責任給予保障方案，對全國各大高校則沒有給予足夠的關注。事實上，大學生在大學期間獨立生活，其在校期間更長，面臨的風險也更為複雜。因此，引入校方責任保險的風險管理機制對高校更有意義。

第三，建議制定校園安全法。學校安全事故頻頻發生，已經引起了學校、事故受害者家屬、教育界及國家司法和立法機構的極大關注。2006年日本出抬了《學校安全法》（草案），本著從學生和教職員工的生命及財產安全出發，全力維護和管理校園教學及生活環境，提出並規定了學校和國家政府的基本義務。我們國家也可以以此作為參考。

綜上所述，中國校方責任險的產生對解決學校傷害事故有很大的積極作用，較為合理地為學校與學生間的傷害糾紛提供了處理辦法。校方責任險應是保障學校和學生利益的社會公益性質保險，要從學校和學生本身出發。在發生傷害事故時，保險公司要和學校一起處理傷害事故，認定事故性質是否屬於校方責任險範圍，合理快速解決傷害事故的賠償問題。但是中國校方責任險出抬時間不長，發展較為緩慢，近年來有在全國逐步擴大和發展的勢頭。中國的校方責任險需要逐步完善和發展，完善現有的條款，建立制定針對大學生意外傷害事件專門的法律，制定校園安全法，合理快速處理中國校園傷害事故。

五、思考題

（1）中國校園安全相關法律有哪些？
（2）中國校園責任險發展歷程如何？
（3）目前校園責任險發展的主要問題有哪些？

案例4-2　財險施救費用及清理殘骸費用

一、背景介紹

保險的意義在於促進防災減損，而施救費用就是為了促進財產擁有人在發生事故后積極地做防災減損工作，盡可能地降低損失。這樣做符合保險合同雙方的共同利益，因此保險公司也應當鼓勵當事人盡可能地採取施救手段，降低受損損失。但是並非所有的施救費用或相關的費用都會獲得賠償，保險公司賠償施救費用的前提是施救費用必須是「必要的」「合理的」。在財產保險領域，幾乎所有的險種都對合理的施救費用予以賠償，其目的是鼓勵被保險人積極施救，從而減少保險人和被保險人的損失。中國保險法有保險人對施救費用補償義務之規定。在保險索賠和核定損失時，經常需要界定清理殘骸費用的範圍和金額。但是，關於施救費用及清理殘骸含義和範圍的理解和界定，在實務中屢屢有爭議發生。

二、相關理論知識

(一) 定義

施救費用亦稱營救費用，是指保險標的在遭遇承保的災害事故時，被保險人或其代理人、雇用人為避免、減少損失採取各種搶救、防護措施時所支付的合理費用。保險標的的受損，經被保險人施救，花了費用但並未奏效，保險標的仍然全損，保險人對施救費用仍予負責。

清理殘骸費用是指投保財產因受到保險責任範圍內的災害原因造成損失後，進行清除或消除所有殘餘廢物所造成的必要及合理的費用，包括這些財產未損失部分。具體費用包括清理殘骸、廢物、拆卸或拆毀受損保險財產的任何部分和支撐或支撐物。

(二) 相關法律法規和條款

中國《保險法》第五十七條規定：「保險事故發生時，被保險人有責任盡力採取必要的措施，防止或者減少損失。保險事故發生後，被保險人為防止或者減少保險標的的損失所支付的必要的、合理的費用，由保險人承擔；保險人所承擔的數額在保險標的的損失賠償金額以外另行計算，最高不超過保險金額的數額。」

根據保險條款規定，財產險出險後，被保險人採取的必要的、合理的施救費用，保險人在不超過保險金額的範圍內賠償。財產如果發生全損，施救費用可以得到賠償，但實際上是有幾個條件的：一是投保財產是否足額保險，因為財產保險單是不定值保單，按比例賠付方式賠付，如果保險金額小於保險價值，要按保險金額與保險價值的比例賠付，而施救費用也要按比例賠付。二是施救費用是否「必要」「合理」，如果已經可以知道不可避免要發生全損，已無施救必要，卻花費人力物力施救，或用不恰當的方式，採取高代價施救，都有可能得不到賠償。當然，是否「必要」「合理」有一

個界定問題。三是施救的財產是否包括非投保財產，如果有，也要按比例承擔。

(三) 國內與國外比較分析

對於「保險標的損失」，在一般財產保險中很容易理解，因為一般財產保險的保險標的是有形的物，而責任保險中保險標的是指被保險人對第三者依法應負的賠償責任，所謂賠償責任的「損失」就不太容易理解了。而且對於必要的、合理的費用，在一般財產保險中主要表現為施救、保護、整理保險標的所支出的合理費用，如救火的人工費、消防器材費用、整理損餘物質的費用等，這類費用與保險標的的損失是較容易區分的。而在責任保險中施救費用主要表現為對人身傷亡的搶救、醫療費用，對財產損失的搶救、修理、災害控制費用等，這類費用與被保險人依法應當承擔的賠償責任則較難區分，甚至根本無法區分。

外國責任保險條款一般也不將施救費用單列。而在國內保險公司的財產保險條款中，往往對施救費用設定一些專門條款，以控制風險並合理分擔損失。在責任保險中，由於不存在不足額投保和比例賠償的問題，同比例賠償規則即無法適用，有可能導致保險公司責任的擴大。

綜上所述，責任保險的施救費用與財產保險的施救費用在性質及範圍上截然不同，責任保險中不應存在單獨的施救費用問題，國內保險公司在設計條款時對此應慎重考慮，而不應簡單照抄照搬財產損失險的做法，以免增加實務操作中的困難。

三、案例分析

(一) 案例介紹

陝西省某公路管理站擔負著全縣 475 千米縣、鄉公路的養護任務。該管理站就其所養護的縣鄉公路向 A 財險公司投保財產保險綜合險。2013 年 11 月 4 日晚，該公路管理站所養護的一段線路下行右側緊挨公路高 50 米左右的土質山體發生大面積滑坡現象，滑坡后的雍土堵塞公路，造成交通中斷。公路本身並沒有因為山體滑坡而受損，但是被保險人為了盡快恢復正常交通，採取緊急施工，將滑落下來的土石方進行清理。由於在保險期限內，被保險人向保險人就清理現場費用提出索賠。

事故發生後，某公估師受保險人委託進行了現場查勘。公估師認為：

1. 本案構成保險事故

《保險法》第十六條規定：「保險事故是指保險合同約定的保險責任範圍內的事故。」從該條規定可以看出，《保險法》在定義保險事故時用的是「保險合同約定的保險責任範圍內的事故」，而並不是需要造成保險標的損失的內容。本案件中，根據財產綜合險條款，突發性滑坡是屬於保險責任範圍內的自然災害。故本案件中，雖然山體滑坡沒有造成保單承保的公路受損，但仍應當認定「滑坡」保險事故發生。

2. 清理現場費用的性質認定

該公估師認為，本案關鍵是對施救費、清除殘骸費用和清除滑坡土石方費用的區分。公估師提出，在認定清除殘骸費用時，要把握兩點：一是造成損失的原因是保險條款所規定的保險責任，如火災、自然災害等；二是清除的是保險財產損壞所形成的

殘骸，是對保險財產的清除或拆除及支撐。清除滑坡土石方費用是指滑坡發生後，被保險人清除滑坡土石方的費用。清除殘骸費用和清除滑坡土石方費用屬於建築工程中經常發生的費用，而財產保險綜合險則一般不予附加該兩項險種。

3. 被保險人清理現場費用應屬於施救費

由於本次事故僅造成交通中斷，被保險人在本次滑坡事故發生後，僅支出了清理道路以恢復交通的施工費用，故認定該費用支出的性質是確定保險人是否賠償的前提。那麼，該費用支出應當如何定性，是施救費、清除殘骸費用還是清除土石方費用呢？如屬前者，則保險人應當給予賠償，如屬於后兩者之一，因為本保險並未附加投保清除殘骸費用以及清除土石方費用，故保險人進行理賠並無依據。本案件中，為了恢復公路交通而清理道路雍土，雖然屬於清除滑坡土石方費用，同樣具有施救費用的性質，從恢復道路交通的角度看，該項費用支出也是值得的。另作為該段公路的法定養護管理單位，被保險人有責任、有義務及時地組織清理現場，以恢復道路交通。從這個角度看，該項費用的支出也是必須的。故本案件中，被保險人清理道路交通所支出的費用應當認定為施救費，保險人應當給予賠償。

(二) 案例剖析

要想正確分析此案，需要對「保險事故」「施救費用」「清理殘骸費用」進行全面理解和把握。

1. 關於保險事故的界定

(1) 事故必須發生在保險期限內，這是構成任何保險事故的前提。

(2) 事故必須發生在保單約定的承保區域內。例如企業財產保險，如果承保的設備損壞拿到維修廠修理過程中發生火災，由於已經不在保單約定的承保區域內，即使「火災」是保險承保責任範圍，保險人也不負責賠償，除非在保單中有「場所外修理擴展條款」的特別約定。

(3) 事故必須由保單承保的風險引起。不同的險種都對保單承保的責任範圍進行了明確約定，只有保單約定的風險引起的事故，保險人才負責賠償。

(4) 事故必須是由承保風險造成了保險標的的損失。沒有保險標的的「損失」，就談不上保險事故。

例如，某商場投保了財產綜合險，通往商場唯一一座大橋被洪水衝毀，商場因交通中斷被迫停業。這種情況下，由於大橋不是保險標的，洪水即使是綜合險的承保風險，但是商場本身沒有受損，則不能因發生洪水而認定商場構成「保險事故」。再如，上述情況發生雷擊導致公共電路中斷，商場因停電無法營運，造成營業損失。此時因沒有造成商場大樓的物質損失，也不能因「雷擊」是綜合險的承保責任而認定發生了「保險事故」。

本案中滿足前3個要件當無爭議，但是對於第4個條件卻沒有滿足。此處，該公估師之所以僅僅根據《保險法》第十六條的規定就得出結論，在於其混淆了「風險」和「事故」的區別。沒有保險標的的損失，就談不上保險事故，只能稱為「風險」。而當「風險」造成了保險標的的損失，才能構成「保險事故」。

2. 關於施救費用的界定

（1）必須是保險事故已經發生。施救費用產生的前提是承保危險必須已經發生，或者說保險標的已處於危險之中，而非僅僅是擔心很可能會發生危險。這一要件使施救費用與防災費用相區別。凡在災害、事故發生之前支出的費用即屬預防性質，保險人不予負責。但在某些特殊情況下，災害、事故雖未發生，但已接近發生而施救刻不容緩，為了避免保險財產遭受更大的損失，採取保護保險財產的緊急必要措施而支出的費用，事後證明是及時有效的，應視同施救費，負責予以賠償。典型的情形如保險財產因抗洪搶險而搬動，事後原堆放地點又確被洪水所淹，其搬運和搬回的費用以及被搶救保險財產在最近安全地點的存倉租金都可負責賠付。另外，這種保險標的所處的危險必須是保險單所承保的風險，即必須是保險人應負責的風險。如果發生的危險不是本保險所承保的危險，或者危險所造成的損失不是本保險所應補償的，對保險人來說，施救費用當然也就根本不存在。

（2）必須是為了減少或防止損失進一步擴大。施救費用產生的另一前提是其目的是防止損失進一步擴大。如果損失已經發生，但不會繼續擴大，產生的費用就不能界定為施救費用。這是施救費用與清理殘骸費用、專業費用等的本質區別之一。例如2006年1月某地鐵工程施工時因透水發生塌方事故，正在基坑旁邊施工的價值300多萬的挖掘機傾覆到基坑裡，施工機具報廢。事後需要將設備拆解清除，由此產生的費用就不屬於施救費用。因為損失已經發生，沒有繼續擴大。如果污水管道繼續湧水，為了修復管道必須將受損機具清除，否則工程損失必將繼續擴大，則可認定為施救費用。

在此，還需要特別提出的是，損失進一步擴大的風險，必須是保險單「承保的風險」。即如果被保險人不採取施救措施，保險人將承擔更大的損失。本案例中，公估師認為「清理滑坡土石方費用目的是為了恢復道路交通，被保險人作為該段公路的法定養護管理單位，有責任、有義務及時地組織清理現場」，鑒於「該費用是值得和必須的」，從而認定為施救費用。但是，因為該被保險人並沒有投保財產綜合險項下的利潤損失險，由於道路不通造成的營運損失，並不是保險人承擔的風險，滑坡已經發生，道路本身損失沒有繼續擴大，因此，清理土石方費用，不能界定為施救費用。

（3）必須「必要」和「合理」。施救費用必須是「必要」「合理」的費用，這實質上是一個事實問題而非法律問題。判斷某項費用是否必要合理，通常只能按照一個謹慎的未投保的所有人在危險發生的情況下可能會採取的措施這一標準來要求。另外，在進行施救時，只要條件允許，應該取得保險人的書面同意；對於重大施救措施，還應該讓保險人共同參與，以免事後對施救費用的「必要性」和「合理性」發生爭議。

（4）賠償額度以保險金額為限。為了鼓勵被保險人積極施救，保單通常規定施救費用的額度最高可以達到保險金額。極端情況下，如果保險標的發生全損，保險人最高可以賠償兩倍的保險金額（施救費用+物質損失保險金額）。如果施救費用超過了保險金額，則應認定未達到「必要」及「合理」的要求，保險人將以保險金額為限承擔施救費用。

通過保險人支付施救費用，被保險人施行施救行為，均衡了保險當事人雙方的權

利、義務關係。從以上分析，公估師將清理土石方費用界定為施救費用，明顯欠妥。

3. 清理殘骸費用的界定及與施救費用的區別

（1）保險責任條款不同。施救費是包括在工程保險主條款之中的，而清除殘骸費用是附加條款，被保險人可以選擇附加，也可以不選擇附加。

（2）收取保險費不同。保險公司承擔施救費不收保險費，承擔清除殘骸費用要收保險費，其辦法是將清除殘骸費用的最高賠償限額加入工程保險金額一併收取保險費。

（3）保險責任性質不同。施救費是在事故發生時，為減少損失所採取措施而發生的費用，其目的是阻止損失擴大蔓延，減少損失。如使用滅火器滅火、將受水災的物資搬運到安全地帶等。清除殘骸費用是清除損失保險財產的殘骸。如某房屋發生火災，首先是滅火，將財產搶救到安全區域，所發生的費用是施救費。火災停止後，在未加保清除殘骸費用擴展條款的情況下，保險公司只賠償燒毀的房屋和滅火費用；如果加保清除殘骸費用擴展條款，保險公司除賠償以上損失外，還要賠償將房屋殘骸清除的費用。

（4）發生的時序不同。施救費是在事故發生時，如烈火正在燃燒，而清除殘骸費用是在事故停止后，如火災熄滅之後。

（5）賠償金額項目不同。施救費的賠償在《保險法》中規定：保險人所承擔的數額在保險標的損失賠償金額以外另行計算，最高不超過保險金額的數額。也就是說，施救費最高賠償限額是以被施救的受損財產的保險金額為最高賠償標準，而清除殘骸費用的賠償是以保險單中列明的賠償限額為標準。所以，保險公司在對施救費與清除殘骸費用進行賠償時要嚴格區別，分項計算。

4. 實務中關於清理殘骸費用的焦點問題

在實務中，爭議最多的就是「殘骸」範圍的界定。一種觀點如本案公估師提出的，「殘骸」應是保險財產損壞所形成的殘骸，是對保險財產的清除或拆除及支撐。例如滑坡產生的土石方，由於不是公路的組成部分，不是保險標的，故不能界定為「殘骸」；另一種觀點則相反，如學者孫智認為，「當由於發生保險責任範圍內的自然災害所形成的土石、泥沙、浪渣等覆蓋或掩埋了保險財產所發生的清除費用，儘管其不是保險財產所形成的殘骸，但不清除將構成保險財產的損失或影響工程施工。在這種情況下，保險公司可賠償清除殘骸費用」。筆者認為，應從清理殘骸費用條款的措辭及擴展該條款的意圖本身兩個方面考慮。從字面上看，應是受損保險財產的殘骸。

但是，擴展清理殘骸費用條款的意圖，則是發生保險事故後，被保險人為了恢復重建或修復保險標的，有時必須將受損財產的殘骸進行清除，由此產生了一筆費用。為了能獲得此類費用的補償，試圖通過「清理殘骸費用條款」進行轉移。如果僅僅界定為「保險財產的殘骸」，則實中中將會非常麻煩和不可操作。例如某房地產公司將大樓主體投保，但是裡面有大量的非保險標的（如承租人的財產，包括文件、電腦、家具、裝修等），假如發生火災，大樓燒毀，需要重建，則此種情況下，無法區分哪些是保險財產的殘骸，哪些是承租人的非承保財產的殘骸。

再如某房屋投保財產綜合險，因暴風將房屋旁邊大樹吹倒將房屋壓塌。此處對於清除大樹的費用，可否界定為殘骸？在美國「9‧11」恐怖襲擊中，世貿大廈的兩座大

樓倒塌在一起，如何界定「殘骸」的範圍？如果只有其中一座大樓購買了保險，或者兩座大樓都購買了保險，對於殘骸的界定是否有影響？對於這些問題，可能仁者見仁，智者見智。建議根據不同的險種，結合經常發生爭議的情形，在保單中予以明確約定為宜。

四、結論

從以上對保險事故、施救費用、清理殘骸費用的分析看，認定公路本身並沒有受損，不能僅僅認為「滑坡」是財產綜合險的保險責任範圍而認定已經「構成保險事故」。被保險人沒有投保財產綜合險項下的利潤損失險，也不能認為緊急施工進行的清理土石方費用屬於「施救費用」。不能單從「滑坡產生的土石方不是承保標的公路的組成部分」的字面意思而認定其不屬於「清理殘骸費用」。

此外，還需要補充說明的是，清理殘骸費用在財產險和工程險中的使用都比較普通，而土石方費用在建築工程中使用較多，一般財產保險較少涉及。但是，這兩項費用屬於擴展承保的「條款」。因此，對於該公路，由於本身完好，在沒有其他特別約定的情況下，不應認定構成保險事故，對於清理土石方的費用，保險人不應賠償。

處理本案，其焦點和難點應是對「公路是否受損」的認定上。假如滑坡產生的不是土石方，而是一塊滾石，擋住車輛通行，簡單將滾石移開後公路即可恢復正常營運，而公路毫發無損，是否認定「公路受損」？認定保險標的是否受損，應從幾個方面考慮：一是看標的本身是否損壞，例如變壓器線圈燒毀，這個比較容易判斷。二是外觀雖然完好，但是精度達不到既定要求。例如在精密儀器的運輸過程中，由於震動導致精度下降，儀器雖然可以使用，但是精度已經不如完好狀態，此時也應認定設備受損。三是標的功能的發揮受到影響，例如本案，由於滑坡產生的土石方導致公路無法完成車輛通行的功能。從常理上應該認定公路受損，但是否就此認定構成保險事故卻尚待商榷。類似的情形是，企業僅將廠房裡面的設備投保了財產保險，廠房倒塌後影響設備的正常生產，但是設備完好，此時對於設備不應認定構成保險事故。因此，對於該公路，由於本身完好，在沒有其他特別約定的情況下，不應認定構成保險事故，對於清理土石方的費用，保險人不應賠償。

這個結論在情理上也許難以被保險人接受，但是從保險原理的分析上，不能認定該費用為施救費用。要解決類似的問題，建議在投保的時候，企業應根據保險標的的風險狀況，先進行風險識別和評估，然後將試圖轉移的風險和可能發生的情形在保單中予以明確約定，避免發生糾紛。

五、思考題

（1）本案中，被保險人如果想獲得賠償，應該如何正確投保？
（2）在財產保險中，保險人除了賠付保險標的物質損失外，還賠付哪些費用？
（3）你認為本案應該如何賠付？

案例 4-3　責任保險中的第三人直接請求權

一、背景介紹

1880 年英國通過了《雇主責任法》，首次在立法上設置了責任保險制度，使得責任保險制度有法可依。到了 20 世紀 20 年代，雇主責任險率先實行強制責任保險，一舉突破了原來「無過錯便無責任」的法律觀念。20 世紀 70 年代，責任保險得到了全面迅速的發展，成為現代經濟不可或缺的一部分。

現代責任保險越來越突出它的社會性，它的理念也從保護被保險人漸漸過渡到保護受害人的權益，於是理論上賦予第三人直接請求權的呼聲也越來越高。在此背景下，域外一些國家和地區先後以立法或司法解釋方式，確立了責任保險第三人直接請求權。中國責任保險制度體系中也對第三人直接請求權做出了規定，但直接請求權規則仍然存在諸多問題。2009 年修訂的《保險法》第六十五條規定了第三人在一定條件下享有直接請求權，但對於該請求權行使條件的規定模糊不清且過於單一，易造成實務中的認定困難，且該條規定缺乏一定的科學性。在有關責任保險的特別法中，對第三人直接請求權的規定參差不齊，難成系統。此外，雖然國外立法上對第三人直接請求權做出了規定，然而這些規定也參差不齊，操作性不夠強，且理論上對第三人直接請求權的性質還存在較大爭議。

二、相關理論知識

（一）國內責任保險第三人直接請求權

中國《保險法》六十五條規定：保險人對責任保險的被保險人給第三者造成的損害，可以依照法律的規定或者合同的約定，直接向該第三者賠償保險金。被保險人怠於請求時，第三人可以取得對保險人的賠償請求權。被保險人不履行賠償責任時，保險人應當拒絕被保險人的索賠請求。

（二）國外責任保險的第三人直接請求權

美國各州對直接請求權的態度並不完全相同。明確規定第三人直接請求權的代表性地區包括紐約州、路易斯安那州、羅德島等。其立法條文的共同點是規定保險人必須「直接」對受害第三人負責。

歐盟指令中並沒有普遍對一般責任保險第三人直接請求權做出規定。其只是在機動車強制責任險方面要求：「各成員國應當確保在機動車交通事故中受害的任何一方，有權依據承保加害人的機動車交通事故責任保險合同直接提起訴訟。」

英國 1930 年出抬的《第三人權利法》規定：「在被保險人破產、合併或死亡等情況下，其求償權利轉移到第三人，受害第三人有權向他們的保險人請求賠償。」就機動車強制責任險而言，英國 1972 年《道路交通法》第一百四十九條規定：「保險人向被

保險人簽發有效責任保險單,被保險人因交通事故對受害人承擔責任,屬於保險單承保範圍,受害人取得對被保險人的賠償判決后,有權直接請求保險人給付保險賠償金。」

1930 年法國《保險契約法》對責任保險人的保險給付義務做出了規定。當時法國保險學界普遍認為,受害人能夠就此條款享有對保險人的直接請求權。在強制責任險領域,1926 年法國即以判例承認車禍受害人享有直接請求權。法國最高法院在當年對某起車禍賠償案件進行審判,對於投保責任險的加害人,法院判決受害人可以向其責任保險人起訴請求賠償損失。該判決引起學界廣泛討論,法律也最終確認了此種直接訴權(Direct Action)。

德國的《保險合同法》對一般性的直接請求權做出了規定。其較為全面地規定了請求權行使的條件與方式。按照該法規定,第三人在法定條件下有權在保險金額之內向保險人直接求償。而且其在規定中強調了強制責任險中的第三人,可以直接享有對保險人請求補償的權利,且完全沒有行使條件。德國亦在特別法中,對某些特定責任保險之第三人直接請求權做出了規定。例如其《汽車保有人責任強制保險法》中明確規定,汽車責任保險具有第三人利益的性質,允許第三人直接向保險公司求償。

日本現行的保險法中並沒有關於直接請求權的規定,只有在一些特別法中得到體現,且範圍僅限於強制責任保險。例如《機動車損害賠償保障法》與《關於核能損害賠償的法律》中賦予了被害人損害賠償請求權。日本於 2008 年頒布了其歷史上第一部關於保險的成文法典——《保險法》,從而結束了有關保險的規定僅以章節的形式存在於《商法典》中的歷史。雖然日本《保險法》中並未明確規定責任保險第三人直接請求權,但為了加強對受害人的保護,其第二十二條中規定了受害人的「先取特權」,即責任保險中的受害人在特定損害的情況下對被保險人的保險金請求權具有優先權。

三、案例分析

(一) 案例介紹

2010 年 7 月,原告李某某與某旅行社簽訂旅遊合同,被告某旅行社向第三人某財產保險公司投保旅行責任險。原告在乘坐被告安排的車輛過程中發生交通事故。后原告以某旅行社為被告,以某財產保險公司為第三人向法院提起訴訟。

法院判決如下:第三人與被告是訂立保險合同的當事人,被告系投保人、被保險人和受益人。根據合同的相對性原理,第三人只對被告負保險責任。但中國《保險法》第六十五條第二款的規定表明,在旅行社對旅遊者應負的賠償責任確定的情形下,保險人根據被保險人的請求可向第三者賠償保險金。本案中,原告雖向被告主張違約責任,但為切實保護原告的權益,減少訴累[1],原告的損失經本院確認后,第三人可直接向受害人賠償保險金。

---

[1] 「訴累」是司法界經常使用的一個術語。

(二) 案例剖析

1.《保險法》第六十五條是否規定了受害第三人直接請求權

有學者指出，《保險法》第六十五條中的「當事人約定」屬於「向第三人履行合同」範疇，並未賦予第三人履行請求權；「根據被保險人的請求」保險人直接向第三人請求賠償保險金，屬於「代位清償請求權」，「被保險人怠於請求的，第三人有權就其應獲賠部分直接向保險人請求賠償保險金」為「附條件的第三人直接請求權」；第三款屬於對保險人的保險金給付義務履行的限制。

還有學者認為，第六十五條規定的是任意責任保險中的受害第三人直接請求權。理由在於，強制責任保險的受害第三人請求權只能由法律明確規定，該請求權應該是無條件的。任意責任保險中，第三人對保險人的直接請求權實質是一種代位請求權，由第三人取代被保險人來行使保險金賠償請求權，該請求權不僅可由法律直接規定，也可依保險合同約定取得。

在最高人民法院主持編著的《〈中華人民共和國保險法〉保險公司章條文理解與適用》一書中，司法機關對第六十五條做出如下解釋：第一款從保險人履行合同義務的角度，規定保險人可以按照法律的規定或合同的約定，以直接向第三者賠償保險金的方式履行合同義務。言外之意，即原則上保險人應向被保險人履行合同，法律有規定或合同有約定的情況下，可直接向第三者履行合同。第二款可分為前後兩部分。前半部分規定在一定條件下，責任保險的保險人應直接向第三者賠償保險金，該部分屬於第一款規定的「法律規定」的情形之一。后半部分賦予了責任保險第三者向保險人主張賠償請求的權利，但也附加了一定條件。第三款是對保險人履行對象或者是對被保險人合同權利的限制。

2. 區分強制責任保險和自願責任保險

在《保險法》修訂過程中，許多學者建議取消第六十五條第二款的相關條件，採取域外立法例，賦予受害第三人無條件限制的直接請求權，但立法機關並未採納。在最高人民法院的上述著作中，司法機關也持迴避態度，對拒絕理由避而不談。一方面，立法、司法機關對受害第三人的直接請求權的適用條件做出規定，未盲目賦予受害第三人直接請求的做法值得肯定；另一方面，對受害第三人直接請求權的限制方法是不合理的，應對責任保險按強制責任保險和任意責任保險（自願責任保險）做出區分，針對強制責任保險和任意責任保險各自的功能制定不同的受害第三人直接請求權方案。

責任保險可以分為強制責任保險和自願責任保險。強制責任保險嚴格依法設定，其目的在於分散特定領域的風險和責任，保障受害第三人獲得賠償，達成社會共同體的經濟價值，實現社會公平與正義，具有社會保障的功能。因此，法律應在責任保險中賦予受害第三人無條件的直接請求權，以實現強制責任保險的價值和作用。自願責任保險合同與一般財產保險合同一樣，均是當事人意思自治的結果，法律理應充分尊

重合同自由和債的相對性①原則,不能對此多加干涉。

受害第三人享有直接請求權的法理基礎不適用於自願責任保險。受害第三人直接請求權的法理基礎可以概括為修正契約相對性的理論、強化責任保險合同的信賴保護主義、通過責任保險分散侵權行為的損害賠償、保險人對第三受害人具有補償的責任和實踐第三人利益契約的直接請求權等。其中,最重要的法理是「相對分離原則」,即在責任保險中嚴格遵守債的相對性,無法使責任保險的功能得到發揮,但第三人畢竟並非保險合同的當事人,不能完全背離債的相對性原則。自願責任保險因當事人自願訂立而產生,所承擔的風險分散責任沒有強制責任保險廣泛,其產生基礎是保險合同當事人的合意,是意思自治的表現,故應堅持債的相對性原則,不應以「相對分離原則」對其加以限制。

與大多數國家的立法例保持一致,受害人直接請求權不是唯一必須選擇大多數國家或地區的法律規定,受害第三人直接請求權的適用範圍通常局限於某些強制責任保險。受害第三人的直接請求權並非各國保險法所認可的一般規則,例如在奧地利,對於受害第三人的救濟不是單純依靠直接請求權實現的。在德國,受害人只在交通事故領域享有直接向保險人提出賠償的權利,在其他所有情形下,受害人必須起訴侵權人本人。在義大利,立法中沒有規定原告對保險人的直接請求權的規則更為普遍。在瑞士,《侵權法修訂草案》曾建議,將直接請求權擴展到自願保險,但在批准程序中備受批評,理由是「該規定與國際形勢不符,且個性化設定合約可能帶來巨大的風險。」

3. 受害第三人直接請求權的行使是否附帶條件

強制責任保險中的受害第三人應享有直接請求權,不附任何條件。原因在於:第一,法理上講,賦予強制責任保險中的受害第三人直接請求權,目的在於給予受害人最大的保護,如這種請求權附帶條件,必然使強制責任保險的立法價值打折扣;第二,大量的司法實踐表明,在適用第六十五條時,忽視了該條規定的附帶條件,只要是責任保險,法院就會判決受害第三人享有直接請求權;第三,諸多域外立法例中,強制責任保險中受害第三人的直接請求權都是無條件的。

關於任意責任保險中的受害第三人有沒有直接請求權,如何獲得保護的問題,正如前述各主流國家的立法所示,受害第三人直接請求權不是保護受害人的唯一方式。可通過以下方式對任意責任保險中的受害人給予保護:第一,保險合同當事人可以約定,受害第三人有權請求保險公司支付保險金;第二,適用合同法中的債權代位權制度;第三,保險金給付的限制,即如現行第六十五條第三款的規定,如果被保險人未向受害人給付賠償金,則保險人不得向被保險人賠償保險金。

四、結論

本案例頗具特色,法院大膽地突破了《保險法》第六十五條的框架,給予受害第三人無條件的直接請求權,代表了一批司法實務工作者對責任保險第三人直接請求權

---

① 債的相對性是指債的關係只產生於雙方之間,因而權利義務的效力也只發生於債的雙方之間,該權利義務不會對第三人產生任何實質性影響,羅馬法上將債比喻為當事人之間的「法鎖」。

問題的態度——出於保護受害人的迫切需要，受害人向責任保險人請求保險金的權利應是不附條件的。但權利的擴張並非無限制的，過度地突破債的相對性會破壞意思自由和私法自治。因此，第六十五條應給予強制責任保險中的受害人無條件的直接請求權，而任意責任保險中的受害人可以通過當事人約定、債權代位制度、保險金給付的限制等方式獲得救濟。

域外直接請求權立法、司法現狀給我們的啟示是：各國和地區的立法是直接請求權來源的主要依據，當事人之間約定亦是第三人直接請求權的來源。雖然法國和英國的學說在一定程度上影響了第三人直接請求權的取得，但一般來說，在強制責任保險中，法律規範仍然是第三人直接請求權的直接來源。任意責任保險情形下，第三人直接請求權首先看當事人的約定，有約定則為約定取得。其次，如保險合同未約定第三人可以享有直接請求權，而法律有規定或者司法解釋對它做出瞭解釋的，則可依一般法取得。

域外第三人直接請求權行使條件方面給我們的啟示是：第三人行使對保險人的直接請求權要滿足一定的條件，比如賠償責任確定，被保險人破產等條件。而這些條件如何確定，一方面與責任保險的種類，即是任意責任保險還是強制責任保險有關；另一方面，也與一國所認同的直接請求權的性質有關。在直接請求權行使的方式上，英國、法國都認可將保險人和被保險人作為共同被告的訴訟模式，而對單獨起訴保險人，英國設定了較高的限定條件，而法國對此則沒有規定。

直接請求權不應當是無限制的，因為賦予一方權利的同時，對方的義務必然加重，為了平衡他們之間的權利義務關係，應當賦予賠償義務人對抗第三人的權利。就責任承擔方面而言，作為賠償義務人的保險人可以針對原告的訴訟請求提出使自己免責或減輕責任的事由。而在強制責任保險領域，由於放寬了第三人取得直接請求權的條件，保險人的抗辯事由也就相應地減少了，這與強制責任保險保護弱勢群體的目的是一致的。

五、思考題

（1）責任保險中的第三人直接請求權在其他財產保險中存在嗎？
（2）保險公司如何減少因第三人直接請求權導致的風險？
（3）你覺得責任保險中第三人直接請求權應該如何規定？

案例 4-4　工程保險的理賠

一、背景介紹

隨著國民經濟的發展，建築市場規範不斷得到完善，保險已成為工程招投標、建設和管理中不可缺少的一部分。在承包商對合同履行過程中，由於施工週期長，所遇到各種情況複雜，為了保障承包商的利益不受到意外損失，所有的國際工程承包合同都強制要求承包商購買各種保險，主要投保工程一切險。當發生意外時，便可將部分

風險損失轉移給保險公司承擔，保險公司熟悉和運用保險合同條款、風險索賠的程序，可以減輕承包商的風險壓力，並降低風險事故發生後承包商的損失。值得注意的是，儘管承包商對工程購買了工程保險，但有時保險公司不可能賠償其全部經濟損失。由於建築工程施工中容易受到各種自然災害和其他災害的影響，所承擔的各種風險比較大，因此承包商仍要經常注意各種潛在的風險徵兆，採取各種有力措施，防止事故和災害的發生，並阻止受災後損失的繼續擴大。本案例就標的在建築過程中出險後的理賠過程進行討論。

二、相關理論知識

（一）保險合同簽訂

在 FIDIC（國際諮詢工程師聯合會）合同條款中，對工程保險有明確和嚴格的要求。承包商在簽訂工程合同後，自開工之日起就有建設並照管工程的責任，直至業主發出最終驗收證書為止。因建築工程工期較長，受外界各種情況影響較大，為此承擔的風險也高。比如當雨季到來時，暴雨和洪水會導致山體滑坡、泥石流等災害，對路基產生較嚴重的損害。

業主為了保護工程項目的利益，往往在合同條款中要求承包商對所建工程連同材料和待安裝的工程設備投保，同時也要求承包商對人身或財產損害和第三者責任險投保。對保險公司的選擇可由業主指定，也可由承包商自己選擇。承包商選擇保險公司時，應特別注意其賠償能力和資信，並認真閱讀理解保險條款及有關細節。為更準確掌握理解保險條款，承包商可參加保險專家的講座。在對投保的險種選擇時，要分析施工過程中發生各種事故的可能性，準確地選擇合格的保險險種。有的合同條款已指定了承包商必須投保的險種，如建築工程一切險、第三者責任險等，在投保時就必須按合同條款指定險種進行投保。

簽訂保險合同前，須與保險公司磋商的主要保險條款和應注意仔細閱讀理解的保險條款有以下幾點：保險合同的保險範圍；保險合同的免賠金額；合同規定的保險理賠程序和要求，出現風險事故後將按合同規定的保險理賠程序進行理賠工作，並按照合同理賠條款的要求執行。如：合同中規定出險後承包人需要在一定的期限內以書面形式報案，超出期限需要經保險公司書面同意等。在與保險公司簽訂了保險合同後，承包商應在合同規定的期限內向業主提供已按合同條款要求所投的各種保險已生效的證明，並向業主提供保險合同副本。所簽訂的保險單應與發出中標通知書前達成的合同總條款一致。

（二）理賠工作

保險公司代表一般在收到出險通知後 12 小時以內到達事故現場，協調有關索賠事宜。保險合同規定有如果保險公司代表在 48 小時內未到達事故現場，將被認為保險人已認可被保險人所申報的事故發生屬實。在保險公司代表或檢驗師勘查現場並計算受災損失後，承包人應對保險公司代表認可的受損失範圍和理賠金額等進行研究。在依據保險合同的基礎上，雙方對有關賠款的一切爭議，都可以協商解決，直至達成一致

意見。承包人在對保險公司提出理賠要求時要做到有理、有據、實事求是。證明資料要齊全，理賠款計算要合理，並根據保險合同的相關條款規定辦理理賠工作。

雙方明確受災損失工作量和賠償金額後，需要簽訂一份賠款確認書，說明出險原因、過程、受損失工程量及賠款金額等情況。在保險公司支付承包商理賠款後理賠工作就結束。在理賠工作進行中，承包商要注意整理、收集與保險公司的來往文件、通知書、出險的各類證明資料，並及時歸檔保存好。承包商對理賠工作要指定專人負責，負責人要有較強的責任心，精通業務，熟悉保險合同，並且能夠熟練處理好對外業務往來。

三、案例分析

（一）工程保險標的簡介

A公司碼頭項目是為了滿足60萬噸甲醇項目竣工后化工產品外運的需要而建設的一個專用碼頭。為了保證碼頭項目能與60萬噸甲醇項目同步竣工，碼頭項目的建設週期十分緊張，所面臨的不確定的工程風險十分複雜。因此A公司決定採用工程保險的方式為碼頭建設提供安全高效的保障。具體保險方案如下：

1. 被保險人

（1）業主：中海石油化學有限公司。

（2）承包商：渤海石油航務建築工程公司、中鐵十六局集團有限公司、廣東省航盛工程有限公司、其他由業主指定的參與工程的任何承包商和代理商。

2. 被保險財產

被保險財產包括所有的供應、服務、永久工程和材料，所有的設計、圖紙、規格書以及在建設過程中由承包商按保險合同提供的作業（包括業主和承包商為建設碼頭項目而臨時修建的建築）；不包括承包商和分包商的設備和施工機具，但包括保單生效後由業主和承包商及分包商接收的、已完成的工作。

3. 免賠額

（1）物質損失部分：包括地震和海嘯300,000元，暴雨、臺風、風暴、洪水、滑坡、地陷200,000元，其他由本保單保障的風險200,000元。

（2）第三者責任險：對財產造成的損失10,000元/每次事故。

4. 保險責任

（1）自然災害指雷電、颶風、臺風、龍捲風、風暴、暴雨、洪水、水災、凍災、冰雹、地崩、山崩、火山爆發、地面下陷下沉及其他人力不可抗拒破壞力強大的自然現象。

（2）意外事故指不可預料的以及被保險人無法控制並造成物質損失的突發性事件，包括火災和爆炸。

5. 保險期限

由工程取得開工許可證起至工程竣工驗收止，附加60天的自動延展期。

6. 保費支付

支付保險費500,000元。

7. 保險人

T 保險公司。

(二) 賠案處理

A 碼頭建安裝工程一切險自 2005 年 5 月 22 日起生效。由於業主和施工單位嚴格的施工管理措施和先進的風險管理意識，很少出現大型風險事故，涉及的理賠也較小。2005 年 9 月出現第一個較大規模的保險責任範圍內的風險事故。2005 年 9 月 5 日至 7 日，在風浪襲擊下，正在施工的南防波堤堤體遭受了比較嚴重的損壞，大量堤體石塊被打到海裡。

9 月 8 日，風浪過后，施工單位按照索賠程序的規定向監理工程師及業主報案，並於 4 小時后遞交了書面報案通知。經初步估算，施工單位面臨的災后恢復工作主要是堤體的清理和恢復及入海石塊的清除等，預計風險損失將達 300 多萬元。監理工程師及業主在接到施工單位的報案通知后確認此次風險事故屬於保險責任範圍，隨即向保險公司報案並提出索賠申請。

當日，保險公司代表趕赴現場並在被保險人的陪同下進行了查勘和拍照取證等工作，同時要求施工單位暫不破壞現場等待公估人進一步調查取證。同時業主也委託承擔碼頭項目全過程造價控制的中審造價師事務所有限公司代表業主處理向保險人索賠事宜。

兩日后，保險公估人到現場進行了測量、拍照等取證工作，並向業主及施工單位索取了圖紙、設計說明、施工記錄、階段驗收記錄、工程造價表、定額手冊、恢復施工方案等文件。各方同意可以開始災后恢復工作。

保險公估人在隨后的時間裡又陸續收集了氣象資料和工程恢復的各種記錄文件，但未能出具初步理算報告。在被保險人的要求下，保險公估人在事故發生 4 個多月后，出具了初步理算報告。報告指出：保單中的除外責任裡規定，正常的海洋作用造成的損失不在賠付範圍之內。經保險公估人對海南八所地區 10 年、20 年和 50 年海浪記錄的分析，此次風浪在施工期的歷年風浪比較為 20 年一遇，遠未達到 50 年一遇的水平。因此此次風浪可視為正常海洋活動，屬於保單規定的除外責任，所造成的損失保險人不應予以賠償。

中審所不能認同初步理算報告的結論，要求保險公估人就正常海洋作用的定義做出解釋。同時中審所開始進行海浪資料的收集和研究。從當地海洋觀測站獲得的資料顯示，此次風浪最大波高為 3.2 米，最高風速為 19 米/秒，經與歷史數據對比，大致為十幾年一遇的風浪。

至此，保險雙方賠案處理問題的癥結在於對「正常海洋作用」的定義和解釋上。然而，經向國家海洋局諮詢並無正常海洋作用的科學定義，但交通部出抬的《防波堤設計與施工規範》中明確規定施工中的防波堤可按防範 2~5 年的波浪設計。

因此，中審所要求保險公估人分析施工的防範設計和措施是否符合交通部的規範，如符合規範，要給出拒賠的理由。中審所還進一步指出，按照保險的原則，在條款解釋不清晰的情況下應做出對被保險人有利的解釋，即在國家海洋局未做出對正常海洋

作用科學定義的情況下應按照交通部出抬的《防波堤設計與施工規範》中有關防波堤波浪設計的標準對此次風險事故予以合理賠償。

在中審所的積極爭取下，保險公估人決定採取有利於被保險人的解釋將此次風險事故列為保險責任範圍。對此保險人出具了應予賠償的最終理算報告，並對恢復原狀實際發生的費用進行了落實，為170餘萬元。這一結果得到了施工單位的認可。

(三) 案例評析

此次賠案處理工作歷時6個月，保險雙方在維護各自權益時都做了充分的工作和努力，推動了賠案處理的開展和落實。對此次賠案處理工作可以得出以下結論：

第一，被保險人要想獲得比較合理的賠償，必須做好災後的資料收集和整理工作，特別是要在實質問題上拿出足夠的證據，不能消極地、被動地等待保險人的處理結果。特別是在出現較大的賠案後，保險公司、國際再保和公估人通常集中精力尋找確定賠償責任的依據，對損失量的理算投入不足，之後再進行這部分工作會出現取證難的問題。因此被保險人應注意主動收集這些有價值的數據資料，為今后確定理賠金額提供有力的依據。積極主動地尋求有利於公平合理賠付的條件是維護自身在賠案處理中合法權益的關鍵。委託專業的顧問公司處理索賠，借助顧問公司的豐富專業經驗，將會得到更有利於業主的保險理賠。

第二，保險條款中相關重要條款的措辭，特別是除外責任的規定必須明確無誤，不存在任何歧義，必要時應將其量化。針對上述案例中「正常海洋作用」的定義，就應在保險條款中明確規定是幾十年一遇的標準，以減少理賠的爭議，促進理賠工作及時開展和順利結案。

第三，在賠案處理過程中，特別是大型風險事故的理賠工作中，保險人和公估人應積極主動地開展調查取證等理賠工作。做到既能嚴格遵循保險條款和相關法律法規進行合理理賠，又能加快節奏、提高辦事效率實現及時理賠。保險人不能因案情的複雜或金額的大小而延緩理賠進程或推卸理賠責任，否則被保險人的索賠成本會高於出險損失。

綜上所述，根據《保險法》和保險合同的約定，本案依據應是建築工程一切險約定中「投保人、被保險人義務」項下關於「在保險期間內，被保險人在工程設計、施工方式、工藝、技術手段等方面發生改變致使保險工程風險程度顯著增加或其他足以影響保險人決定是否繼續承保或是否增加保險費的保險合同重要事項變更……被保險人未履行通知義務，因上述保險合同重要事項變更而導致保險事故發生的，保險人不承擔賠償責任」的約定，和《保險法》第五十二條規定的「在合同有效期內，保險標的的危險程度顯著增加的，被保險人應當按照合同約定及時通知保險人，保險人可以按照合同約定增加保險費或者解除合同……被保險人未履行前款規定的通知義務的，因保險標的的危險程度顯著增加而發生的保險事故，保險人不承擔賠償保險金的責任。」

四、結論

工程保險已逐漸成了建築工程項目經營中不可缺少的一部分。熟悉和運用保險合

同條款、風險索賠的程序，可以減輕承包商的風險壓力，並降低風險事故發生後承包商的損失。值得注意的是，儘管承包商對工程進行了工程保險，但有時保險公司不可能賠償其全部經濟損失。由於建築工程施工中容易受到各種自然災害和其他災害的影響，所承擔的各種風險比較大，因此承包商仍要經常注意各種潛在的風險徵兆，採取各種有力措施，防止事故和災害的發生，並阻止受災後損失的繼續擴大。

長期以來，工程建設以吞噬建設工程的安全保證為手段，追逐非法利潤，危害工程安全進而危害社會的惡性事故屢有發生，作為保險從業的各方面，都應當從承擔社會責任的角度抵制這種行為。站在保險業的角度，僅僅滿足於責任分析是不夠的，應考慮加強對施工過程的風險查勘，及時發現問題，做好防範工作。

值得欣慰的是，隨著中國改革開放的進一步深入，計劃經濟向市場經濟轉軌，特別是《中華人民共和國建築法》的頒布實施以及相關法律法規的制定，中國的建築業法律體系正日趨完善。工程保險的作用正逐漸為建築企業和業主認識和接受。建築業的一系列變革，如業主負責制、承包合同制、工程監理制、工程招標投標制、投資渠道多元化以及工程投資由無償投資轉為有償貸款這些政策性的變革，為建築業注入了新的活力，也為工程保險機制的全面普及奠定了必要的政策基礎。

近年來，國外資金介入中國建築市場，外資金融機構為保證其資金的安全，以其貸款建設的工程項目必須參加保險作為工程取得貸款的資格條件之一。這些外資項目的保險，既幫助承包商和業主認識了工程保險，客觀上也為內資項目的投保起了示範作用，為工程保險提供了健康良好的發展環境。可以預期，中國建設工程的保險體系必將很快得到確立和完善。

五、思考題

（1）中國工程保險發展現狀如何？
（2）與一般財產保險相比，工程保險條款規定有何特殊性？
（3）請自行查閱工程保險投標書，瞭解基本內容。

案例 4-5　貨物運輸保險理賠

一、背景介紹

貨物運輸險是非車險理賠中比較難以處理的賠案，當保險事故發生時保險理賠人員往往不能第一時間趕赴事故現場，並且事故原因也只能在事故發生之後進行推敲，不能第一時間判定事故原因以及是否屬於保險責任。當存在第三方責任人時，由於需要對雙方責任程度進行判定，案件的複雜性和繁瑣性增加了理賠的難度。

邱某沉船貨損賠案發生於 2013 年 9 月 18 日，是 R 保險公司歷年來最大規模的一筆水路貨物運輸險賠案，涉及多方面的理賠難點。對於該起賠案，從報案到查勘到請公估公司調查，再到定損理算賠付追償，歷時兩年多，涵蓋了貨運險理賠的所有內容，

並且其中爭議內容頗多，部分內容涉及航海技術參考以及海上作業知識。受到知識局限，R 保險公司也從該起賠案中發現對於水路貨運險的風險管控不足，極大地減少了對於水路貨物運輸險的承保。另外，該起案件是由於雜貨船「雙寧 577」輪與集裝箱船「飛翔 1」輪兩艘船在水路航運上互相撞擊引發的事故，涉及比較複雜而且實際操作困難的追償問題，也是該起案例的一個較為新穎的學習點。

二、相關理論知識

（一）國內水路、陸路貨物運輸保險條款（2009 版）

該條款第二條規定，基本險包括由於運輸工具發生碰撞、擱淺、觸礁、傾覆、沉沒、出軌或隧道、碼頭坍塌所造成的損失。第五條規定，保險價值為貨物的實際價值，按貨物的實際價值或貨物的實際價值加運雜費確定。保險金額由投保人參照保險價值自行確定，並在保險合同中載明。保險金額不得超過保險價值。超過保險價值的，超過部分無效，保險人應當退還相應的保險費。第十三條規定，貨物發生保險責任範圍內的損失，如果根據法律規定或者有關約定，應當由承運人或其他第三者負責賠償部分或全部的，被保險人應首先向承運人或其他第三者索賠。如被保險人提出要求，保險人也可以先予賠償，但被保險人應簽發權益轉讓書給保險人，並協助保險人向責任方追償。第十五條規定，被保險人與保險人發生爭議時，應當實事求是，協商解決，雙方不能達成協議時，可以提交仲裁機關或法院處理。

（二）《1972 年國際海上避碰規則公約》

該公約第五條規定，每一船在任何時候都應使用視覺、聽覺以及適合當時環境和情況的一切有效手段保持正規的瞭望，以便對局面和碰撞危險做出充分的估計。第六條規定，每一船在任何時候都應以安全航速行駛，以便能採取適當而有效的避碰行動，並能在適合當時環境和情況的距離以內把船停住。第八條規定，為避免碰撞所採取的任何行動，如當時環境許可，應是積極的，應及早地進行和充分注意運用良好的船藝；如需為避免碰撞或留有更多的時間來估計局面，船舶應當減速或者停止或倒轉推進器把船停住。第九條規定，船舶不應穿越狹水道或航道，如果這種穿越會妨礙只能在這種水道或航道內以安全航行的船舶通行。第十六條規定，須給他船讓路的船舶，應盡可能及早採取大幅度的行動，寬裕地讓清他船。第十七條規定，兩船中的一船應給另一船讓路時，另一船應保持航向和航速。

三、案例分析

（一）案例介紹

1. 事故發生的基本情況

2013 年 9 月 14 日，被保險人邱某貨物 386 件/950.13 噸（螺紋鋼和線材）在廣東省揭陽碼頭裝「雙寧 577」輪營運前往海南省海口市。2013 年 9 月 18 日上午 11 時 3 分，「雙寧 577」輪駛入海南省海口秀英港過程中，在航道 9 號浮標附近與一艘駛出海南秀英港的總噸 5,000 餘噸集裝箱「飛翔 1」輪發生碰撞。事故造成「雙寧 577」輪

整船連同運載貨物沉沒受損，僅露出部分駕駛室。被保險人隨後通知保險人出險。

經調查，「雙寧577」輪參考載重量969噸，僅承載被保險人邱某貨物386件/950.130噸（螺紋鋼和線材），符合承載標準。海口海事局於2013年9月18日成立事故調查組，對本次事故進行調查，共獲取證據包括：《水上交通事故報告書》、詢問筆錄12份、AIS[①]記錄一份、VTS[②]記錄一份，海口海事局指揮中心《值班日誌》《航海日誌》《輪機日誌》《車鐘記錄簿》《船舶檢驗報告》，雙方船舶及船員證書等。在研究這多項資料后，判定「雙寧577」輪沉船事故不存在道德風險。

2. 事故水域氣象及通航情況

（1）氣象情況。海南省氣象臺9月18日5時發布天氣預報：「今天白天到后天夜間：背部灣海面，本島東方、昌江到海口一帶海面，偏東風6級，陣風7級。」當事船員筆錄陳述：事故水域能見度約2海裡，東北風6~7級，流向西南，流速約2節。

（2）通航情況。事故位置處於海口秀英港進出港航道NO.8-NO.12燈浮之間水域，該水域東北側為海口港6#錨地，西側為海口港7#錨地，進出港船舶密集，有大量客滾船通過該航道進出秀英港，船舶會遇頻繁。事故發生前，除了當事雙方船舶外，還有一艘正在進港的「信海12」輪位於航道中。

由此，判定事故發生時，並無惡劣天氣或密集水上航運船只。

3. 碰撞基本事實分析認定

碰撞時間：2013年9月18日上午10:41分。認定理由：一是根據瓊州海峽VTS中心的VTS系統錄像回放及VHF08[③]頻道錄音回放分析，調查組認為「雙寧577」輪與「飛翔1」輪發生碰撞時間約為10:41分。二是據「飛翔1」輪船長筆錄及該輪《航海日誌》記載，兩船發生碰撞的時間約為10:42，與認定的碰撞時間基本相符。

碰撞位置：海口秀英港航道內，20°02′50″N/110°16′00″E。認定理由：一是根據瓊州海峽VTS系統錄像回放分析，調查組認為「雙寧577」輪與「飛翔1」輪發生碰撞的地點為20°02′50″N/110°16′00″E。二是根據「飛翔1」輪船長及「雙寧577」輪二副的筆錄陳述，碰撞事故發生地點在海口秀英港航道11#浮標北側附近水域，與認定的碰撞位置基本相符。

碰撞部位和角度：「飛翔1」輪船首撞擊「雙寧577」輪左舷后艙尾部，碰撞夾角約為80°。認定理由：一是根據現場查勘，「飛翔1」輪船首部有明顯的碰撞痕跡，且船艏樓[④]右前側欄杆倒塌；「雙寧577」輪左舷駕駛臺損壞變形。結合兩船船長的陳述，調查組認為事故發生時「飛翔1」輪船首撞擊「雙寧577」輪左舷后艙尾部，隨即擦過「雙寧577」輪駕駛臺左舷。二是根據瓊州海峽VTS中心的AIS系統監控錄像回放顯示，碰撞發生時，兩船船首向夾角約為89°；「飛翔1」輪船長筆錄陳述，碰撞發生時，兩船碰撞夾角為70°到80°。綜合考慮AIS系統和視覺誤差，結合對兩船現場勘查的情

---

① 船舶自動識別系統（AUTOMATIC IDENTIFICATION SYSTEM，簡稱AIS系統）。
② 船舶交通管理系統（VESSEL TRAFFIC SYSTEM，簡稱VTS）。
③ 通信技術中，VHF是VERY HIGH FREQUENCY的縮寫，即甚高頻，是指頻帶由30MHZ到300MHZ的無線電電波，波長範圍為1~10米。多數是用作電臺及電視臺廣播，同時又是航空和航海的溝通頻道。
④ 船艏樓即船頭，安裝系泊用的錨機、絞纜機的地方。

況，調查組認為兩船碰撞時船首向夾角約為 80°。

4. 事故經過

根據 VTS 監控記錄，結合雙方船員調查筆錄，事故經過如下：

（1）「飛翔 1」輪的行動。9 月 18 日約 10：00 時，「飛翔 1」輪備車，準備從海口秀英港 NO.20 泊位離泊出港。約 10：10 時，該輪離開碼頭，在港池內掉頭。駕駛臺有 3 人：船長指揮船舶操縱，三副劉某負責操車、協助瞭望，水手郭某負責操舵。大副在船頭瞭望。10：35 時，該輪掉頭完畢，準備進入秀英港主航道。此時，大副通過手持 VHF 向船長報告：航道右側有一艘船，需要注意。10：36 時，該輪航經秀英港 NO.12 號燈浮，航向 311°，航速 5.2 節。此時正在進港的客滾船「信海 12」輪在 VHF08 頻道呼叫該輪，雙方約定左舷會船。同時，「飛翔 1」輪船長下令大副可以自船頭撤離，並用肉眼觀察到自航道東邊 NO.6 錨地起錨進港的小貨船（后經確認為「雙寧 577」輪），此時兩船相距約 1,200 米。10：38 時，該輪航向 342°，航速 5.3 節。此時「信海 12」輪在 VHF08 頻道上呼叫「雙寧 577」輪，但未收到應答。10：39 時，該輪船位 20°02′41″N/110°16′05″E，航向 343°，航速 5.3 節。此時，該輪在 VHF08 頻道上呼叫「雙寧 577」輪，要求「雙寧 577」輪不要進入航道，但未收到應答。「飛翔 1」輪船保向保速，使用前進一。10：40 時，該輪船位 20°02′47″N/110°16′03″E，航向 341°，航速 5.2 節。此時，船長發現「雙寧 577」輪在本船船首偏右舷處大角度右轉向，意欲穿過其船首，立即下令停車，把定航向。10：41 時，在 20°02′50″N/110°16′00″E 處，「飛翔 1」輪船首與「雙寧 577」輪左舷后艙尾部發生碰撞。

（2）「雙寧 577」輪的行動。9 月 16 日約 17：00 時，「雙寧 577」輪自廣東揭陽駛往海口港。9 月 18 日約 7：00 時，該輪船抵達海口港 6#錨地拋錨待泊。約 10：02 時，該輪準備起錨進港靠泊海口港 NO.16 號泊位。此時船長、水手在駕駛臺，二副與水手在船頭，三副和廚師在船尾。約 10：36 時，該輪位於 20°03′02″N/110°16′19″E，起錨完畢，動車進港。10：39 時，該輪位於 20°02′56″N/110°16′01″E，航向 211°，航速 5.1 節。此時二副回到駕駛臺，向船長報告稱其觀察到有一艘集裝箱船正在出港（后經確認為「飛翔 1」輪）。駕駛臺有 3 人，船長負責操縱車鐘和舵，二副和水手負責瞭望。兩船相距約 580 米。10：40 時，該輪位於 20°02′52″N/110°16′02″E，航向 202°，航速 5.2 節。此時，兩船相距約 200 米，船長操右滿舵，全速進車意欲穿過出港船「飛翔 1」輪船首。10：41 時，該輪左舷后艙尾部與「飛翔 1」輪船首發生碰撞。碰撞發生后，該輪採取停車、拋錨的措施。約 10：52 時，該輪在餘速的作用下，向前滑行至 20°02′42″N/110°15′54″E 處沉沒。

（二）事故原因分析及責任判定

1. 事故原因分析基礎

本次碰撞事故發生在海口秀英港航道內，當事兩船為處於互見中的兩艘在航機動船，適用《1972 年國際海上避碰規則》第五條、第六條、第七條、第八條、第九條、第十五條、第十六條及第十七條的規定。根據《1972 年國際海上避碰規則》第九條第四款的規定，「飛翔 1」輪為「只能在這種水道或航道內以安全航行的船舶」，「雙寧

577」輪為不得妨礙「飛翔1」輪在航道中安全通行的船舶。根據《1972年國際海上避碰規則》第八條第六款及第十五條的規定，在兩船相互接近致有碰撞危險時，雙方仍有遵守「交叉相遇條款」的責任，此時「雙寧577」輪為直航船，「飛翔1」輪為讓路船。

2. 雙方的過失

(1)「飛翔1」輪的過失。

疏忽瞭望：「飛翔1」輪在用肉眼發現對方船后，沒有引起足夠重視，未使用適合當時情況的有效手段進行連續觀測，對局面和碰撞危險沒有做出充分的估計，違反了《1972年國際海上避碰規則》第五條的規定。

未使用安全航速：該輪在進入航道後以5節左右的航速行駛，直至碰撞發生的前1分鐘才停車，未能把船停住，違反了《1972年國際海上避碰規則》第六條的規定。

避免碰撞的行動不當：「飛翔1」輪在與對方船聯繫未果後，對碰撞危險未做出充分的估計，仍然保速保向行駛，僅在碰撞前1分鐘才採取停車的避免碰撞的行動，沒有及早進行避讓，也沒有把船停住，違反了《1972年國際海上避碰規則》第八條的規定。

作為讓路船未履行讓路義務：「飛翔1」輪在事故發生過程中，沒有及早地、主動地、大幅度地採取避讓行動，僅在碰撞前1分鐘才採取停車的避讓措施，不足以寬裕地讓清他船，違反了《1972年國際海上避碰規則》第十六條的規定。

(2)「雙寧577」輪的過失。

疏忽瞭望：根據VTS中心的VHF錄音記錄和當事船舶「飛翔1」輪船員的筆錄，「飛翔1」輪與另一艘正在進港的「信海12」輪兩輪均曾在事故發生前試圖通過VHF與「雙寧577」輪建立聯繫，但未獲回應。「雙寧577」輪在錨地起錨進港過程中未能有效值守規定的VHF08頻道，造成進出港船舶均無法通過VHF與其建立有效的聯繫以協調避讓行動，違反了《1972年國際海上避碰規則》第五條的規定。

未使用安全航速：「雙寧577」輪在進入航道後以5節左右的航速行駛，且沒有與出港船「飛翔1」輪協調好雙方避讓行動，在這種情況下右滿舵進車加速意圖穿越「飛翔1」輪船首，違反了《1972年國際海上避碰規則》第六條的規定。

穿越航道的行為不當：「雙寧577」輪穿越航道的行為，妨礙了「飛翔1」輪在航道中的安全通行，其在觀察到「飛翔1」正在航道中出港時便不應穿越航道，因此該輪的行為違反了《1972年國際海上避碰規則》第九條的規定。

未履行直航船保速保向的義務：「雙寧577」輪小角度向左轉向接近航道的行為，給「飛翔1」輪判斷雙方會遇局面造成不利影響，未履行直航船保速保向的義務，違反了《1972年國際海上避碰規則》第十七條的規定。

(三) 碰撞事故分析結論

1. 賠償責任認定

此次事故是由於當事兩船的過失而導致的責任事故。「雙寧577」輪在觀察到「飛翔1」正在航道中出港時，沒有對局面做出充分的判斷，仍然意圖穿越航道且未保持

VHF正規值守，而「飛翔1」輪在兩船相互接近形成交叉相遇局面時未履行讓路船及早避讓的義務，雙方的行為共同造成了緊迫局面的形成，是造成此次碰撞事故的重要原因。因此，當事雙方在本起事故中過失相當，應負同等責任。

保單責任：貨運險保單號PYDS2013××520000000。根據保單責任規定，對於包括船舶發生碰撞在內的保險事故造成保險貨物的損失和費用，保險人依照條款的約定負賠償責任。根據以上調查，本次事故是由於「雙寧577」輪在航行過程中與集裝箱船「飛翔1」輪發生碰撞，造成「雙寧577」輪整船連同運載貨物沉沒受損。本次事故保單責任成立。

第三者責任：根據中華人民共和國海口海事局2013年12月12日出具的事故調查報告，碰撞事故分析結論認為，此次事故是由於當事兩船的過失而導致的責任事故。「雙寧577」輪在觀察到「飛翔1」輪正在航道中出港時，沒有對局面做出充分的判斷，仍然意圖穿越航道且未保持VHF正規值守，而「飛翔1」輪在兩船相互接近形成交叉相遇局面時未履行讓路船及早避讓的義務，雙方的行為共同造成了緊迫局面的形成，是造成此次碰撞事故的重要原因。因此，當事雙方在本起事故中過失相當，應負平等責任。鑒於本次貨損事故發生在承運船舶「雙寧577」輪運輸和掌管貨物期間，「雙寧577」輪及其船東應對相關損失負責。保險人賠付后向上述責任船東進行追償。

被保險人索賠：被保險人海口某貿易有限公司於2014年1月17日書面向保險人提出，「雙寧577」輪所載950.13噸鋼材沉入海底受海水嚴重銹蝕損壞，向保險人提出鋼材全損索賠金額4,000,000元。

2. 保險公司處理

貨物保險金額：4,000,000元，保險價值4,209.95元/噸。本次沉船事故於2013年9月18日發生，根據現場查勘和市場調查，參考2013年第三季度廣州地區建設工程常用材料綜合價格，螺紋鋼和線材報價每噸約4,000元。考慮廣東到海南的運費和港口費用，海南地區同類鋼材價格每噸約4,200元。根據調查，保險人認為該批鋼材保險價值與當時市場價格基本相符。

根據「雙寧577」船東與打撈方簽署的打撈合同，貨物打撈費用合計1,054,500元。由於貨物打撈后船東和被保險人均無力向打撈公司支付打撈費用，貨物被打撈公司留置。2014年8月4日，保險人向打撈公司支付貨物打撈費用餘款884,500元。

根據海南港航控股有限公司海口港務分公司出具的「雙寧577」輪港口費用有關情況說明，截至2014年7月31日需支付的港口費用共計371,000元。2014年8月4日，保險人支付打撈鋼材的港口費用共371,000元。

被保險人提出從「雙寧577」打撈起來的鋼材遭受海水浸泡長達兩個多月，貨物嚴重銹蝕，拒絕收貨，保險人按照全損以保險金額賠付。共計賠付4,000,000元。

貨物殘值：根據廣東物資拍賣行有限公司2014年6月26日對上述殘損貨物公開拍賣結果，標的最后成交價為1,767,241.80元。

綜上，保險公司本次事故定損如下：

序號	項目	金額（元）
1	貨物保險金額	4,000,000
2	支付「雙寧577」輪貨物打撈費用	884,500
3	支付打撈鋼材的港口費用	371,000
4	扣減貨物殘值	-1,767,241.80
5	扣殘值后定損合計	3,488,258.20

保險公司訴海口海事法院，請求判令責任方「雙寧577」輪與「飛翔1」輪歸屬人賠償保險人3,488,258.20元，且訴訟費用由責任方承擔。經海口海事法院庭審后調解，由「雙寧577」輪船主賠償保險人63萬元，「飛翔1」輪所屬海運公司賠償保險人95萬元。訴訟費用由保險人承擔。

四、總結

一起完整的貨物運輸保險的理賠是需要理賠人員花費大量的時間和精力去處理的，這其中包括事故情況分析、事故現場還原、受損貨物統計、貨物價格調查、與貨主協商賠款、收集理賠證據、確保賠償金額的準確性與保險事故的真實性。

作為理賠人員，必須要用嚴謹的態度對現場進行仔細勘查，用科學的方法對案件進行調查，用真誠的態度安撫客戶的情緒，客觀公平地對損失金額進行確認。在貨物運輸保險的理賠過程中，由於無法第一時間判定事故原因以及是否屬於保險責任，所以不能輕易對客戶做出賠償承諾，必須等到保險責任確定之後才能向客戶做出賠償承諾。並且，在確定保險責任的過程中，不能漏查一處風險點，要懷疑一切值得懷疑的問題，肯定一切應該肯定的證據。必要時，還應請求相關政府部門協助處理，確保賠償處理迅速、準確、合理。

在財產保險中，保險理賠是經營管理的一個重要環節。非車險理賠涵蓋了除車險以外所有險種的理賠，理賠質量的好壞，直接關係到公司信譽和經營效益。分析非車險理賠中存在的問題，掌握其特點，採取有效措施提高非車險理賠工作質量，是做好理賠工作，維護保險合同的嚴肅性和當事人合法權益，促進保險業務健康發展的關鍵所在。

非車險理賠工作具有保源分散，涉及面廣；案件量大，工作量大；案情複雜，技術含量高；社會關注，影響力大等特點。保險公司必須熟知保險條款和相關知識，增強法律意識和自我保護意識，提升專業技能培訓的水平，提高理賠人員的相關專業知識水平，定期舉辦典型案例分析會，選擇突發案件進行現場「會診」，建立科學的統計分析系統，總結規律，優化理賠技術。

五、思考題

（1）請查閱一份船舶保險的術語匯編。

（2）運輸保險理賠有哪些特點？

（3）從本案來看，保險公司應該如何選擇業務？

案例 4-6　華泰財險首例「互聯網保險」詐欺案

一、開篇

　　隨著互聯網的普及，整個經濟和社會環境發生了很大的變化，保險公司面臨著互聯網所帶來的機遇及挑戰，為趕上時代的步伐，紛紛進行了變革，「互聯網+保險」發展迅速。而保險業和互聯網融合的經典案例非「退貨運費險」莫屬。面對日新月異的互聯網時代，簡單、安全、快捷的網路購物已經成為廣大消費者鍾愛的消費方式，與此相對應的是，基於各種原因的退換貨和運輸糾紛也不斷增多。淘寶網 2009 年年初發布的數據顯示，2008 年淘寶網網路購物退貨運費糾紛投訴量達到了 42%，位於投訴總量第一。因此，如何滿足互聯網購物市場需求，提供換貨損失風險保障，減少相關糾紛，成為當時中國電子商務市場的一大迫切需求。華泰財險敏感地捕捉了相關市場信息，把握了互聯網行業的這一種需求，很快就攜手淘寶網研發出「網路購物運費損失保險」（以下簡稱「退貨運費險」），並於 2010 年 7 月正式營運上線。這是國內首個針對網路交易而設計的創新險種，也是一個只屬於互聯網世界的險種。據華泰財險有關人士介紹，退貨運費險作為一種應用於電子商務交易的嵌入式保險，開創了中國互聯網保險領域的很多個第一，也經歷了各種保險企業從未面對過的挑戰和難題。在研發和營運階段，華泰財險只能摸著石頭過河，不斷投入大量資源，以「一邊摸索一邊實踐」的形式解決了很多問題，但是其中以反詐欺問題最為棘手。

二、背景介紹

　　中國保險行業協會發布的《2016 年中國互聯網保險行業發展報告》的數據顯示，整個「十二五」期間，互聯網保費規模從 2011 年的 32 億元上升至 2015 年的 2,234 億元，增長約 69 倍，在保險行業總保費的比重從 0.2% 攀升至 9.2%。這一數據說明保險行業在互聯網的大潮之下正發生巨變，「互聯網+」催生出保險業新的生產力。互聯網保險以其場景代入、手續簡便、覆蓋所有成本低的特點，獲得越來越多消費者的青睞，但是互聯網保險要實現健康發展，還要重點關注和做好風險防範。

　　華泰財險推出的退貨運費險順應了網購市場的需求，成為了淘寶賣家、買家、網購平臺和保險公司四方共贏的典範。買家可以放心消費，賣家則不再需要考慮退換貨運費成本，保險公司得到了一個新的收入來源，而網購平臺則將推動由於運費問題所導致的退貨糾紛的解決。退貨運費險有利於降低退貨糾紛投訴的比率，而進一步提升消費者的網購體驗，從總體上促進網路購物市場的持續健康發展。

　　保險企業就是經營風險的企業，通過精算和大數定律確定特定人群面臨特定風險的概率，並以此為基礎制定保險產品的合理價格，這是保險企業生存的根本。然而詐欺行為會使保險企業的風險定價失效，大幅度提升企業的經營成本，侵害其他保險客戶的合法權利，影響行業的健康發展，所以反詐欺一直是保險行業風險和成本控制的

核心環節。由於互聯網手續簡便、信息簡單的特點，其成為了保險公司反詐欺和風險控制上的不利因素。

三、相關理論知識

（一）互聯網保險及其相關知識

1. 互聯網保險的定義

互聯網保險是新興的一種以計算機互聯網為媒介的保險營銷模式，有別於傳統的保險代理人營銷模式。互聯網保險是指保險公司或新型第三方保險網以互聯網和電子商務技術為工具來支持保險銷售的經營管理活動的經濟行為。

2. 互聯網保險銷售渠道

自有渠道和第三方渠道。

3. 互聯網保險公司的經營模式

就目前中國互聯網保險公司已有經營模式來看，大致有 4 種，分別為保險公司自建網路平臺、電商平臺、專業第三方保險仲介平臺、專門的網路保險公司。國內大型保險集團基本都擁有了自己的網路銷售平臺，如中國人壽的「國壽 e 家」、中國平安保險的「網上商城」「萬里通」，泰康保險的「泰康在線」等。

就電商平臺來看，目前淘寶、蘇寧、京東、騰訊、網易等電商平臺均已涉足保險銷售。而第三方保險仲介平臺則不屬於任何保險公司，是由保險經紀公司、保險代理公司等保險仲介及兼業代理公司建立的網路保險平臺，提供保險服務。目前行業內知名度較高的平臺主要有優保網、慧擇網、中民保險網等。

具有保險牌照的專業網路保險公司目前也僅有在 2013 年成立的「三馬」保險——眾安在線一家（后來陸續成立泰康在線等公司）。

相比較而言，這 4 種模式各有利弊。保險公司雖然具備產品設計能力和牌照優勢，但是自建網路平臺缺乏流量優勢。電商平臺和專業第三方保險銷售網站雖然具備流量優勢，但是由於沒有保險牌照，也缺乏產品設計能力。

4. 互聯網保險的發展方向

根據國外保險行業與互聯網的結合方式，互聯網可分為 4 個發展方向：傳統保險公司互聯網化、互聯網保險經紀/代理公司、互聯網保險公司、互聯網保險服務公司。

（二）主要互聯網保險公司

百安保險：百安保險於 2015 年 11 月 26 日在上海宣布成立，是百度、高瓴資本、安聯保險三方聯合成立的互聯網保險公司，此次三方合作，可謂強強聯合，各自占據了互聯網、保險和投資高地。

中安保險：中安保險全稱為中安在線財產保險股份有限公司，是阿里巴巴、騰訊和中國平安聯手成立的內地首家互聯網保險公司。目前，中安在線保險業務也主要體現在電子商務、移動支付、互聯網信用保證保險這三方面。上線產品約 50 只，較知名的有眾樂寶、碎屏險等。

泰康在線：泰康在線全稱為泰康在線財產保險股份有限公司，於 2015 年 11 月 18

日在武漢掛牌開業，是中國首家由中國大型保險企業發起設立的互聯網保險公司，公司業務範圍為與互聯網交易直接相關的企業/家庭財產保險、貨運保險、責任保險、信用保證保險等。

易安財險：易安財險是由深圳銀之杰股份有限公司、深圳光匯石油集團股份有限公司等 7 家公司發起設立的互聯網保險公司。

安心財險：安心財險是由北京洪海明珠軟件科技公司、北京璽萌置業有限公司等 7 家股東設立的互聯網保險公司，該公司運用雲計算、大數據和移動互聯網技術創建「互聯網+」的財險經營新模式，實現互聯化。

除了以上拿到牌照的互聯網保險公司，還有不少金融公司和保險公司正在摩拳擦掌準備入局。

(三) 互聯網詐欺的防範

從反詐欺上看，利用大數據可以監測到客戶的異常行為，例如多個身分證、多家投保、集中頻繁投保等，並提前預防客戶的騙保、惡意退保詐欺行為。從用戶體驗上看，可利用人工智能改造現有的銷售場景和渠道，嚴格驗查網路平臺漏洞，提升網路安全。從法規制定上看，政府有關部門應積極完善發展互聯網保險的有關政策、法規，加快互聯網保險相關的電子合同、買賣雙方身分認證、電子支付、安全保障等法律的建設和完善。

(四) 保險詐騙及其相關知識

1. 保險詐騙罪

保險詐騙罪行是指違反保險法規，以非法佔有為目的，進行保險事故活動，數額較大的行為。其侵犯客體是國家的保險制度和保險人的財產所有權。客觀方面表現為違反保險法規，採取虛構保險標的、保險事故或製造保險事故等方法，騙取較大數額的保險金的行為。保險金是指按保險法規，投保人根據合同約定，向保險人支付保險費，待發生合同約定的事故後獲得的一定賠償。犯罪主體為個人或單位，具體指投保人、被保險人、受益人。主觀方面表現為故意，並具有非法佔有保險金的目的，過失不構成本罪。

2. 保險詐騙罪的認定

一是要劃清保險詐騙罪與非罪行為的界限。關鍵在於騙取的保險金數額是否達到了較大。未達到較大數額，可按一般的違反保險法的行為處理，達到較大數額的構成保險詐騙罪。二是要認定保險詐騙罪中涉及有關犯罪的問題，實施保險詐騙活動騙取保險金的，依照《刑法》第一百九十八條第二款規定，按數罪並罰處罰，如放火罪與保險詐騙罪並罰，故意殺人罪與保險詐騙罪並罰等。

四、案例分析

(一) 案例介紹

據瞭解，國內首例「互聯網保險」詐欺案，其所涉及的產品，是華泰財險與淘寶

網合作推出的有「中國第一款真正意義上的互聯網保險」之稱的「網路購物退貨費損失保險」，該詐欺案在浙江省湖州市吳興區人民法院宣判，被華泰財險起訴的「職業騙保師」以保險詐欺罪判處有期徒刑。據華泰財險有關人士介紹，退貨運費險作為一種應用於電子商務交易的嵌入式保險，其嵌入式的特點導致了流水化作業的職業騙保師團伙的出現。得益於合作夥伴淘寶網及保監會的支持幫助，華泰財險通過大數據分析和反詐欺核心模型陸續確認多個涉嫌保險詐欺的團體。在公安、司法機關的高度重視和全力偵破、審理下，終於取得了反詐欺成果。法院一審判決書顯示，被告人通過虛假購物投保並申請運費險理賠，共計騙取保險賠款 20 餘萬元，最終以保險詐騙罪被判處有期徒刑 6 年 6 個月，並處以罰金。

(二) 涉案相關概念介紹

(1) 華泰財險「退貨運費險」，是一種運費保險，分為買家版和賣家版兩個類別。為解決買家在退貨中由於運費支出產生的糾紛，買家版針對淘寶網支持 7 天無理由退貨的商品，買家可在購買商品時選擇投保，當發生退貨時，在交易結束后 72 小時內，保險公司將按約定對買家的退貨運費進行賠付。賣家版在買賣雙方產生退貨請求時，保險公司對由於退貨產生的單程運費提供保險的服務。

(2) 所謂騙保師，就是指利用淘寶的「7 天無理由退貨」和退貨運費險，來賺取賠付的運費險和實際退運險之間的差價的人群。而之所以產生騙保師的原因主要有：第一，退貨運費險因為其嵌入式的投保特點，客戶提供的有效信息有限，隨著業務的飛速發展，惡意詐欺行為日益嚴重，容易出現流水化作業的職業騙保師。第二，手續簡單。只要是退貨、拒簽收就有機會得到賠償。第三，互聯網法規擱淺。互聯網保險的相關法律不完善，規章制度不健全，嚴重滯后於互聯網保險業的發展，給不法分子以可乘之機。

(3) 主要的騙保手段：第一，通常選擇購買低價促銷活動最小包裝的產品，因為這類商品重量輕、體積小，便於快遞和大量操作；單價低，投入資金少，還可以避免被淘寶封號引起的資金損失。第二，往往都是新註冊 ID，沒有信用累積，在購買過程中，騙保師基本不與賣家溝通，基本不諮詢、不砍價，直接下單，一旦收到貨后馬上退貨，甚至連包裝可能也不拆。第三，有的每天要發出大量快件，手寫快遞單來不及，採用打印機打印快遞發貨。第四，購買商品時就留下虛假地址，快遞公司找不到收貨人，只能將商品送回。騙保師甚至在查看快遞公司的物流系統后發現貨物到當地後立即申請退貨，把退貨快遞費也省下來。

(三) 案例評析

(1) 依據《保險法》第一百七十四條的規定，投保人、被保險人或者受益人有下列行為之一，進行保險詐騙活動，尚不構成犯罪的，依法給予行政處罰：（一）投保人故意虛構保險標的，騙取保險金的；（二）編造未曾發生的保險事故，或者編造虛假的事故原因或者誇大損失程度，騙取保險金的；（三）故意造成保險事故，騙取保險金的。

保險事故的鑒定人、評估人、證明人故意提供虛假的證明文件，為投保人、被保險人或者受益人進行保險詐騙提供條件的，依照前款規定給予處罰。

（2）根據《刑法》第一百九十八條的規定，有下列情形之一，進行保險詐騙活動，數額較大的，處五年以下的有期徒刑或者拘役，並處一萬元以上十萬元以下罰金；數額巨大或者有其他嚴重情節的，處五年以上十年以下有期徒刑，並處二萬元以上二十萬元以下罰金；數額特別巨大或者有其他特別嚴重情節的，處十年以上有期徒刑，並處二萬元以上二十萬元以下罰金或者沒收財產：（一）投保人故意虛構保險標的，騙取保險金的；（二）投保人、被保險人或者受益人編造虛假的原因或者誇大損失的程度，騙取保險金的；（三）投保人、被保險人或者受益人編造未曾發生的保險事故，騙取保險金的；（四）投保人、被保險人故意造成財產損失的保險事故，騙取保險金的；（五）投保人、受益人故意造成被保險人死亡、傷殘或者疾病，騙取保險金的。

有前款第（四）項、第（五）項所列行為，同時構成其他犯罪的，依數罪並罰的規定處罰。單位犯第一款罪的，對單位判處罰金，並對其直接負責的主管人員和其他直接責任人員，處五年以下有期徒刑或者拘役；數額巨大或者有其他嚴重情節的，處五年以上十年以下有期徒刑；數額特別巨大或者有其他特別嚴重情節的，處十年以上有期徒刑。

（3）依據《全國人民代表大會常務委員會關於懲治破壞金融秩序犯罪的決定》第十六條的規定，進行保險詐欺活動，數額較大的，構成保險詐騙罪。個人進行保險詐騙數額在一萬元以上的，屬於「數額較大」；個人進行保險詐騙數額在五萬元以上的，屬於「數額巨大」；個人進行保險詐騙數額在二十萬元以上的，屬於「數額特別巨大」。單位在進行保險詐騙數額在五萬元以上的，屬於「數額較大」；單位進行保險詐騙數額在二十五萬元以上的，屬於「數額巨大」；單位進行保險詐騙數額在一百萬元以上的，屬於「數額特別巨大」。

（四）本案案情分析結論

被告人通過虛假購物投保並申請運費理賠，根據《保險法》第一百七十六條的規定，該行為屬於虛構保險標的和故意製造保險事故來騙取保險金的行為，共計騙取保險賠款20餘萬元，數額巨大。根據《保險法》和《刑法》的規定，該行為已經構成了保險詐欺罪，被告人被判處有期徒刑6年6個月並處以罰金，無可爭議。

五、總結

互聯網的蓬勃發展為保險行業帶來新的發展契機，各家保險公司競相推出互聯網保險相關產品，搶占行業先機，在業務得到擴展的同時，也不得不面對「互聯網模式」所帶來的全新挑戰和前所未有的難題。中國國內首例「互聯網保險」詐欺案給保險業敲響了警鐘，反詐欺問題成為影響保險公司發展的一大重要因素，各保險公司必須重視風險防範。

六、思考題

（1）面對退貨運費險出現的詐欺問題，保險公司應如何應對？
（2）你認為應如何避免互聯網保險道德風險問題？

七、補充閱讀

女子知道支付寶餘額謊報被盜騙保

2016 年 9 月，韶關一女子通過支付寶轉帳，將自己的 3 萬多元資金轉到熟人帳戶上，造成支付寶被盜刷的假象，然后報警並騙取保險公司的理賠款。韶關警方經過半個月的縝密偵查，抓獲嫌疑人劉某。據介紹，這是廣東省首例互聯網騙保案。

6 月 29 日，支付寶接到廣東韶關用戶劉某報案，對方稱她的支付寶在當天有一筆 3 萬元的轉帳交易支出，但並非她本人操作。保險公司在審核后，次日將 3 萬元的理賠款打入了劉某的帳戶。但是，保險公司在復核時，發現此案存在疑點，隨即向公安機關報案。警方發現，這筆所謂的「被盜」很可能是劉某的「自盜」，因為前后 3 筆 1 萬元的資金轉出，都發生在劉某自己的手機上。3 次轉帳都轉入其熟人的銀行帳戶，在其宣稱自己支付寶「被盜」后的當天中午，劉某在某銀行取走了這筆 3 萬元現金，銀行的監控錄像，記錄了劉某在某銀行取現的全過程。民警通過縝密偵查，將劉某抓獲。

警方提醒，騙保是一種刑事犯罪行為，數額巨大或者有其他特別嚴重情節的，有期徒刑可能在 10 年以上。

第五章 「互聯網+」財險

案例5-1 「動了保」：開啟互聯網車險新格局

一、開篇

國內首個可以按天購買的移動互聯網車險平臺——「動了保」（www.donglebao.com）的面世吸引了眾多保險企業和投資人關注。通常，對普通用戶來說，買車險一年一次，平臺與用戶的連接頻次停留在「年」的維度。而「動了保」讓車險也可以按天購買，用多少買多少。這對於平時因為公交出行、城市限行或者經常出差而無法每天開車的車主而言，更具有彈性。

「動了保」在購買場景、購買方式和產品形態上，與互聯網保險發展趨勢高度吻合。在購買場景中，用戶根據自己的用車頻率、出行習慣購買車險，實現車險產品在用車場景中的完美匹配；在購買方式上，讓車險不再是「一年一買、一買一年」，而是開哪天保哪天，十分便利省心。

二、背景介紹

一項針對購買車險的用戶調查顯示，在國內，82.5%的不出險車主，在為17.5%常出險客戶買單。造成車險目前的窘境，很大一部分原因正是由於信息不對稱。一方面，用戶投保盲目性非常明顯；另一方面，保險公司無法根據用戶行為去精細定價。那麼車險市場困局如何打破？

近年來，隨著私家車數量的增多、文明駕車、安全出行成為熱點話題。然而，對於一、二線城市的眾多車主來說，私家車使用率並不高。道路擁擠、停車費高，使得很多白領在工作日選擇搭乘地鐵或者使用各種叫車、拼車軟件解決上下班的交通問題。

在中國，與大眾息息相關的衣食住行領域中，沒有被互聯網真正滲透和顛覆的正是汽車保險行業。傳統的車險通常「一年一買、一買一年」，而且定價要素相對簡單。對用戶來說，自身良好的駕駛習慣和較低的用車頻率沒有在車險定價中得到體現。那麼，根據車主的駕駛習慣、車輛行駛天數計費便成為未來車險發展的必然趨勢，它比傳統保險的「一刀切」更科學、更省錢、更公平清晰。

國內首家基於用戶行為的保險平臺「動了保」，正全面顛覆傳統車險概念，讓車險可以像水電費一樣按天購買，用多少買多少。這款車險投保也非常簡單，可以通過應用軟件（APP，下同）隨時隨地完成產品的購買。以一個高端車為例，如果平時經常

出差，估計全年開車在 120 天左右，則可購買「動了保」的「天天保」車險產品，相較過去的車險購買模式，全年可以節約保費數千元，同時還可以為社會減少碳排放 2.5 噸。

三、相關理論知識

（一）機動車輛保險

機動車輛保險即「車險」，是以機動車輛本身及其第三者責任等為保險標誌的一種運輸工具保險。其保險客戶，主要是擁有各種機動交通工具的法人團體和個人；其保險標的，主要是各種類型的汽車，但也包括電車、電瓶車等專用車輛及摩托車等。

（二）互聯網保險

互聯網保險是新興的一種以互聯網為媒介的保險營銷模式，有別於傳統的保險代理人營銷模式。其保險產品大致可分三類：一是互聯網作為銷售渠道，即保險公司傳統銷售渠道的補充，銷售傳統保險產品，如旅行險、意外險。二是根據互聯網消費者的特性，進而改造傳統保險以適應互聯網銷售或進行場景營銷，例如，眾安保險與掛號網推出的醫責險。三是根據互聯網特性開發新保險需求，量體裁衣制定新型互聯網產品，例如退運險。

（三）保險與大數據

大數據指不用隨機分析法（抽樣調查）這樣的捷徑，而採用所有數據進行分析處理。大數據具有 5V 特點[1]：大量（Volume）、高速（Velocity）、多樣（Variety）、低價值密度（Value）、真實性（Veracity）。大數據可以為保險行業進行精準營銷，依據客戶需要推薦保險產品，按照客戶需要設計產品。例如幫助保險公司掌握意外事件發生概率，更加精確設計保險產品，提高產品收益，延長保險產品週期。

（四）場景化營銷

2016 年 6 月公布的《2016 互聯網保險消費行為分析報告》顯示，截至 2016 年 3 月月底，中國互聯網保民突破 3.3 億人，互聯網保險已經分化為平臺保險和場景保險兩種，場景化、高頻化、碎片化是互聯網保險發展的三大趨勢。不少業內人士表示，場景保險已經成為行業發展的主力軍，其簡單化和場景服務能夠讓用戶更加主動接近保險。

隨著保險行業不斷深入接觸互聯網，越來越多類似「運費險」的需求將會出現，這覆蓋了新的產品和新的客戶群，同時很多需求分散在各種網路使用場景中。這種「嵌入場景」的商業邏輯將促使互聯網保險公司在整個應用環境裡面找到新場景，將保險開發並嵌入。這是互聯網保險公司的優勢之一，能夠幫助互聯網保險公司在競爭中獲取用戶並戰勝對手。豐富的場景不僅帶動新保險種類的誕生，也能夠在更多維度、更廣闊的空間裡服務更多用戶，滿足不同的需求。

---

[1] 5V 特點是由國際商業機器公司（International Bussiness Machines Company，简稱 IBM）提出。

四、案例分析

（一）公司成立背景

經過多年快速發展，中國已經成長為全球最大的車險市場之一。2016年車險改革（商車費改）在全國範圍內實施，也是車險行業的轉折點。在逐漸放開費率定價權且鼓勵產品創新的政策下，車險產品必然會發生差異化的轉變，從而獲得更強的市場競爭力。與此同時，汽車電商直銷、電動車的蓬勃發展、共享經濟下「快車」「專車」「順風車」的出現，也必將對車險的產品設計、渠道改革、購買場景有著長遠的影響。在此大環境的推動下，汽車保險行業將進入一個更加市場化、亟須創新力的新階段。

互聯網正深刻影響和改變著我們的生活，資本與互聯網巨頭的觸角深入到互聯網，又有超萬億級別增長潛力的汽車保險行業。據第三方機構預測，2018年車險總保費將突破萬億市場規模。中國巨大的汽車保有量、移動互聯網的飛速發展、汽車保險市場過去相對落後的商業模式，都給了互聯網公司巨大的商機。

車險行業雖有6,000億元的巨大市場，但由於缺乏健康、良性的循環，超過30%的行業利潤被仲介環節侵蝕。傳統車險產品同質化，保單獲取成本高昂，不管是購買渠道、理賠服務都已經不能滿足現在消費者的需求。

隨著消費升級新場景的湧現和共享經濟平臺型企業的興起，需要打破按年度、綁定個人的購買保險的傳統，創造出基於消費交易的、更高頻次（如單次、單天）的保險產品。在歐美等國，根據用戶行為定制保險已成為潮流趨勢。美國保險公司有更靈活的市場定價權。美國保險公司費率定價遵循的原則有三個：「從車」「從人」「從用」。分別代表保險公司按照車輛本身、駕駛員的駕駛行為習慣、汽車的用途及實際使用情況來制定合理費率。

「在全球範圍內，創新車險產品已經出現，在獲客方式、數據挖掘和風險分級等方面正在對傳統車險發起挑戰。國內也急需這樣的產品，通過互聯網透明、安全、便捷的方式，讓老百姓得到實惠，讓保險公司得到應有的利益，實現行業的良性循環」，這就是深圳易秒通網路科技有限公司研發「動了保」平臺的初衷。

（二）與傳統車險的比較

1. 差異化吸引用戶

在傳統保險中，保險公司只有車輛的車型等信息，根據大數法則，制定保險定價模型。在這個定價模型中，用戶的行為起不到明顯作用，不同用車行為的用戶也得不到差異性的定價，目前只能和車型以及發生事故的次數相關聯。而在「動了保」，用戶的日保費是根據用戶的開車天數在變化的，用車越多，日保費越便宜，用車少的，日保費雖然略高，但是在總體支出上用得越少，花費越少。

2. 互聯網識別技術降低保費

傳統的車險定價模型對所有人開車多少天數，都定價一樣。有的車主因為尾號限行、經常出差等原因，一年也開不了多少次車，但是他的保險費用卻不能依自身情況而繳納，這顯然是不合理的。如果缺乏識別用戶行為的技術手段，也就無法進行差異

化的風險識別。然而「動了保」通過互聯網技術消除了很多不合理的費用，從而讓用戶分享到新產品帶來的好處，然后用動態的方式去調節平衡。用戶根據實際用車習慣來支付相應的保險費用，用最少的支出去獲得足夠的風險保障，通過「動了保」APP客戶端即可按需進行車險消費，再也不用花冤枉錢。

3. 銷售簡易、低成本化

不論是通過電話銷售、還是代理人銷售，傳統保險公司都需要負擔巨大的銷售成本。據悉，在車險行業中，傳統的代理人制度，銷售渠道的層層佣金，讓一張保單的銷售成本接近40%。而這些成本最后無一不是轉接到消費者身上。而互聯網車險對接大量傳統保險公司的既有產品，革新行業中的渠道冗餘，給消費者最直接的優惠，同時也降低了保險公司成本。

4. 購買場景化、高頻化、碎片化

在購買場景中，用戶根據自己的用車頻率、出行習慣購買車險，將傳統車險切割為各種個性化場景去滿足不同消費者的個性化需求，實現車險產品在用車場景中的完美匹配。在購買方式上，「動了保」讓車險不再是「一年一買、一買一年」，而是開哪天保哪天，用戶的時間被切割得更細小，實現了用戶購買交互上的高頻化，增加了用戶黏度。在產品形態上，「動了保」讓車險保障單位精確到天，實現保障期限的碎片化，降低購買門檻，用更多「小而美」的產品去滿足用戶的不同需求。

(三) 發展局限性

1. 產品單一，對象受限

新公司產品單一，主要集中在車險和其相關服務。此外，雖然網路營銷渠道的覆蓋面很廣，但是亦有部分群體無法顧及，如部分農村區域、老年群體、不便於使用網路的群體等，這些也需要傳統渠道做補充。

2. 網路安全問題影響銷售

網上支付的安全性、客戶信息的保密性等都要求保險公司加強對網路平臺的投入和維護，而這些也是保險客戶最擔憂的問題，往往會導致客戶望而卻步。

3. 保險營銷網路環境尚未完善

政府管理部門應該積極完善發展保險電子商務的有關政策、法規，加快電子商務相關的電子合同、買賣雙方身分認證、電子支付、安全保障等法律的建設和完善。

(四) 未來發展方向

1. 服務創新

從產品內容上看，「動了保」在未來應趨向於發展成為汽車風險管理服務方案供應商，拓展風險管理的內涵和外延。從費率厘定上看，可以借助於大數據，提高風險定價、營銷成本定價的科學性。從系統角度上看，可以整合供應鏈，建立基於核心保險業務的生態系統。例如，可以基於移動互聯平臺，建立汽車消費的生態圈，提供包括車輛風險管理、保養維修使用的電商平臺、使用交易資訊服務等。

2. 流程創新

在單證管理、投保、理賠等方面，利用大數據極大地提高業務操作效率、提升客

戶體驗。例如，通過對客戶數據、單證及其處理流程的優化，對自動核保規則的優化，對網頁流程的優化，來減少客戶的輸入數據量，提高單證錄入、核保的效率，提高簽單率。客戶報案時，電話報案者不需要依據其提供保單號，系統就可依據客戶投保時的聲紋識別客戶；對於手機APP拍照報案者，系統可根據識別車牌號識別客戶，為客戶提供更為便捷的服務。

3. 風險管理創新

根據客戶或保險標的的信息，為客戶提供更好的風險管理服務。「動了保」可以通過物聯網更加即時、準確地獲得客戶的風險信息，如駕駛人的健康信息，駕駛行為信息、車輛、道路狀態信息，承保設備的狀態信息，為客戶提供各類風險管理服務，實現風險減量管理。如通過移動設備或穿戴式設備腕帶、眼鏡等，監測到客戶發生碰撞，主動呼出提供救援服務；也可根據客戶地理位置提供災害風險預警及防災減災信息。從保險公司內部的風險管理來看，可以通過大數據加強對業務風險的管理，提升反詐欺技術。譬如，通過對事故地點、事故車輛照片的數據挖掘，保險公司可以提取車險騙賠案件的特徵，完善理賠流程和審核規則，不僅可以有效防範、減少風險，而且能夠提高效率，改善低風險客戶的理賠體驗。

4. 經營管理創新

除了堅持技術創新，加強數據挖掘、開發人工智能技術以外，為應對移動互聯和大數據時代的挑戰，企業內部還需要優化資源配置、成本核算等機制。同時，企業內部要簡化手續和不必要的成本，譬如，允許傳統上需要見面的交易行為通過視頻等形式進行，允許跨區域業務，認可多樣化單證形式，等等。

五、總結

目前「動了保」已經與人保財險、太平洋財險、國壽財險、華安保險、富德財險等財險公司簽訂戰略協議，建立了合作關係，現已開放深圳地區體驗，正在開拓全國市場。強強聯手、共同深耕車險服務，率先佈局車險平臺新生態，「動了保」勢必領跑整個行業快速向前。未來「動了保」將憑藉自身獨有的資源優勢，進一步發揮公司的大數據分析和服務創新實力，將物聯網大數據創造出更大的可見價值。

保險作為一種較為複雜晦澀難懂的金融產品，由於其條款多變，普通消費者難以認知熟悉。而大量的同質競爭讓目前市場上80%以上的保險公司車險業務均處於虧損狀態，高昂的渠道費用以及高昂的賠付費用，讓車險成為一項難盈利的保險業務。而在用戶端，車險也總給人以保費高、服務差的印象。

互聯網保險應站在場景和用戶需求的角度設計產品，在用戶保險消費習慣還未完全形成的今天，以簡單化、場景化來讓用戶主動接近保險，以產品思路創新來為當下互聯網保險領域的探索指引新的方向。

其中，車險與人們生活密切相關，也是人們最為關注的保險產品之一。創新產品形式和服務能為新一代數字化、年輕化消費群體提供更多元化的產品選擇、更便捷的交互界面以及更佳的保險服務體驗。

此外，未來保險的牌照也會越來越多，這意味著保險公司或者其他行業的公司都

會參與到這裡面。這樣會逐漸造成保險行業的集中度下降。因此，互聯網保險就需要在保險產品的個性化和定制化、代理人的提升、理賠和服務的升級等方面進行優化。

「創新科技改變生活」，同樣，創新科技將重構保險行業。「動了保」的碎片化車險理念正在一點點顛覆人們對保險的概念和體驗，並改變著人們對保險的態度。在此，我們期待其進一步促進實現車險行業的「互聯網+」新時代。

六、思考題

（1）「動了保」應如何發揮其產品差異化優勢，擴大銷售渠道？

（2）「動了保」以及同類型企業創新的發展前景如何？

案例 5-2　太平洋保險：客服與商城同步的綜合型微信平臺

一、開篇

為了有效拉近與客戶的距離，為客戶提供更流暢便捷的保險服務體驗，2013 年 12 月 5 日，「太平洋保險 e 服務」微信服務號正式推出。2014 年 1 月 13 日，「太平洋保險 e 服務」與騰訊簽約，推出微信支付功能的微信服務平臺，顛覆了傳統的營銷模式，成為覆蓋服務與營銷功能的移動端公共服務平臺。消費者可以享受到輕鬆便捷的自助銷售服務，包括車險、家財險、旅意險等各類險種，他們可以根據自身的購買需求，利用在線商城客戶服務功能的整合優化，通過在線客服、保險顧問、人工報價、線上預約、微信支付購買（採用「公眾號支付」「掃碼支付」等最新支付方式）等多種形式快速便捷地購買保險產品。

同時，「太平洋保險 e 服務」致力於打造一個真正的「保險服務管家」，目前已經實現了保單查詢、理賠進度查詢、「微小二」人工客戶服務、精準理賠服務、「微關懷」保險理念宣傳等功能。經試驗，服務號可實現 10 秒內即時人工回覆。在車險理賠中，太平洋保險提供了精準便捷的微信理賠服務，客戶可用微信上傳事故現場照片，十幾分鐘就可完成報案及定損，效率相對於傳統的車險有了大大的提升。2014 年 5 月，太平洋保險通過微信完成首例賠案，客戶僅在 4 個工作日後就拿到了理賠金。

二、背景介紹

（一）互聯網保險快速發展

近年來，隨著信息化時代的到來，「互聯網+」戰略實踐已逐漸深化，網路技術的提高和大數據時代的應用使得保險業的思維、管理及銷售發生了變革，並且促進了商業模式的改革與創新。互聯網與保險的融合趨勢越加明顯：第一，保險公司使用互聯網工具來宣傳產品、吸引客戶和擴大銷售，從而降低成本，進行分銷系統的商業模式創新；第二，互聯網公司利用保險公司來完善其平臺信用體系，豐富服務內容，提高互聯公司的吸引力。根據《2016 互聯網保險行業研究報告》顯示，2011—2015 年中

國互聯網保險保費規模從 32 億元增長至 2,223 億元，互聯網渠道保費規模提升了 69 倍。開展互聯網業務的保險公司也從寥寥無幾到現在的 110 家。其中，平安集團聯合騰訊、阿里巴巴組建了國內首家專注於互聯網保險額的創新型保險公司——眾安在線財產保險股份有限公司，專做互聯網保險生意，集生產、銷售、服務於一體，顛覆了保險業傳統的經營模式。互聯網保險的快速發展推動新的資本不斷進入保險行業，面對互聯網保險公司的不同業務模式，消費者可以迅速便捷地比較不同的產品形態、個性化定價能力以及服務水平，從而選擇最適合自己的保險產品。

(二) 微信在保險中的應用增長

隨著互聯網對人們生活的滲透，社交平臺在我們的生活中扮演著越來越重要的角色。「微信」有著便利、互動、隨時等特點，在傳播的針對性上有著更大的優勢，成為了用戶數量最多且用戶活躍度最高的一種網路社交載體。尤其是啟動微信支付功能以來，微信與不同領域、不同行業的合作逐漸增加，特別是與互聯網金融的合作，是金融領域改革與創新的一個重大轉折點。

在「大數據」「雲計算」時代，保險公司迎潮流而上，採納和利用了互聯網的新思維，打造微信公眾服務號。這種公眾服務號依託於微信公眾平臺提供的服務功能、管理方法及營銷模式等，在保險業務中起到了傳統的營銷所無法產生或替代的作用。微信公眾平臺擁有著龐大的群體、獨有的社交化營銷和多樣的服務功能，顛覆了傳統的營銷理念，把保險業的發展推向了新的時代。

(三) 保險行業亟須轉變

據不完全統計，從財險市場來看，存在著嚴重的產品結構不合理現象：車險占比超過 70%，非車險占比不到 30%，家財險、責任險、貨運險等業務發展不充分。隨著汽車保有量逐漸趨於飽和，單靠車險業務維持保險公司的發展已不可持續，開發新險種成為一種必然。保險行業亟須開拓除車險以外的業務，尋求平衡、穩定的發展。據相關資料顯示，中國保險市場的傳統營銷渠道已趨飽和，業務增長逐漸緩慢。電話推銷、上門推銷、騙購等惡性競爭行為無疑給客戶造成了負面影響。在這樣的大環境下，保險公司要想在日趨激烈的市場競爭中博得一席之地，無論是從內因還是外因，只有實現轉型升級，才能提高業務增長。

三、相關理論知識

(一) 網路營銷理論

1. 定義

網路營銷就是以互聯網為基礎，利用數字化的信息和網路媒體的交互性來輔助營銷目標實現的一種新型的市場營銷方式，是基於互聯網、移動互聯網平臺，利用信息技術與軟件工程，滿足商家與客戶之間交換概念、交易產品、提供服務的過程，通過在線活動的宣傳，以達到一定營銷目的的新型營銷活動。網路營銷顛覆了傳統的營銷模式，其營銷範圍突破了原來按照商品銷售範圍和消費者群體、地理位置和消費層次

劃界的營銷模式，在網路環境下，信息的傳播發生了從單向到雙向、從推到拉、從分離的傳播方式到多媒體傳播方式的變化。

2. 網路營銷與傳統營銷的比較

與傳統營銷相比，網路營銷有著更廣闊的營銷渠道，更多樣的營銷方式，具有「信息」直達客戶、「服務」直達客戶和「產品」直達客戶的特點。網路營銷還具有極強的主動性，有著成本優勢、服務優勢、速度優勢、市場定位優勢以及客戶資源優勢。企業可以及時發布信息，為顧客提供服務，大大降低了其成本費用，加快了交易的進程，實現了經濟效益增值。網路營銷與傳統營銷的區別主要表現在以下幾個方面：

（1）目標市場不同。傳統市場營銷的目標市場是針對某一特定的消費群體，網路營銷的目標市場則更多的是個性需求者。企業從每一個消費者身上尋找商機，通過瞭解不同消費者的不同需求，並針對每一類特定的消費者制定相應的營銷策略，為其提供個性化的產品與服務。近年來，隨著互聯網保險的發展，很多保險公司在自己的網站上推出了既優惠又實際的保險，比如泰康在線推出的短期旅遊保險，主要針對愛好短期旅行的遊客。

（2）營銷策略不同。傳統的市場營銷策略是 4P 組合，即產品（Product）、價格（Price）、渠道（Place）和促銷（Promotion）。網路營銷是在虛擬的網路環境下開展，顧客只能通過網路瞭解產品信息，無法直觀感覺和試用，因此在營銷策略上，企業必須根據虛擬環境要求，設計產品及產品展示，詳細制定相應的產品信息，以滿足客戶的需求。

（二）微信公眾平臺營銷理論

1. 發展歷程

2012 年騰訊推出微信公眾平臺，后來衍生為訂閱號、公眾號和企業號三種類型；2014 年 8 月，微信正式開通模板消息功能，服務號只要開通微信支付功能，即可使用模板消息提供定制化推送服務，例如保險公司的微信公眾號可以推送積分活動，提升了公眾平臺的強大服務功能；2014 年 9 月 18 日，微信企業號正式開通，包含定制服務、在線客服、消息保密等新功能，以低成本實現高質量的營銷應用，推動了網路營銷的發展。

2. 微信公眾平臺營銷策略

企業通過入駐自己的微信公眾平臺，將自身的服務、營銷功能通過平臺與微信連接，大大降低了成本費用的同時，又提升了企業的服務口碑，顛覆了傳統的營銷模式。同時微信提供訂閱號、服務號、企業號三大不同類型的帳號，其中企業號主要面向企業內部，服務號和訂閱號則面向客戶，滿足企業為不同客戶提供不同服務功能的需求。微信公眾平臺對於企業的應用有著傳播推廣、營銷渠道、客戶服務、管理提升等價值，實現了銷售引導、品牌宣傳、促銷活動等功能，將商品信息快速便捷地傳遞給消費者。微信公眾平臺的營銷策略具有以下特點：

（1）及時、優質的人工客服系統：客服能夠與客戶多向即時溝通，整合線上、線下資源，在線處理大量業務，提升客戶的消費體驗，為客戶提供隨時隨地的消費便利。

（2）系統化的客戶管理和數據分析功能：微信公眾平臺是一個天然的客戶關係管理系統，每個關注該企業公眾號的客戶背後都會形成一個數據庫，根據分組、資料整合等功能，企業可以實現直接的客戶管理。

（3）快速、多向的傳播能力：微信平臺的互動突破了企業和客戶間的雙向傳播，可以通過留言、論壇、二維碼掃描等功能來實現強大的傳播功能，使得信息不對稱的問題得到一定程度的緩解。

四、案例分析

(一)「太平洋保險 e 服務」微信服務公眾號的優勢

1. 全方位、全天候服務的智能客服

智能客服不僅可以做一個消費指導、業務介紹、活動諮詢的「顧問」，還可以像門店業務人員一樣，協助客戶辦理業務諮詢、理賠相關業務查詢、其他服務等。即使客戶提出的問題很模糊或者僅僅是一兩個詞彙，它也能給出智能提示和相關知識點連結，讓客戶收穫滿意又溫馨的客服服務。而且，智能客服實現一對多 7×24 小時自動化服務，無論白天還是黑夜，無論工作日還是週末，智能客服可以隨時隨地幫客戶解答疑問。當客戶一輸入其要諮詢的問題時，客服立即智能解答，高效快捷，省時省心省力。

2. 便捷的支付方式

「太平洋保險 e 服務」是保險行業內首家推出微信支付功能的微信服務平臺，顛覆了傳統的付款方式，支持掃碼支付、微信公眾號支付和 APP 支付在內的多種在線支付功能。首先，通過支持採用「公眾號支付」「掃碼支付」等最新的付款方式，實現保險產品的在線自助購買。其次，微信支付幫助客戶擺脫了繁瑣的銀行卡信息輸入過程，客戶只需要在微信中添加銀行卡並完成身分認證，即可享受終身在線購買，無須手續費。「太平洋保險 e 服務」服務號的誕生令保險消費的過程一氣呵成，成為保險業一種前所未有的創新體驗，以更便捷的支付方式為客戶提供最佳體驗。

3. 保險企業營運成本大大降低

（1）降低宣傳成本。在當今如此激烈的市場競爭下，保險公司為了吸引客戶，必須每年投入巨大的廣告費用。但是有了「太平洋保險 e 服務」微信公眾平臺，保險公司充分利用網路的傳播力量，僅需極低的認證費用就可以在 6.5 億微信用戶中進行推廣與宣傳。

（2）降低諮詢及理賠服務成本。「太平洋保險 e 服務」微信公眾平臺通過設置關鍵詞回覆功能和自定義菜單功能，對客戶提出的一般性問題進行解答，如產品介紹與業務詢價等，大大地降低了線下服務成本。此外，「太平洋保險 e 服務」通過在線理賠，減少了現場查勘次數，提高了理賠效率，降低了出險成本。

（3）降低通信成本。「太平洋保險 e 服務」微信公眾平臺通過模板消息功能，可以完全零費用地將理賠進度、理賠結果、繳納保費等通知快速地發送至客戶，無須任何通信費用。

4. 全面提升理賠效率

「太平洋保險 e 服務」微信公眾平臺推出了「車管家」服務，免去客戶的理賠奔波

之苦，大大簡化了理賠流程，顛覆了傳統的理賠模式。「車管家」有著查理賠、保費試算、查違章、酒后代駕等服務功能，滿足客戶在服務時效和服務質量上的需求。其中，對於「金鑰匙服務」，客戶只需將事故車鑰匙交給太平洋產險工作人員，對於后續的事故協助、定損送修、委託賠付等一系列事項均由保險公司負責代辦，大大省去了客戶理賠奔波之苦。

(二)「太平洋保險e服務」微信服務公眾號的局限性

新事物的發展過程不可能一帆風順，總會有些曲折，「太平洋保險e服務」微信公眾平臺也是如此。目前與其他保險公司的網路營銷相比較，「太平洋保險e服務」微信公眾平臺以其優越的服務功能處於相對優勢地位，但是，其營運模式尚未完善，存在著一定局限性。

1. 系統安全性

網路安全與互聯網保險的發展息息相關，整個網路系統的安全性問題是保險業務發展的重要前提，任何不可靠、不安全的問題都有可能造成信息的失真甚至是丟失。網路信息的真實性、網上支付的安全性以及客戶信息的保密性都需要保險公司加強對網路系統的維護。但近年來不法分子卻利用網路系統的疏漏，造成了多起「騙保」事件以及客戶信息的洩露，因而系統安全性問題一直是保險網路營銷面臨的一大難題。

2. 業務局限性

「太平洋保險e服務」微信公眾平臺所推出的業務主要集中在汽車保險、旅遊保險、意外保險、健康保險、家庭財產保險等小型業務，尚未涉及企業保險、養老保險、貨物運輸保險、萬能保險等複雜而大型的業務，產品單一，供消費者選擇的餘地有限。另外，很顯然對於部分農村地區、老年人等不便於使用網路的群體，微信公眾平臺無法顧及，還是需要做線下交流的工作。除此之外，利用微信公眾平臺在線投保的核保環節也會導致業務的局限性。由於保險網路營銷具有虛擬性的特點，保險公司很難對投保人的真實情況進行瞭解，進而不能準確判斷投保人給出的相關信息是否準確，因此大大提升了騙保的可能性。為防止騙保的出現，保險公司只能在微信公眾平臺提供少部分險種，嚴重阻礙了保險網路營銷的發展。

3. 法律完善性

中國雖然已經頒布了一些關於互聯網的法律法規，但由於網路信息的迅猛發展，仍舊存在一定的滯后性，嚴重阻礙了保險網路營銷的發展。第一，「新國十條」的出抬明確提出支持保險公司運用網路技術促進保險的模式創新，保險業務量也在此背景下迅速增長，但互聯網保險運行的法律風險並沒有降低，還帶來了互聯網所具有的虛擬性、涉眾性、跨域性等屬性，傳統風險與網路風險疊加，必然會帶來一系列的法律問題。中國保監會於2015年7月公布了首個針對互聯網保險的監管文件《互聯網保險業務監管暫行辦法》，對互聯網的參與主體、信息披露、服務管理等問題做了相關規定，在一定程度上填補了中國對於互聯網保險法律監管的空白，但細讀起來卻發現該辦法過於寬泛且缺乏可操作性，並沒有詳細地對互聯網保險進行規範和約束。第二，依照中國現行《保險法》的規定，保險合同簽訂或變更，必須由投保人或被保險人或監護

人的親筆簽名確認才能生效，不得由他人代簽。很顯然，這一規定雖然可以維護保險市場的秩序，卻無法適應互聯網保險業務發展的需要。2005年4月1日起正式實施《中華人民共和國電子簽名法》（以下簡稱《電子簽名法》），標誌著中國首部「真正意義上的信息化法律」的建立，但是《電子簽名法》對電子合同的合法性只是做了粗略性的規定，缺乏詳細的內容，而且僅僅依靠一部法律是遠遠不足的，電子保險業務的發展需要其他配套的法律法規。因此，保險網路營銷的法律環境不能滿足目前網路營銷渠道的需求。

(三)「太平洋保險e服務」微信服務公眾號發展所需要的條件

 1. 創新保險產品，提升服務水平

 保險公司盡可能地站在客戶的角度，利用網路的傳播性和開放性，深度挖掘客戶的需求，研發適合於網路銷售又吸引客戶的創新型產品，並對產品進行多樣化組合以滿足客戶的多元化消費需求，取得更高的市場份額。傳統的保險營銷大多都以產品為中心，而網路營銷的交互性特徵使保險網路營銷實現真正從客戶出發，一切以客戶為中心，將客戶的需求與產品的基本要求視為一體。微信服務公眾平臺「太平洋保險e服務」實現7×24小時自動化人工客服，時刻解決客戶的需求，實現以客戶至上的全方位服務。

 2. 建設安全網路環境

 網路安全與互聯網保險的發展息息相關。一方面，網路為互聯網保險發展提供了更便捷準確的數據來源，促進了互聯網保險的發展；另一方面，由於互聯網的開放性特徵，很有可能造成客戶信息的洩露，他人竊取系統人員的帳戶和密碼對信息系統進行非法訪問等問題。建設網路安全環境，要從信息系統可靠性、身分認證準確性、信息傳輸保密性三個方面進行改善。

 (1) 信息系統的可靠性主要表現在加強對信息系統的保護和防禦，防止因為漏洞或病毒導致客戶信息的洩露等問題。

 (2) 網路的虛擬性降低了保險雙方當事人的真實性，所以對投保人而言，確認保險公司的真實合法可防止不法分子的詐騙行為；對保險公司而言，準確認證投保人的身分可有效避免騙保等故意行為。

 (3) 網路保險營銷意味著交易過程中的信息直接代表著投保人個人和保險公司的商業機密，所以維護商業機密顯得極其重要。

 3. 培養誠信意識

 保險四大原則之一是最大誠信原則，指保險合同當事人訂立合同及在合同有效期內，應依法向對方提供足以影響對方做出訂約與履約決定的全部實質性重要事實，同時信守合同訂立的約定與承諾。在保險網路營銷中，傳統風險與網路風險的疊加，使得保險雙方當事人的誠信度大大降低。因此，培養誠信的保險意識在保險網路營銷的發展過程中顯得尤為重要。如果客戶缺乏誠信意識，將導致大量騙保事件的發生；如果保險公司缺乏誠信意識，故意誤導客戶消費，將大大損害保險公司的名聲。

（四）保險業與互聯網的合作與發展

1. 互聯網保險的發展推動保險業的前進

中國保險行業協會發布的數據顯示，2013—2015年中國互聯網保險保費規模從291億元增長至2,234億元，互聯網渠道保費規模提升了7倍多。開展互聯網業務的保險公司也從寥寥無幾到110家，像眾安在線保險公司、人人公司、車險無憂公司等，他們專做互聯網保險生意，集生產、銷售、服務於一體，顛覆了保險業傳統的經營模式。其中，作為國內首家互聯網保險公司的眾安保險，截至2015年年底，累計服務保單數超過36.31億，累計服務客戶數超過3.69億。隨著互聯網保險的快速發展，吸引了大量社會資本的投資和一大批非保險企業的「跨界」，像眾安保險一家企業就獲得了9.34億美元的大額投資；百度、高瓴資本、安聯保險三方聯合成立了百安保險；等等。互聯網的快速發展是保險業發展的一個轉折點，未來，互聯網終將會把保險業推向一個高峰。

2. 借助互聯網技術，保險公司經營管理將不斷優化改善

互聯網技術的快速發展，使得保險公司能夠及時掌握保險市場發展新動向、把握消費者的需求、挖掘潛在的消費群體、瞭解競爭對手的動向等，從而採取適當的經營策略，改善經營管理模式，研發各種創新產品。互聯網技術的運用使得保險公司的營銷與服務實現網路化和自助化，大幅度降低銷售成本與管理成本，提高處理保險業務的效率，提高管理經營水平，提高客戶的滿意度。

3. 經濟轉型合作孕育商機

近年來，保險公司與其他領域的合作不斷擴展，實現了經濟轉型與合作。例如，太平洋保險與騰訊攜手合作，在猴年春節期間，伴隨微信紅包活動同步啓動「太保『友』你，太保有禮」的主題活動。結合春節紅包的特點，太平洋保險將深度挖掘潛在客戶作為此次微信紅包營銷活動的重點。活動期間，除了朋友圈廣告、紅包照片等品牌曝光機會之外，消費者只要使用微信支付線下付款，即可參與搖現金紅包活動。太平洋產險選擇了幾款簡單便捷、客戶反饋好並且適合在互聯網上銷售的保險產品，包括熊孩子險、寵物責任險、航班延誤險、超值旅遊險、君安行等，以優惠券紅包的形式發放，為客戶送去最實際最溫暖的新年禮物。最終，太平洋保險通過此次微信紅包活動獲得總曝光量超過37億次，僅除夕當天，太平洋保險通過微信「搖一搖」向1.54億用戶送出了32.7億次新年問候，共送出紅包2,600多萬個。

從太平洋保險此次與騰訊合作的成功例子看來，實現經濟轉型與合作是保險公司突破自我、挖掘潛在客戶、尋求商機的重要途徑。從細分領域保險業來看，未來的競爭將是多元主體參與的市場，互聯網公司以及來自金融業的其他公司將不斷產生合作，這對於保險公司來說，無疑是實現經濟轉型與合作的大好時機。

4. 保險產品創新空間、保險市場範圍將不斷擴大

互聯網的快速發展改變了消費者的生活，消費者能夠利用互聯網隨時隨地消費和支付，而網路行為中蘊含的風險能夠派生出新的保險需求，為保險行業開闢出新市場，

同時也推動保險產品的創新，引導和創造客戶需求。隨著經濟形勢的變化和市場的發展，保險公司擴大保險市場範圍，為不同行業的消費者提供便捷的產品和服務，進而獲得更多的消費者資源和行為數據，形成發展良性循環。

五、總結

微信服務公眾號「太平洋保險 e 服務」秉承太平洋保險在線「為客戶提供最佳服務與體驗」的理念，以太平洋保險多年來形成的客戶關係系統為支撐，致力於提供專業、親和、溫馨的客戶服務體驗，是太平洋保險首次實現線上營銷與服務合二為一的戰略轉型，體現了「以客戶為中心」的價值理念。但保險行業畢竟還是以誠信為基礎的金融行業，由於網路虛擬的屬性，傳統風險與網路風險的疊加，使得互聯網保險的誠信面臨著威脅，所以保險公司要維護網路信息的安全性和真實性。經營好微信公眾平臺已成為保險企業促進自身轉型增效的一項重要任務。保險公司在客服服務、訂閱內容、理賠流程等方面精益求精，才能真正借互聯網技術來引領企業跨越式的增長。作為目前最熱門的社交信息平臺，微信已慢慢轉換成商業交易平臺，微信公眾號保險營銷作為一種新型的互聯網方式應運而生，其發展前景更是值得期待。

六、思考題

（1）「太平洋保險 e 服務」如何在眾多的網路保險公司中脫穎而出？

（2）「太平洋保險 e 服務」微信服務公眾號如何擴展自己的業務，而不僅僅局限於車保、旅遊險等小型業務？

案例 5-3　永安保險：解鎖微信營銷的新玩法

一、開篇

移動互聯網時代，互聯網保險恰逢其時。對於保險行業，保險產品也要互聯網化。微信作為電子營銷模式的一種，是當下公司與商家營銷部門手中的寵兒，對保險公司而言亦不例外。在這樣的趨勢下，各大保險公司也在摸索著如何在微信營銷中搶占先機。

隨著微信 6.0 時代的到來，永安保險首吃螃蟹，利用微信這個互聯網營銷渠道，接入微信紅包工具，創新性地打造出新時代的微信保險產品，不僅能幫用戶將繁瑣的索賠等環節全部去掉，而且借此獲得了更多的優質目標客戶。

二、背景介紹

（一）行業背景

當前，保險公司的微信營銷正處於試水階段，並呈現出快速發展的趨勢。特別是「互聯網+」時代的到來和微信 6.0 的出現，越來越多的保險公司針對這個突破 6 億用

戶（案例開發當時的數據，其他數據同理）的微信大平臺，進行了營銷模式的突破與創新，開啓了保險行業的微時代。微信已成為保險公司競爭的一個重要市場。自2013年起，以泰康人壽為代表的多家保險公司都入駐了微信平臺。據統計，國內已有近50家保險公司開通了微信公眾平臺，經營保險業務。各家保險公司加大微信平臺的投入與宣傳，努力搶占保險微信市場的先機，與此同時，出現了許多新型的營銷手段，如平安保險的微信保險商城、泰康人壽的「春運保險」「微互助」、陽光保險的「微關照」「愛升級」、人保的微信積分等。隨著一系列產品的走紅，微信營銷越來越受到保險公司的關注。

（二）企業背景

永安保險是一家全國性財產保險公司，主要經營各種財產保險、責任保險、信用保險、農業保險和意外傷害保險等業務。自1996年成立以來，企業總資產近百億元。

2014年，永安保險副總裁顧勇和他的團隊就想推出一款具備互聯網基因的保險產品，該產品抓住用戶索賠流程複雜的痛點，借力微信，從用戶體驗出發，結合用戶的場景。

三、相關理論知識

（一）微信營銷的定義

目前，關於微信營銷的定義並沒有為學術界和實業界所普遍接受的定義。馮旭豔（2015）對微信營銷的定義是：以微信平臺為基礎的一種新型的營銷方式。它基於微信所支持的熟人社交，利用微信用戶之間一對一的交流溝通方式和微信的人際信息傳播路徑，通過多種方式來推廣和擴散產品和服務的相關信息，加強與客戶關係的建立，推動微信用戶的主動傳播，進而形成口口相傳的口碑效應，以此提升企業品牌、促進產品營銷。

（二）微信營銷的特點

馮旭豔（2015）對微信營銷的優點進行了概括，認為微信營銷具有成本低廉、信息到達率高、信息精準性強、便於分享，有利於口碑營銷等優勢。唐金成、曾斌（2016）指出與其他營銷手段相比，微信營銷具有高達到率、高曝光率、高接受率、高精準度、高便利性等優點，是互聯網時代下對傳統營銷模式的重大創新。

（三）微信營銷的模式

通過查閱微信營銷的相關文獻發現，目前被該領域學者普遍認同的方式主要有：

1. 社交分享式——開放平臺+朋友圈

開放式的微信平臺方便企業接入第三方應用，同時還能在附件欄中放入商標（LOGO），當用戶遇到有足夠吸引力的信息時，就會主動將其轉發到朋友圈進行分享和傳播。微信中的朋友大多都具有「強關係」，這種分享和傳播不僅容易取得其他用戶的信任和認可，而且容易達到口口相傳的口碑效應。

2. 草根廣告式——附近的人

2011 年 8 月，微信新增了基於 LBS 定位[①]查看附近的陌生人的交友方式。用戶可「查看附近的人」的地理位置、微信名稱和簽名檔等內容。企業可通過此功能，利用可隨時修改的微信簽名檔這一黃金免費廣告位，植入相關的企業營銷信息，吸引附近的潛在用戶。此方法針對性強，定位精準，有利於成功轉化隱藏的潛在客戶。

3. 互動式營銷——微信公眾號

公眾平臺是企業維護客戶關係和進行口碑營銷的重要橋樑，不但可以向用戶推送消息和發起營銷活動，而且可以提供用戶需要的信息、基本服務和搜集用戶的反饋意見。這種更加個性化的溝通交流和更加直接的即時互動體驗，有利於企業與用戶建立良好的互動關係和樹立鮮活的形象。

4. 品牌活動式——漂流瓶

漂流瓶是微信上不定向選擇陌生人進行溝通交流的一種互動方式，其操作簡單明瞭，形式多樣，可文字、可語音，且基本不要求技術含量，普通用戶容易操作使用。它的功能包括「扔一個」和「撿一個」。企業可以通過「扔一個」隨機向微信用戶發送一段語音或文字來開展營銷活動，當用戶通過「撿一個」撈到漂流瓶時，就可以和企業進行對話。使用漂流瓶不僅能拓寬營銷活動的維度，也有利於獲取新的客源。此外，企業可以和微信官方合作，通過調整漂流瓶的參數，來選擇或控制營銷的範圍。比如參數可以選擇同城的人。

5. 病毒式營銷——搶紅包

隨著微信功能的不斷增加，微信紅包由微信好友之間派發拓寬到企業與微信用戶之間。由於微信上搶到的紅包會顯示企業相關信息，分享時也有該企業品牌冠名，因此充分提高了企業品牌的曝光度和辨識度，同時也有效增加了用戶黏性和活躍度，拉近了企業與用戶的距離。

6. O2O 折扣式——掃描二維碼

微信獨特的二維碼掃描添加好友功能是企業強有力的創新營銷載體。用戶通過掃描企業的二維碼參與它的線上線下的活動來參與促銷折扣、免費會員卡、禮品贈送等優惠活動。這種突破性的創新精準營銷方式，應用了 O2O 模式，將目標人群瞄準了對該品牌或服務感興趣的用戶，有利於提高線上線下客戶的轉化率，通過線上營銷帶動線下營銷。

四、案例分析

（一）案例一：「雷鋒險」

2014 年，針對「扶人被訛」和「摔倒不敢扶」這一社會公德問題，微客來團隊在

[①] LOCATION BASED SERVICE，簡稱 LBS，一般應用於手機用戶。它是基於位置的服務，通過電信、移動營運商的無線電通信網路（如 GSM 網、CDMA 網）或外部定位方式（如 GPS）獲取移動終端用戶的位置信息（地理坐標，或大地坐標），在 GIS（GEOGRAPHIC INFORMATION SYSTEM，地理信息系統）平臺的支持下，為用戶提供相應服務的一種增值業務。

各大校園做了大量的調查之後，永安財險就攜手微客來，開發了一款富有人文氣息和社會責任感的保險產品：「雷鋒無憂」微信產品，並設置了「做雷鋒、雷鋒紅包、求力挺、雷鋒榜、雷人品、2元扶訛保障」等一系列有趣的游戲和活動。2014年4月23日，永安財險在官方微信公眾號上正式推出了該款產品，為「活雷鋒」防訛保障，並打出了「我要做雷鋒，扶起正能量」的口號，只需要2元，就可以輕鬆獲得1萬元防訛保障。該款保險產品旨在通過「微保險」的形式，發揮保險的保障機制，解除社會大眾學雷鋒、做好事的后顧之憂，「扶」起人心，傳遞社會正能量，鼓勵大家大膽做好事，並通過當前風行的微信營銷方式，融入「社交」和「好玩」的元素，為「活雷鋒」提供保障。

當然，再好的產品沒有營銷也會成為廢品。為了讓該產品更直觀化和場景化，在準備推廣「雷鋒無憂」之前，微客來與永安財險聯手拍攝了一段關於扶人被訛的產品微電影——《好人一生永安》，將微信保險產品以場景化形式植入了用戶內心。微電影圍繞當下現狀拍攝，一經上線就在網上引起了軒然大波，當天就上了新浪微博的熱門，在網上激起了廣泛的討論。媒體、各大門戶網站、朋友圈進行了廣泛的報導和轉發。2~3個小時後，該產品就增加了上萬粉絲，粉絲變現的情景得到了很好的應驗。

據瞭解，永安財險此次在微信上推出的「雷鋒無憂」保險產品使用的是永安保險公司的《個人索賠風險責任保險條款》，其實質是一款普通的個人責任保險產品。

永安財險表示，一份「雷鋒無憂」基礎保費2元，保額1萬元，用戶可通過掃描微信二維碼即可為自己或者親朋好友購買，保單自初始投保成功之日15天後的零時生效，保險期限為一年。另外，為了增加趣味性，微客來還在「雷鋒無憂」版面人性化地設置了雷分享和雷鋒榜，用「雷鋒無憂」產品影響你身邊的朋友，通過分享和互挺來提升自己的人情味兒指數，讓社會正能量延續下去。初次投保成功之日開始15天內（增值期），分享至微信朋友圈或發送給指定的微信好友求力挺可提升保額，朋友力挺一次，保額增加5,000元，最高保額可達20萬元。通過人情味指數還可以參加測評排名游戲——「雷鋒達人星級」，看看哪些朋友關心你，力挺你，測試一下你是悶騷男還是人氣王。而且，朋友力挺次數達到38次，將獲得五星達人勛章。同時，客戶還可通過「雷鋒榜」查看力挺排名，讓微保險產品的購買過程充滿樂趣。

該產品的保險責任是：在保險期間內，被保險人因出於善意幫扶摔倒的第三者，而遭到第三者索賠並因此提起訴訟，經判決仍然應由被保險人承擔的經濟賠償責任，永安保險按照合同的約定負責賠償。相關法律界人士分析表示，「雷鋒無憂」微信保險產品設計所依據的，並非通常意義上的過錯歸責原則，而是中國法律規定的無過錯損害賠償原則，即在行為人不構成侵權，不應承擔侵權責任的情形下，受害人的損失按照公平責任由雙方分擔。另據瞭解，保險公司在該款產品上採用「地板定價」，商業考慮倒在其次，主要目的是為了通過產品的廣泛傳播，喚醒愛心，傳播正能量，最大程度地履行一份企業的社會責任。

其實，早在2012年，大眾保險股份有限公司根據當時的社會情況，設計了一款見義勇為險，即如果有誰攙扶老人後被訛，打官司的費用由保險公司出，如果官司失敗，所有的醫藥費也由保險公司出，總保額是20萬。結果由於其採用了傳統代理模式，即

業務員推廣的營銷模式，在一年內一單也沒賣出去。

到了 2013 年，史帶財險投資大眾保險，很多業務員紛紛離開大眾，其中就有一個業務員把上述產品帶到了西安的永安財險公司，永安財險利用了互聯網模式進行了推廣，這個方案就是興奮點營銷。當時他們把產品改名為雷鋒險，在 3 月 5 日銷售，讓學生紛紛購買，所有學生購買後，可以邀請其他同學、家長、親友點讚，集一個讚就增加 5,000 的保額，可以連續集 40 個讚，最高 20 萬保額，看誰是班裡最好的好人，誰是雷鋒。沒想到這個活動在學校學生中轟動起來，大家相互點讚，相互邀約，在 3 月 5 日一天裡銷售額達到了 1,000 萬元。

這也就是永安財險推出的首款保險業「雷鋒無憂」產品的雛形。

(二) 案例二：航班延誤險

隨著飛機這一交通工具的普及，飛機已經成為大多數人出差旅遊的重要交通工具，但是要說坐飛機遇上什麼情況最鬧心，則應首推航班晚點。近年來，因暴雨、大霧、風暴導致的飛機延誤或取消時常發生，旅客被困機場，少則一兩個小時，多則七八個小時，而對此航空公司大多沒有經濟賠償。航班延誤險的出現很好地解決了這個問題，如果旅程延誤或者取消，甚至行李延誤，投保人都可向保險公司索賠。

2015 年，永安保險攜手航旅縱橫、滴滴打車、微信支付共同推出「微信內閉環體驗式航班延誤保險」，這款互聯網產品因其客戶體驗滿意度高而被市場廣泛認可。客戶可以通過兩種方式購買該產品：一是使用滴滴打車去機場，上車後會收到滴滴推送的航班延誤險購買連結。二是關注「延誤險」微信公眾號，進入頁面后點擊「買延誤險」，查詢自己所乘坐班次。選定正確班次後，跳轉至購買頁面。在公眾號內購買飛機延誤險，實現了客戶在微信內投保，並根據系統顯示的航班延誤狀態自動進行理賠，理賠金額通過微信紅包支付。

此款飛機延誤險統一價錢為 20 元，無論起飛地和目的地是哪裡，不管是什麼原因，延誤半小時起開始計算賠付，晚點越久就越賺，最高賠付可達 210 元。只要投保人的航班延誤達到標準，不用提交任何的材料，微信延誤險就會在投保人完成行程後進行賠付，而賠付金額會通過微信紅包直接發給投保人。並且，只要航班起飛延誤，就會收到系統發送的消息提醒，時時顯示延誤狀態，延誤達到半小時，即可立即獲得 30 元紅包；延誤達到 1 小時，再獲得 60 元微信紅包；延誤 2 小時還未起飛，再獲得 120 元微信紅包，共計 210 元（封頂）。客戶可以即時使用該微信紅包款在機場商鋪進行消費。

但是，永安財險微信新推的延誤險悄然走俏，熱門航班的延誤險經常顯示「已售罄」。不同於此前延誤險隨時不限量購買的模式，微信聯合永安財險新推的延誤險在每個航段有銷量限制，需要提早購買。有些熱門航線，就算提前一個月都買不到微信裡的延誤險。

市面上的延誤險，比較傳統的都是 3~4 小時以上賠付一個較大的金額，比較新穎的是呈階梯狀的賠付，而永安推出的此款飛機延誤險是 30 分鐘/60 分鐘/120 分鐘分段賠付。而且，相比以往航班延誤險繁雜的索賠流程，永安財險此款微信上的飛機延誤險採用全自動理賠，不需要任何理賠材料，系統即時查詢發現飛機沒有按時起飛，就

會自動給用戶發微信紅包作為賠償。乘客在飛機起飛前皆可購買延誤險，不過只有乘坐當次航班的人才有資質購買。

民航資源網2015年發布的統計資料顯示，6月份國內客運航空公司平均航班正常率為59.82%，同比下降10.91%。而隨著航班延誤情況的增加，航班延誤險也日漸走俏。攜程網相關負責人透露，2015年攜程網航空延誤險的銷量與2014年同比增加了100%以上，而到了夏秋臺風暴雨高發季節，延誤險銷量還會進一步增加。

五、總結

2011年，騰訊公司推出微信。2013年，微信用戶突破6億。在流量入口坐擁如此龐大的數據資源，依靠超前的商業模式和理念，互聯網巨頭們在進軍金融業時，當仁不讓地成為傳統金融企業的戰略競爭者，攪動起一場風起雲湧的變局。

在「大數據」「雲計算」「線上整合線下」的熱議聲中，傳統保險企業迎潮流而上，吸收、採納了互聯網企業的部分新思維、新工具。其中，大型保險企業重金打造的微信公眾平臺頗為引人注目。微信公眾平臺龐大的受眾群體、獨有的社交化營銷和多樣的服務功能，將保險業的營銷與服務推向新階段。做好微信營銷，已成為保險企業促進自身轉型增效的一項重要任務。

永安保險利用微信成功在產品、戰略和商業模式上實現升級，在全行業中堪稱經典。對於永安保險來說，微信不僅僅是一個互聯網的營銷渠道，更是一個與其他行業一起跨界共生的整合平臺。微信紅包的創新，商業模式的創新，保險產品的創新以及強大的用戶體驗性，使得永安保險逆襲獲好評，永安保險的品牌得到提升。2015年微信官方出品《微信力量》一書，從連接和入口角度，通過42個獨家案例，解讀微信如何為商業領域企業提供解決方案，永安保險是此書保險行業中的經典案例。

六、思考題

(1) 保險公司開展微信營銷的模式主要有哪些？
(2) 迄今為止，保險公司開展微信營銷的成功或經典案例有哪些？
(3) 保險微信營銷與其他的保險銷售渠道相比有哪些差異？
(4) 保險公司在進行微信營銷時應考慮哪些因素？
(5) 保險市場上各大保險公司的飛機延誤險有哪些差異？

七、補充閱讀

永安財險繼續探索

永安財險將熱銷的「雷鋒無憂」產品對社會公益的關注延續到對兒童安全的關愛與呵護，在六一國際兒童節來臨之際，永安保險全新升級推出「阿狸守護寶貝無憂」微信保險產品。

2014年5月26日開始，家長可以通過微信方式為孩子投保寶貝無憂保險，該保險是針對孩子們活潑、好動、求知欲強的年齡特徵，給孩子們提供全面的意外傷害保障。凡年齡在30天（並已出院）至14周歲之間，身體健康、能正常生活和學習的少年兒童，均可作為關愛計劃的被保險人，保險金額最高可達10萬元。

案例 5-4　中華財險：農業保險「互聯網+」的實踐者和變革者

一、背景介紹

（一）行業背景

中國農業保險尚處在起步發展階段，保障水平低、保險產品層次單一，亟待建立更加合理科學的農業保障體系。隨著農業現代化進程的加快推進，農業生產逐步向適度規模經營轉變，行業面臨的風險種類日趨複雜、風險敞口日趨加大。尤其是隨著農村人口的外移，要解決誰來種地的問題，就必須推廣農業機械化。而這一新的變化，又讓農民對農業保險的需求越來越大。中央很重視發展政策性農業保險，已經在全國各地區全面起步農業保險。但總體來看，中國政策性農業保險保費收入僅為農業產值的 3.2‰，覆蓋面積僅占中國耕地面積的 1/4，發展模式還不成熟，對農業生產的保障能力相對有限。中國政策性農業保險的基本經營模式還是將業務委託給商業性保險公司，政府給予一定的補貼。這種運作模式仍處於試點階段，相對比較粗放。再加上中國農村地區幅員遼闊，農業生產情況差異大，政策性農業保險經營模式在發展過程中需要繼續完善。政府可以成立非營利性的政策性農業保險公司，統一進行農業保險的產品設計、管理和經營，建立政府主導和管理、市場化經營的政策性農業保險運作模式。

（二）企業背景

中華聯合財產保險股份有限公司（以下簡稱中華財險）始創於 1986 年 7 月 15 日，創立之初，是由國家財政部、農業部專項撥款，新疆生產建設兵團組建，也是中國成立的第二家具有獨立法人資格的國有獨資保險公司。2002 年 9 月 20 日，經國務院同意，國家工商局和中國保監會批准，新疆兵團財產保險公司更名為中華聯合財產保險公司，它同時也是全國首家以「中華」冠名的全國性綜合保險公司。公司的業務經營範圍涵蓋非壽險業務的各個領域。目前，公司經營的險種已達 3,700 多個（含附加險），包括機動車輛保險、企業財產保險、家庭財產保險、工程保險、船舶保險、貨物運輸保險、責任保險、信用保證保險、農業保險以及短期健康保險和意外傷害保險等，涉及社會生產生活的各個方面。經中國保監會審批，公司註冊資本金達到 146.4 億元，償付能力充足率達到 177%，達到償付能力充足 II 類公司標準。公司 2014 年保費收入近 350 億元，各項經營指標在行業內名列前茅：市場規模位居國內財險市場第五，承保利潤額位居行業第三，農險業務規模位居全國第二。

（三）關鍵人物背景

據中華財險官網顯示，羅海平，中共黨員，經濟學博士，高級經濟師，保險行業風險評估專家。現任公司黨委副書記、總經理，中華聯合保險控股股份有限公司黨委委員、常務副總經理。歷任中國人民銀行荊州分行科員，中國人保荊州分公司業務科

科長，荊襄支公司經理，中國人保湖北省分公司財產險處處長，中國人保湖北省分公司國際部黨組書記、總經理，中國人保漢口分公司黨委書記、總經理，太平保險有限公司湖北分公司黨委書記、總經理，太平保險有限公司副總經理兼董事會秘書，陽光財產保險股份有限公司黨委副書記、董事、總經理，陽光保險集團股份有限公司執委。任職以來，嚴格履行高級管理人員職責，合規意識強，保險從業經驗豐富，專業素質高，有較強的保險經營管理能力以及宏觀掌控能力，盡職盡責，為公司的全面健康發展發揮了極其重要的作用。

二、相關理論知識

（一）農業保險的相關概念

1. 含義

2012年《農業保險條例》第二條規定：「本條例所稱農業保險，是指保險公司根據農業保險合同，對被保險人在農業生產過程中因保險標的遭受約定的自然災害、意外事故、疫病或者疾病等事故所造成的財產損失承擔賠償保險金責任的保險活動。本條例所稱農業，是指種植業、林業、畜牧業和漁業等產業。」

2. 種類

農業保險按農業種類不同分為種植業保險、養殖業保險；按危險性質分為自然災害損失保險、病蟲害損失保險、疾病死亡保險、意外事故損失保險；按保險責任範圍不同，可分為基本責任險、綜合責任險和一切險；按賠付辦法可分為種植業損失險和收穫險。

3. 主要險種

中國開辦的農業保險主要險種有農產品保險，生豬保險，牲畜保險，奶牛保險，耕牛保險，山羊保險，養魚保險，養鹿、養鴨、養雞等保險，對蝦、蚌珍珠等保險，家禽綜合保險，水稻、油菜、蔬菜保險，稻麥場，森林火災保險，烤菸種植、西瓜雹災、香梨收穫、小麥凍害、棉花種植、棉田地膜覆蓋雹災等保險，蘋果、鴨梨、烤菸保險等。

（二）農業保險發展路上的障礙

1. 難以確定保險金額

第一，農業保險標的是有生命力的動植物，其形態無時無刻不在變化，價值也不斷變化，特別是農作物直到成熟前夕，大多數只有理論上的價值，而無與理論價值相一致的實際價值。第二，農產品市場價格變化快、不穩定。農業保險標的具有商品性，其價格受市場供求的影響波動較大，這對確定保險金額也會產生不利影響。

2. 難以測定風險和損失率

中國農業生產具有災害多、發生頻繁，而且不規則的特點。不僅小災年年有，大災經常有，而且在各地區之間或同一地區內，發生災害的種類或損失程度也有很大差異。加之農業災害具有伴發性等特點，除直接造成損失外，還可能引起其他災害發生，造成新的連環損失。另外，中國統計制度尚未健全，尤其缺乏系統的農業災害損失資

料，從而加大了測定風險及損失率的難度。

3. 難以確定理賠損失標準

由於承保的各種動植物處於生命活動之中，其本身就很複雜，加之各地自然條件不同，農作物及畜禽品種、農牧漁業生產水平不同，其受害程度差異很大。以上諸因素的相互交織作用，至今尚無統一測評受害者標準和損失程度的指標。

4. 難以快速發展業務

由於農業生產經營者居住分散、交通不便，加上保險標的種類多、保險金額小、收費少、工作量大，為農業保險展業過程中帶來很多困難，從而導致農業保險承保質量欠佳，賠付款中水分大，經營管理困難，進而造成業務發展緩慢甚至萎縮或停辦。

5. 難以控制逆選擇和道德風險

逆選擇是指經營狀況較差或面臨高風險的農業生產經營者，有意隱瞞某種風險和投保動機，積極投保相關保險，而經營狀況好、風險較低者則不願意投保。長此以往就會使高風險業務集中，甚至造成經營虧損。

(三) 互聯網+農業保險

通俗的說，「互聯網+」就是「互聯網+各個傳統行業」，利用信息通信技術以及互聯網平臺，將互聯網的創新成果深度融合於經濟、社會各領域之中，提升全社會的創新力和生產力。

近年來，互聯網思維和互聯網技術在農業中的應用日益廣泛，給農業生產、經營、管理、服務等帶來了深刻變革。「互聯網+」現代農業取得了可喜成果，為農業農村經濟實現「彎道超車」和「跨越發展」提供了新動力。

互聯網保險業務，是指保險機構依託互聯網和移動通信等技術，通過自營網路平臺、第三方網路平臺等訂立保險合同、提供保險服務的業務。自 2007 年中央財政實施農業保險保費補貼政策以來，中國農業保險服務「三農」能力顯著增強。當前的農業生產已經由傳統的分散經營逐步向農業規模化生產和企業化經營轉變。農村互聯網保險的發展作為一個新的增長點，能讓農民真正享受到互聯網金融帶來的便利。

三、案例分析

(一) 農業保險傳統模式下的查勘與理賠

2008 年年初，中國南方地區出現了歷史罕見的大範圍、持續低溫雨雪冰凍天氣，對南方的農業生產、農村經濟和農民生活造成十分嚴重的損害，涉及大部分冬季種植業和部分養殖業，尤其對經濟價值較高的經濟作物、設施農業、蔬菜造成了巨大的損失，阻礙了部分地區農業支柱產業的產業鏈正常運轉。而原先許多隱性的受災症狀，正隨著天氣的回暖逐漸顯露出來，災害造成的后續影響還在繼續。另一方面，災害造成的林業損毀十分嚴重，植被生態需要經過很長時間才恢復。大雪災后，受災地區需要做好災后重建工作和查勘定損工作。

各地保險公司採取了綠色通道，立即帶隊奔赴災區查勘定損。但在此次雪災中，理賠最多的案件是車險事故，農業保險卻少之又少。作為國際上災害損失補償重要機

制的保險，其功能並未充分彰顯出來。在雪災情形幾近相似的異國他鄉，1998 年的北美雪災有 30% 的經濟損失得到保險補償，2006 年的中歐雪災有 50% 的經濟損失獲得保險賠付，而目前中國的這一比例僅為 1%。

在雪災的考驗中，中國的保險業暴露出諸多不足。面對災害，中國保險的覆蓋面還比較低，同時缺乏好的保險產品。當時農險查勘還靠查勘員走村入戶，實地量測，作業效率極低不說，精準度也得不到政府和農戶的認可。

(二) 互聯網+農業保險助力快速查勘理賠

1. 創新種植險查勘定損新技術——「互聯網+3S 技術」

2012 年至今，中華財險與國家農業信息中心共同成立了「農業保險地理信息技術聯合實驗室」，合作建立了以互聯網運用、衛星遙感、無人機航拍及手持移動設備共同組成「天、空、地」一體化，多維度、立體式查勘定損的種植險應用體系。

(1) 天：廣泛運用衛星遙感檢測技術。5 年來，衛星遙感監測已用於中華財險承保作物的種植面積提取、冬小麥長勢監測、春季森林火災損失評估以及夏季玉米干旱嚴重程度評估中，屬於成熟技術。通過衛星遙感進行大面積大範圍宏觀監測，僅 2015 年，該系統啟動衛星遙感應用 40 餘次，覆蓋河南、河北、山東等 12 個省市區，完成對作物長勢、作物災情的檢測與評估。

(2) 空：探索運用無人機航拍技術。通過對衛星遙感和無人機技術進行深入分析和跟蹤比較，明確了以衛星遙感為主，以無人機為補充的發展方向。在緊急災害發生的關鍵時期，當衛星影像資源來源受限以及分辨率不高或衛星不能及時到位時，無人機飛行獲取分辨率在 0.1~0.8 米左右的高清影像，當即對損失情況進行直觀判斷，航片拼接分析后，可以作為抽樣數據結合衛星遙感對災情總體情況做出科學驗證結果。比如在 2015 年夏季河北和遼寧的旱災查勘中，該系統共使用無人機航拍 44 架次，精準取樣 2.93 萬平方米。無人機每分鐘查勘 3.33 萬平方米，是以前人工查勘時效的 10 倍。

(3) 地：自主研發手持終端應用。根據「服務到戶」的實際需求，中華財險解決了驗標/查勘設備過於單一、缺少集成的現狀，研發出了手持終端設備和 3G 移動「E 鍵通」系統，快速採集、管理承保理賠資料，可以實現對查勘標的系統時間、空間地理、現場查勘人員及案件號碼的唯一性鎖定，同時通過前后端的即時監控，能有效控制道德風險，提高業務管控質量。該系統應用以來，大大縮減了工作環節，提高了工作效率，最短 1 個小時內就可完成報案、查勘、立案到結案和賠款支付工作，為 2015 年北方大面積旱災的精準快速定損提供重要依據。

2. 開創養殖險理賠服務新模式——「互聯網+4G 運用」

養殖險「農險通」系統包括：

(1) 前：移動前端。在技術運用上實現移動數據採集功能及時指定至前端操作人員，實現信息數據移動互聯和即時監控。

(2) 中：中心端系統。在管理模式上實現前端分散採集和中心端集中管理相結合模式，通過有效利用和集成互聯網科技，有效解決當前養殖險服務效率、服務質量和數據真實性管理中存在的難題和問題。

（3）后：業務系統。在系統聯繫上實現與業餘系統無縫對接，實行數據信息資料移動傳輸和處理，提高工作質量和效率，節約人力成本，建立養殖險「前中后」一體化理賠服務模式，引領行業農險管理和服務的技術變革。

2013年以來，中華財險以與中國農業科學院共同成立的「農業風險管理與農業保險創新聯合研究中心」為依託，探索利用移動互聯網、3S技術、雲計算等技術手段，成功打造了養殖險「農險通」系統。該系統由移動前端和中心端系統組成，通過有效利用和集成互聯網科技，有效解決當前養殖險服務效率、服務質量和數據真實性管理中存在的難題和問題。

3. 改革農村保險的綜合服務平臺——「互聯網+農戶」

結合線上+線下模式：

（1）線下：「星火工程」。最近幾年，中華財險一直致力於推進農業基層服務網點建設工作——「星火工程」，將農險服務延伸至鎮、村。截至目前，中華財險已經建設完成了4,669個鄉鎮服務站，65,591個村級服務點，通過農網建設，為公司在服務農戶上真正打破「最后一米線」，讓農戶在家門口就能享受到便捷的承保理賠服務。

（2）線上：農網綜合平臺。中華財險利用互聯網技術，通過O2O模式為廣大農戶提供保險服務，改革互聯網保險平臺。圍繞農網這一服務平臺，中華財險以農戶為中心，整合經營價值鏈條，拓寬綜合服務領域，將網點整合成為保險宣傳、保險學習、保險諮詢、保險服務的一個綜合平臺，並依託平臺開展各類農村商業性保險業務，全面激活三農保險基層服務體系的銷售能力，致力打造「互聯網+農業保險」新模式，探索金融保險支農惠農、服務「三農」的新路徑。

4. 研發符合當地需求或特色的新產品——「農業保險+期貨/期權」

2015年以來，中華財險共計研發報備各類創新型指數產品25個，包括生豬價格指數保險、蔬菜價格指數保險、四川檸檬目標價格指數保險、山東牛奶目標價格保險、河南豬肉目標價格保險、天氣指數保險等產品，實現較大突破。中華財險因地制宜，量身定做，創新產品開發模式。在價格指數保險的基礎上，保險公司還探索了「保險+期貨/期權」的模式。以糖料蔗價格指數保險為例，當糖價上漲時，中華財險賠付蔗農，補償其收入；當糖價下跌時，保險公司補償糖企，使其收回生產成本。而為了分散風險，中華財險通常會購買該承包品種的看跌期權以對沖風險。

5. 發揮保險社會治理功能——「綠色濟源模式」

近年來，「黃浦江漂流死豬」「高安病死豬肉」事件等發生後，引起了社會和政府的高度關注，傳統的處理方法已廣受質疑，病死畜禽的處理問題已經危害食品安全和生態環境。如何在社會綜合治理管理中發揮保險業的作用？中華財險開展了養殖險的「濟源模式」，探索建立了「清查登記三簽字、投保處理兩集中，死亡查勘兩到場、保險理賠一卡通」「3221」承保理賠無害化處理工作機制，通過與當地畜牧部門合作，建立行政管理與保險服務聯動機制，促進養殖保險穩步發展，並使保險成為防疫及無害化處理工作的有力抓手，使病死豬無害化處理率達到100%，為服務生豬產業健康發展和促進食品安全發揮了積極作用，並大大促進了養殖業持續健康發展。

四、總結

（一）傳統的農業保險有承保難、定損難、理賠難、區劃難等問題

　　農業保險的核心就是理賠。目前，參保易、理賠難的現象是存在的，其根源在於損失核定缺乏標準。我省農業保險起步較早、覆蓋較廣，但目前農業保險服務體系基本處於空白，仲介組織培育也尚未啟動，理賠認定還不夠科學。前幾年風調雨順，糧食生產連年豐產豐收，基本不存在保險理賠問題，而一旦部分地區夏糧減產、質量下降，理賠認定問題就凸現了，而這正是規範農業保險賠付的好時機。「在保險公司和農民出現較多爭議時，如何讓理賠公平公正，關係到農業保險業務可否持續、能否健康發展。」

　　實現農業保險從粗放的經驗化管理向精準的量化管理轉型，能夠基本解決農業保險經營過程中的「承保難、定損難、理賠難和區劃難」，取得了階段性成果。

（二）互聯網+農業保險解決了承保難、定損難、理賠難、區劃難等問題

　　互聯網技術包括：衛星遙感、無人機、手機終端應用、保險綜合網路平臺、「養殖通」系統、「掌中寶」等。

　　（1）政府：大力發展農業經濟。自2007年起，政府便開始大力扶持農業保險。農業保險是加快推進農業現代化的重要支撐，對農業連年增產、農民持續增收發揮了重要的「穩定器」作用。「十三五」規劃更是將農業保險作為關鍵詞提及多次，農業保險的發展前景可期。

　　（2）商業保險公司：開拓農業保險市場，積極發展業務。農業風險集中，農戶分散，挨家挨戶做工作、收取保費顯然不現實，因此，部分保險公司仍是抓大放小、抓大戶、抓農場主、抓公社。而針對其他農戶，互聯網保險的優勢可以凸顯，利用移動互聯網和新技術的結合，實現投保、定損、賠付流程的線上操作。

　　（3）農民：更簡捷投保、更快捷的理賠服務、分散更多農業風險，能夠讓農險市場需求迅速增加。除了政策推動，農業保險市場逐漸快速增長的重要因素是市場需求。隨著農業產業的機械化、信息化、規模化，雖然還在少數，但部分農民對農業保險的意識逐漸增強，懂得利用保險來控制風險。歷史數據也可看出這一趨勢，2007年到2015年，農業保險保費收入從51億元增加到374.7億元，年平均增長率為24.8%。到2015年，參保農戶約為2.3億戶次，提供風險保障近2萬億元。

五、思考題

　　（1）互聯網+農業保險的發展會產生哪些問題？
　　（2）商業保險公司如何應對巨災產生的農業風險？
　　（3）如何既保本微利經營，又可以提高農民投保的積極性？

六、補充閱讀

農險觸「網」普遍推行

2015年2月，中華聯合財險董事長羅海平宣稱將農村互聯網保險確立為新增長點，並已完成65,591個村級服務點。

2015年6月，安華農業保險內蒙古分公司與內蒙古可意電子商務有限公司簽署戰略合作協議，在服務渠道、保險產品、在線商城等方面深入合作，建立「互聯網+農業保險」的新模式，幫助農業重鎮內蒙古實現農業保險全覆蓋。

其實，不只有安華一家農業保險公司結合電商行動。2015年7月，中原農險與喜買網正式簽署戰略合作協議，雙方將在品牌宣傳、客戶引流、保險業務、產品銷售、信息共享及創新研發六大方面深入合作。

同年7月，太平財險與北京中農金保簽訂戰略合作協議，發布「千縣千品」計劃，旨在推廣優質農產品「雙保險」，在農產品生產過程中，監控產品檢測、包裝盒標示等關鍵環節的全程信息系統建設，建立食品質量安全可追溯體系。

保險公司的積極態度和政策密不可分。四川保監局在2015年8月指導保險公司採用「互聯網+4G」支持農業保險理賠查勘，助力保險公司採用衛星遙感、無人機查勘、新一代數據採集器、GPS定位測量等技術，快速精準定損，提高理賠效率。

中國農業部與中國太平保險集團簽訂《共同推進「互聯網+」現代農業合作協議》，太平保險總經理李勁夫認為農業保險有三個突出特點：對風險保障的需求更加凸顯、對保險融資的需求更高、農業全產業鏈信息化服務需求更高。

2015年9月，互聯網保險代表眾安保險與大疆創新（農業植保機）共同發布了農村用戶關懷和扶持計劃。為購買大疆農業植保機的農村用戶提供機損險、三者險等保險服務。

可以看出，無論是傳統保險公司，還是新型互聯網保險公司，都在試圖用最新科技（如衛星遙感探測、大數據、無人機勘查、雲計算等）提高農業保險的行業效率。

案例5-5　陽光財險：「YoYo」微理賠

一、背景介紹

（一）保險行業發展現狀——互聯網保險大行其道

目前中國互聯網保險保費收入占全部保費收入的比重為4.2%，其中財產保險網銷占比7.02%，人身財產保險占比2.71%，與其他國家相比仍有進一步提高的空間。銷售渠道入口則會進一步向場景化方向發展，場景化的渠道入口本質上是精準定位消費者。不僅如此，保險產品向個性化與定制化發展，互聯網對產品設計的影響將進一步加深，大數據、社交網路等將凸顯更多的作用，基於互聯網數據的UBI保險（Usage Based Insurance，基於駕駛行為而定保費的保險）、基於健康數據的個性化健康險，基

於社交網路的 C2B 保險等保險將普被及應用。同時，理賠服務環節也將不斷升級。

（二）公司背景介紹——陽光保險集團股份有限公司

陽光保險集團股份有限公司是中國 500 強企業，中國服務業 100 強。該公司成立 3 年便躋身七大保險集團，5 年超越了與其同期成立的 71 家保險主體，9 年同時佈局互聯網金融及不動產海外投資領域，10 年成功進軍醫療健康產業，成為全球市場化企業中成長最快的公司之一。依託集團優勢，以人文、科技為驅動，陽光保險集團有效整合旗下資源，持續研發滿足客戶需求的產品，不斷升級以「閃賠」「直賠」為特色的服務，著力打造強大的市場拓展能力、卓越的客戶服務能力、傑出的風險管控能力和專業的資產管理能力，實現了健康、持續、快速的發展。

（三）微信終端的使用及微信理賠發展

隨著網路日益普及與應用、媒體社會化的深入，各大領域企業不斷入駐各類社交平臺。微信是騰訊公司於 2011 年 1 月 21 日推出的一個為智能手機提供即時通信服務的免費應用程序，而微信也以其經濟、方便、快速的特點成為時下最流行的通信平臺之一，為大眾群體所使用。據統計，2016 年微信註冊用戶數量突破 9.27 億，覆蓋 90% 以上的智能手機。

微信自助查勘就是客戶報案后，無須在查勘人員指引下，客戶通過微信平臺自助完成現場查勘的過程。目前，各家保險公司針對微信自助理賠處理的時效各不一致，但大部分保險公司對於微信理賠的定義都為車輛小刮擦事故方可使用。

二、相關理論知識

（一）目前各保險公司微信公眾號主要功能分類

（1）企業簡介、信息及客戶服務：包括企業簡介、服務網點查詢、使用說明、查勘員信息查詢、客戶經理快查、尋找業務員等功能。

（2）理賠服務：包括理賠報案、快速理賠、車險自主理賠、車險報案註銷、理賠諮詢、車險人傷調解等理賠功能。

（3）承保服務：包括車險購買、意外險購買、產品諮詢、個人帳戶資金損失保障、購買意外健康保險、追加車險險種等多項承保類服務。

（4）售後服務：包括保單信息查詢、保單查驗與變更、車主福利、車險 VIP、汽車救援、保險小測試以及尋找業務員等售後服務功能。

（二）保險理賠程序

（1）立案查勘：保險人在接到出險通知後，應當立即派人進行現場查勘，瞭解損失情況及原因，查對保險單，登記立案。

（2）審核證明和資料：保險人對投保人、被保險人或者受益人提供的有關證明和資料進行審核，以確定保險合同是否有效，保險期限是否屆滿，受損失的是否是保險財產，索賠人是否有權主張賠付，事故發生的地點是否在承保範圍內。

（3）核定保險責任：保險人收到被保險人或者受益人的賠償或者給付保險金的請

求，經過對事實的查驗和對各項單證的審核後，應當及時做出自己應否承擔保險責任及承擔多大責任的核定，並將核定結果通知被保險人或者受益人。

（4）履行賠付義務：保險人在核定責任的基礎上，對屬於保險責任的，在與被保險人或者受益人達成有關賠償或者給付保險金額的協議後10日內，履行賠償或者給付保險金義務。保險合同對保險金額及賠償或者給付期限有約定的，保險人應當依照保險合同的約定，履行賠償或者給付保險金義務。如果保險人未及時履行賠償或者給付保險金義務的，就構成一種違約行為，按照規定應當承擔相應的責任，即「除支付保險金外，應當賠償被保險人或者受益人因此受到的損失」。這裡的賠償損失，是指保險人應當支付的保險金的利息損失。為了保證保險人依法履行賠付義務，同時保護被保險人或者受益人的合法權益，《保險法》明確規定，任何單位或者個人都不得非法干預保險人履行賠償或者給付保險金的義務，也不得限制被保險人或者受益人取得保險金的權利。

（三）車險索賠/理賠程序

（1）肇事司機（被保險人）需要在24小時內向保險公司報案，並認真填寫《機動車輛保險出險/索賠通知書》並簽章。

（2）及時告知保險公司損壞車輛所在地點，以便保險公司對車輛查勘定損。

（3）根據《道路交通事故處理辦法》的規定，處理事故時，對財物損失的賠償需取得相應的票據、憑證。

（4）車輛修復及事故處理結案後，辦理保險索賠所需資料：機動車輛保險單及批單正本原件、複印件；機動車輛保險出險/索賠通知書；行駛證及駕駛證複印件；賠款收據。

（5）車險小額理賠。保監會關於小額理賠發布實施的《保險小額理賠服務指引（試行）》第二條規定，本指引所稱保險小額理賠是指消費者索賠金額較小、事實清晰、責任明確的機動車輛保險（以下簡稱車險）和個人醫療保險理賠。車險小額理賠是指發生事故僅涉及車輛損失（不涉及人傷、物損），事實清晰、責任明確，且索賠金額在5,000元以下的車險理賠。個人醫療保險小額理賠是指索賠金額在3,000元以下，事實清晰、責任明確，且無須調查的費用補償型、定額給付型個人醫療保險理賠。

三、案例分析

（一）案情介紹

1. 案例一

2014年8月22日12時55分，由於沒有控制好車速，陽光保險客戶趙先生與在其前面行駛的範小姐的車在福建省廈門市集美大道上發生了一起追尾事故。趙先生想起了微信可以處理此次小事故。前後不到2分鐘，趙先生拍下照片，傳至廈門市智能交通控制中心，很快收到交警通知，趙先生負全責，拍照成功，兩車移到路邊協商。收到趙先生發的照片後，廈門交警支隊民警馬上與雙方聯繫，並第一時間聯繫了保險

公司。

陽光財險廈門分公司通過「微信處理交通事故」平臺，當場測算出範小姐的車子維修費大約為 400 元。趙先生當場支付 400 元，範小姐為趙先生寫下收據。事故處理完畢後，範小姐稱讚說：「服務很專業，操作很便捷。」

2. 案例二

2013 年 2 月 18 日，陽光財險客戶孔先生駕車行駛在同三高速公路時發生了事故，事故發生後孔先生立即報警，高速交警及時趕到現場處理，經勘查後確定是孔先生負全責。因為孔先生的車在青島陽光財產保險股份有限公司投保，打電話後他們並沒有派人去現場，原因是事故地點太遠，過不去。無奈之下，孔先生只好把車拖到了維修廠。隨後孔先生又幾次打去電話，一位姓劉的員工最終去查看了車輛受損情況，並拍了照片。之後，劉姓員工離開。轉眼已經過去半個月了，車輛一直無法維修，這也給孔先生的生活和生意帶來了很多不便。

（二）案例剖析

1. 陽光微理賠的優勢

隨著互聯網對我們生活的不斷滲入，保險也在發生著改變，許多保險公司（如人保、太保、平安等）都推出了微信理賠平臺。在案例一中，陽光財險車險客戶趙先生因本人駕駛不慎導致他人車輛受損的車險事故，此後通過微理賠，簡化了程序並加快了理賠速度。據瞭解，廈門市內每天 7：30 至 19：30 符合廈門市微信處理小事故事件的陽光車險客戶，都可以通過微信遠程定損，然後申請理賠，週末也不例外。廈門微信處理小事故的條件是：無人員傷亡、無飲酒、無吸毒、麻醉藥品；各方車輛損失不超過 1 萬元；各方駕駛人持有有效的機動車駕駛證；各方機動車輛有號牌、年檢合格；事故責任方有投保。

廈門市開通微信處理小事故程序旨在提高車險事故自行處理數量，降低道路堵塞情況。據廈門交警方面介紹，如果能把自行處理的比例提高到 50%，將會讓廈門市的堵車減少 20%，在一定程度上減緩交通壓力。陽光財險憑藉專業的理賠服務能力，成為首批兩家試點運用微信遠程定損理賠程序處理小事故的保險公司之一。

而在案例二中，由於距離事故發生地點太遠等諸多原因，孔先生的車出險後久久未能得到理賠。而陽光財險推出的 YoYo，目前功能包括：註銷登記、簽到、簽退功能，查勘任務處理，定損任務處理，離線拍照，消息中心。從案例一和案例二的分析，我們不難看出微信理賠與傳統理賠方式相比有以下幾個優點：

（1）時效性與便捷性。傳統櫃面理賠需要客戶親自到櫃面提交理賠申請，而郵寄材料的理賠方式材料流轉到結案需要 3 天左右時間。在案例二中，由於在外地出險並且理賠員距離事發地點遠而未能及時理賠，反應了傳統理賠的不便，受時間和空間影響比較大。但是微信自助理賠就可以解決這些缺陷，整個理賠過程在手機上自助操作完成，從提出申請到結案只需 2~3 小時就可以完成，真正實現了理賠的移動辦理和在線辦理，讓理賠不再受到時間和保險公司網點的限制，大大提高了理賠速度，也為客

（2）理賠流程更清晰明瞭。在案例二中，通過傳統理賠的客戶孔先生為了解理賠流程，需通過電話或親自到保險公司等方式才能瞭解。一方面，保險業務員服務態度和服務質量參差不齊，客戶也無法通過直接途徑知道理賠進度；另一方面，當客戶理賠資料出現問題時，保險公司同樣要通過電話來聯繫客戶。一來二去，理賠時效慢，對客戶的情緒也造成很大影響。但在微信理賠中，若因提交材料有誤，客服人員會在2個工作日內與客戶取得聯繫，指導客戶補全資料。客戶在完成理賠申請後，還可以隨時查詢理賠案件的進展狀態，即時跟進理賠流程。

（3）降低交易成本，優化保險公司管理效益。在市場競爭日益激烈的背景下，各行各業都開始積極探尋效益型道路，向內涵式集約優發展，追求經濟效益的最大化。通過加強資金管理、成本管理、人力資源管理、經營風險管理和技術創新實現及優化的經營管理來降低營運成本，提高效率，幫助企業創建成本優勢更是很多公司的追求。微理賠的出現讓客戶更多地參與到理賠環節中，簡化理賠流程，大大節省了收繳資料以及聯繫客戶等一部分的人力成本，實現人力資源的優化配置，降低了成本，提高了效率。如在案例一中，客戶只需要關注微信公眾號並按照后臺操作，就可以自助完成理賠，整個流程中保險公司的人員參與較少，而作為微信平臺的后臺技術人員，則可以通過系統解決客戶需求，完成理賠。但在案例二中，需要理賠人員、客服人員等到現場查勘來完成理賠資料的通知和收集，反應出即使是發生小事故理賠，保險公司都要付出相應甚至更大的理賠成本。

（4）提高公司自身品牌知名度。從中國目前保險公司市場情況分析，中國人民保險公司、中國人壽保險公司、中國平安保險公司、中國太平洋保險公司四大保險公司已經佔有目前中國保險市場份額的96%。陽光保險公司通過推出提高客戶服務的微理賠等體驗，如陽光財險的「閃賠」等服務，致力於打開保險市場，提高保險客戶的依賴和信任感。在案例一中，陽光財險時效性高、理賠簡單的微理賠服務給客戶趙先生省去了奔波的麻煩和時間，也讓客戶對陽光財險的服務稱讚不已。但在案例二中，理賠人員的態度差、理賠慢、理賠難的傳統櫃面理賠，讓孔先生對理賠服務留下了不好的印象。打造特色品牌文化，需要提高自己的企業優勢和服務，高度利用社交網路的影響，提高用戶滲透速度，從而提高品牌知名度。而微信理賠，恰恰很好地做到了這點。

（5）業態實現信息共享，優化用戶體驗。隨著消費者對數字化方式的接受和依賴程度越來越高，為應對消費者的行為變化，保險作為服務業，應該開始重新思考客戶體驗。保險公司正在積極挖掘數據價值，建立同類最佳的數字化體驗將是重大的機會，微理賠等創新的數字化模式的體驗將會在保險市場中占據一定的位置。調研結果顯示，在中國消費者希望保險公司做出的改進點中，第一是個性化產品服務，第二是對隱私的保護，第三是用戶界面的簡單便捷性。保險公司雖然通過常年累積擁有了大量數據，但其需要解決的問題恰好也是數據的缺乏，主要表現為數據不夠全面和不夠準確。其中，大多數客戶願意通過分享信息換取切實的利益。

2. 微信理賠局限性分析

從案例一中，我們能看出目前的微信理賠依然局限於小額賠付中。本案中，趙先生的車出現交通事故且沒有涉及人員傷害，賠付金額為 400 元。微信理賠單筆金額少，總體理賠業務量也小，是目前各家保險公司微信理賠局限性之一。分析各家財產保險微信賠付情況，主要存在兩大發展阻礙：

一是資金安全問題。雖然很多保險公司都在積極探索，不斷開發微信新功能，但公眾對移動支付等新技術的安全性方面，還是存在質疑。在涉及資金收付時，無法確保平臺系統對於資金流動的安全性和技術性，保險公司無法保障其帳號安全，以及資金是否安全到達客戶手上，所以很多保險公司無法在微信完成賠付，而只能通過線下，使得微信理賠的程序無法繼續發展並完成；同時因資金支付安全無法得到確切的保障，很多保險公司微信公眾帳號的發展停滯不前，雖然各大保險公司躍躍欲試，但大多數微信公眾號都局限於公司形象宣傳與品牌介紹，目前能實現微信理賠的保險公司只占極少部分，同時，他們在技術上也沒有新的跨越點。

二是騙保問題。因為網路造假層出不窮，花樣較多且變化較大，微信拍照傳輸的理賠資料真實性不能完全得到保證，騙保成為阻礙微信等線上理賠發展的較大阻礙。相關資料表明，微信理賠之所以會出現騙保，是因為商業保險公司無法與醫院、公安機關等機構進行數據即時分享，微信理賠尤其是大額理賠經常存在騙保漏洞，而在這一領域的專業技術人員也比較緊缺，一方面想提高微信單筆賠付額與業務量，另一方面也因為擔心騙保問題的出現而限定了理賠金額，矛盾的出現也阻礙保險公司微信等線上理賠的未來發展。

四、總結

陽光財險的微信理賠自助服務隨身工具 YoYo 針對客戶的需求和自身發展不斷更新，陽光財險的微信理賠服務在質量上仍在不斷發展。微理賠的出現，在一定程度上簡化了理賠程序，提高了服務質量和理賠時效。對保險公司而言，微信理賠優化了保險公司結構，降低了理賠成本、人力成本、管理成本等。隨著互聯網的不斷深入生活，微信等線上理賠又將如何發展呢？讓我們拭目以待吧！

五、思考題

（1）網路新媒體的發展對於保險公司的發展有何其他方面的影響？

（2）針對微信理賠所存在的兩大問題（資金安全與騙保），保險公司應給出怎樣的對策，在開發與改進中如何提高線上理賠業務數量和質量？

（3）微信理賠作為數字化的新模式體驗，對於保險營銷的其他渠道與理賠方式有何影響？

案例 5-6　眾安保險：航班延誤「即買即用」

一、背景介紹

　　隨著人們生活水平的提高，消費需求日漸多樣化，乘坐飛機外出旅遊的人群也隨之增加；同時，在經濟、科學技術快速發展的 21 世紀，因工作需要出差乘坐飛機的時候也在增多。在這兩類因素的共同影響下航班總量增大，延誤航班數量也急遽攀升。數據顯示，近年來中國航班延誤率每年都在 20% 左右，遇惡劣天氣、航空管制等特殊情況，航班延誤問題也更加嚴重。在這樣的時代背景下，保險業迅速發展，特別是航班延誤保險領域發展迅猛。

　　2010 年，太平洋保險在業內首創「航班延誤保險」，航班延誤保險領域由此興起。2014 年，太平洋保險推出的國內首款航班延誤保險產品正式在 APP 移動終端上線銷售，保險投保渠道由線下轉到線上，是該行業具有歷史轉折性的舉措。航班延誤保險由此開始發展起來並不斷升級，信息逐步完善，從最早需要乘客自行向保險公司尋求賠付，到現在普遍可根據航班延誤情況實現自動賠付。未來航班延誤險將會普遍運用移動終端完成投保理賠一體化流程。

　　2012 年，平安集團聯合騰訊、阿里巴巴組建國內首家互聯網創新型保險公司——眾安在線財產保險股份有限公司（以下簡稱眾安保險）。由於三家公司當家人都姓馬，被業內戲稱為「三馬賣保險」。眾安保險股權結構中阿里巴巴控股 19.9%、中國平安和騰訊各持有 15%，此外還有攜程、優乎等 6 家網路科技型中小股東。毫無疑問，「三馬賣保險」有強大的股東做靠山，專做互聯網保險生意，集生產、銷售、服務於一體，顛覆了保險業傳統的經營模式。眾安保險以「眾安要做有溫度的保險和面向未來的保險」為發展理念，其業務範圍是與互聯網交易直接相關的企業、家庭財產保險，貨運保險，責任保險，信用保證保險等。眾安保險業務流程全程在線，全國均不設任何分支機構，完全通過互聯網進行承保和理賠服務。眾安保險作為首家互聯網保險公司，始終以服務互聯網生態為定位。目前眾安保險已經明確基於互聯網生態、直達用戶、開發空白領域三個發展定位，未來會積極投入到傳統產業「互聯網+」的進程中，將為更多謀求「互聯網+」的行業企業打造創新解決方案。眾安保險 CEO 陳勁認為，互聯網保險 1.0 是保險的電商化，是把傳統保險搬到線上去買；互聯網保險 2.0 是場景共生，在場景中尋找保險需求；互聯網保險 3.0 是跨界共創，將互聯網保險和其他行業結合創造出完全不一樣的東西。現在，公眾保險區處於致力發展跨界共創時期，未來將更深層次地發展共創，做「有溫度的保險」。

　　航班延誤保險在過去幾年，由於需求不斷促進產品升級、信息逐步完善，已經從最早的需要乘客在航班延誤後自行向保險公司尋求賠付，進步到現在普遍可以根據航班延誤情況實現自動賠付。然而，始終沒有突破的瓶頸是，航班延誤保險至少需要提前一天購買激活，因為購買期限的前置，會導致大量用戶選擇放棄。作為最大互聯網

保險，眾安保險堅持設計「有溫度的保險」，致力於開發讓身在機場的旅客不受時間和空間限制購買延誤險並獲得賠償得到慰藉的保險，減少機場服務人員和乘客之間的矛盾。

二、相關理論知識

（一）財產保險及保險產品

財產保險是指投保人根據合同約定，向保險人交付保險費，保險人按保險合同的約定對所承保的財產及其有關利益因自然災害或意外事故造成的損失承擔賠償責任的保險。《保險法》第九十五條規定：「財產保險業務，包括財產損失保險、責任保險、信用保險、保證保險等保險業務。」

保險產品是指保險公司為市場提供的有形產品和無形服務的綜合體。

（二）互聯網保險

互聯網保險是新興的一種以計算機互聯網為媒介的保險營銷模式，是指保險公司或新型第三方保險網以互聯網和電子商務技術為工具來支持保險銷售的經營管理活動的經濟行為。互聯網保險實現保險信息諮詢、保險計劃書設計、投保、交費、核保、承保、保單信息查詢、保全變更、續期交費、理賠和給付等保險全過程的網路化。

（三）航班延誤險

航班延誤險是指投保人（乘客）根據航班延誤保險合同規定，向保險人（保險公司）支付保險費，當合同約定的航班延誤情況發生時，保險人（保險公司）依約給付保險金的商業保險行為。

（四）傳統的航班延誤保險的責任範圍和除外責任

責任範圍：乘客搭乘的航班因自然災害、惡劣天氣、機械故障等因素，造成的航班延誤、取消一般均在這類保險的賠付範圍內。

除外責任：

（1）惡劣天氣導致整個機場關閉的；

（2）地震、海嘯等原因造成的航班延誤、取消；

（3）被保險人抵達機場時，已超過原定搭乘航班辦理登機的時間；

（4）被保險人因自身原因而未搭乘預定的航班；

（5）被保險人原預訂航班被取消，包括預定起飛時間之前的取消和預定起飛時間之后的取消；

（6）被保險人預訂機票時，已獲知可能導致其預定搭乘的航班延誤的情況或條件，包括但不限於任何罷工或其他工人抗議活動、任何自然災害、旅行目的地突發傳染病或軍事演習等。

（五）網路營銷及微信營銷

網路營銷是企業整體營銷戰略的一個組成部分，是為實現企業總體經營目標所進

行的，以互聯網為基本手段營造網上經營環境的各種活動。

微信營銷是指網路經濟時代企業或個人營銷模式的一種。是伴隨著微信的火熱而興起的一種網路營銷方式。微信不存在距離的限制，用戶註冊微信後，可與周圍同樣註冊的「朋友」形成一種聯繫，訂閱自己所需的信息，商家通過提供用戶需要的信息，推廣自己的產品，從而實現點對點的營銷。

三、案例分析

（一）案例介紹

2016年5月15日，王某出差從上海飛北京，在上海某機場候機樓候機。由於下著小雨，天氣狀況不佳，飛機尚未到達，已延誤半小時。王某一向很有風險意識，有購買各種符合自身需求的保險的習慣。王某一直都堅持只要飛長途出差就購買航班延誤險。本次出差，因工作忙碌，王某忘記讓秘書在飛常準APP[①]上訂購機票獲得「飛常保障」了，正處於懊惱狀態。此時，服務人員提醒王某可用微信搖一搖功能購買眾安保險的「即時即用」延誤險，這讓王某欣喜不已。儘管航班已經延誤了半個小時，王某依然如願以償地購買到了50賠1,000的航班延誤保險。界面顯示出一個「預測起飛時間」，王某看著飛機已延誤一個多小時，實在無聊，就用微信搖一搖領取紅包，以此王某打發了不少時間。飛機到達機場距離預測起飛時間已達6個多小時，王某立即收到微信紅包，獲得賠付。王某對眾安保險的新產品「即買即用」延誤險十分滿意。

（二）案例分析

王某沒有提前購買航班延誤險，而且飛機已經發生延誤的情況了，仍然在機場成功地購買了眾安保險的最新產品「即買即用」延誤險，並且獲得了相應賠付。由此可見，眾安保險的新型產品為用戶提供了航班延誤的最大保障，飛機已經延遲也能購買，延誤有「后悔藥」。而且，產品的投保和賠付根據天氣、地理位置等情況產生「預測起飛時間」而即時確定基準，為特定情景量身定做，定價合理化。投保理賠通過微信搖一搖一體化完成，是APP產品的創新和微信營銷的新形式。並且，利用微信搖一搖贈送禮包的形式打發用戶無聊的等待時間，大大增加了趣味性。總體來說，「即買即用」延誤險是航延險APP產品的再次創新，是眾安保險在航班延誤險的更深層次發展。不同於一般的網路營銷，眾安保險開拓了新形式的微信營銷，需要我們深刻認識分析該款保險產品的功能、創新之處和需要改進的地方等，明確未來發展道路，將航班延誤險做得更好、更「溫暖」人心。

1. 產品功能

用戶在機場打開藍牙，接入微信智慧機場的iBeacon[②]，以微信搖一搖為入口，即

[①] 飛常準（VARIFLIGHT）是一款專業的航班出行服務應用軟件，於2011年正式上線，致力於為用戶提供「省時、省心」的一站式多元化航班出行解決方案。

[②] 這是蘋果公司2013年9月發布的移動設備用OS（IOS7）上配備的新功能。其工作方式是，配備有低功耗藍牙（BLE）通信功能的設備使用BLE技術向周圍發送自己特有的ID，接收到該ID的應用軟件會根據該ID採取一些行動。比如，在店鋪裡設置IBEACON通信模塊的話，便可讓IPHONE和IPAD上運行一資訊告知服務器，或者由服務器向顧客發送折扣券及進店積分。

可完成第一搖選擇航班、第二搖選擇賠付標準、第三搖領取禮券的「三搖」服務過程。第一搖，用戶在自動出現的航班列表中選擇自己的航班，並得到即時的客戶出行信息、登機口變更情況等全面候機服務。第二搖，用戶能夠根據自己的意願無限次「搖一搖」，直到搖出理想的保險檔位。例如，搖出 2 元賠付 20 元檔位，或不滿意再次搖出 5 元賠付 50 元檔位，以此類推，直至搖出心儀的保費檔位，最高賠付為 50 元賠付 1,000 元。賠付將通過微信紅包的形式即時、自動轉給用戶。第三搖最富趣味性。在完成投保之后，用戶可看到獲得賠付的倒計時頁面，在無聊等待的同時還可以無限次暢玩「搖一搖」，隨心搖出並領取各種禮券和禮包。該產品最大的亮點是界面上顯示的「預測起飛時間」，這一時間將隨航班、機場、氣候等維度的不同而變化。一旦實際起飛時間延遲於這一「預測起飛時間」，哪怕一秒鐘，用戶也能獲得賠付。正是因為有這一即時更新的「預測起飛時間」，用戶無須提前激活延誤險，在延誤后的 2 小時內都能購買，解決了航延險至少需要提前一天購買的難題。

2. 產品特點

「即買即用」的「搖一搖航延險」，彌補了航班延誤保險領域「不能即時、實地購買」的空白，成為促進「互聯網保險+交通」跨界發展的創新舉措。該產品的主要特點包括：

（1）投保的便利性。目前在北上廣深的 6 大智慧機場，只要在航班計劃起飛前 4 小時到延誤發生后 2 小時內，乘客在登機口等區域打開手機藍牙，使用微信的「搖一搖」功能，即可現場投保，並自主選擇保費檔位，最高賠付可達 1,000 元。

（2）定價的科學性。基於天氣、流控、機場、飛機等大數據，實現動態風險定價，根據所處情況即時定價，投保后自動生成該航班預測起飛的倒計時頁面。

（3）理賠服務的自動觸發性。超過航班預測起飛一秒后，即由微信紅包自動賠付。

（4）相關增值服務的黏性。乘客可同步獲取航班信息、登機口變更等機場信息服務，以及相關交通出行優惠活動。

3. 產品優勢

（1）航班延誤數據全覆蓋，服務信息神同步。作為國內首款延誤了還能購買的航班延誤保險，它涵蓋了目前航班延誤保險領域裡最全面的數據資源，包括航班預測專家飛常準旗下所有的航班數據、民航總局下唯一的保險仲介公司——航聯的乘客信息等航信數據。產品創新功能「預測起飛時間」綜合了航空領域全面、權威的數據資源，在四方大數據基礎上綜合而得，從多個維度重新評估延誤險的風險，達到數據全面覆蓋，全方位地為用戶提供最新航班到達情況。該產品為用戶同步機場的服務信息，用戶只要通過微信這個場景，就能同步得到出行信息、登機口變更情況等候機服務。一切航班信息和機場服務都將在用戶搖一搖之后，主動推送給用戶，用戶無須擔心錯過機場語音提示，可以安心候機。

（2）投保標準具體情景化，時時變動。「預測起飛時間」從多角度評估飛機延誤的風險，實現不同機場、不同季節、不同時段的航班對應不同的風險，生成不同的「預測起飛時間」，投保標準根據「預測起飛時間」而定，可隨機場情況、氣候、航班等不同因素的變化而變化，形成多種多樣的投保檔位選擇，用戶可根據自身所處的延誤狀

況選擇適合的保障標準，將投保變得更加情景化。

（3）即買即用，當下投保。航班延誤保險一直以來難以突破的瓶頸是，航班延誤險至少需要提前一天購買激活，即投保航班延誤險必須在乘坐飛機的前一天。這一產品打破了以往的投保限制，突破了提前投保的瓶頸。只要在計劃起飛前 4 小時到延誤發生后的 2 小時內，都可以投保該航班延誤險產品。

（4）理賠標準放松，秒賠起付。據航班、機場、氣候等大數據測算的「預測起飛時間」，只要實際起飛時間延遲於這一「預測起飛時間」，哪怕 1 秒鐘，用戶就能獲得賠付，最高金額為 1,000 元。並且，任何原因的延誤均會賠付。這一改變大大地放松了理賠的標準，一改過去固定的延誤時間超過特定時長才給予賠付的狀況，有效地補償了用戶的時間價值。

（5）理賠的自動化。傳統的航班延誤險的理賠流程是被保險人必須在 30 天內向保險公司報案，申請理賠，然后填寫申請表，提交保險單以及個人的身分證明，出示航空公司或者其代理人出具的延誤時間及原因的書面證明。由此可見，理賠程序非常複雜，理賠流程冗長繁瑣。而「即買即用」創新性地實現了理賠的全自動化，在后臺與第三方公司進行系統對接，如果航班延誤將直接獲取延誤信息，用戶不需要做任何事情即可收到保險賠付，將流程縮減到最短。

（6）讓用戶的等待時間變得有價值。本產品使得事先沒有購買航班延誤險的用戶也可以及時止損，用戶在延誤時隨時隨地「搖一搖」，就可選擇保費檔位完成投保，飛機一旦延誤，用戶就可以獲得相應的賠償，同時讓用戶等待航班的焦急心理情緒得到一定安慰。在等待賠付的倒計時時間內，通過無限次地「搖一搖」，搖出並領取不同的優惠券和大禮包，如航空裡程隨機禮包、飛常準 VIP 權益、滴滴出行 100 元機場大禮包等。僅是幾個簡單的「搖一搖」手勢，緩和了用戶與機場之間的緊張關係，用戶白白浪費的等待時間開始變得有價值。

4. 產品創新之處

（1）通過微信搖一搖投保，無須下載特定 APP。一般通過互聯網投保航班延誤險都要下載 APP，在特定的 APP 上才有投保渠道。近年來，眾安保險一直在創新航班延誤險的更便捷的投保渠道。這次和微信合作，眾安保險充分利用大部分人的日常社交工具微信平臺，借助搖一搖功能完成了一次獨特的微信營銷，為廣大用戶提供了快速方便的保險購買渠道。

（2）數據全面，服務到位。「預測起飛時間」多維度評估延誤險的風險，達到數據全覆蓋性，全方位地為用戶提供航班情況；而且，為用戶同步機場的出行信息、登機口變更情況等候機服務信息，使用戶可以安心候機。

（3）即時實況定價，預測起飛。根據航班、機場、氣候等維度不同而生成並變化的「預測起飛時間」，可以進行更合理、量身定制的最新定價，讓價格具體情景化。

（4）即買即用，延買無妨。投保該產品無須提前購買，即使是飛機已經延誤了也可以購買。在計劃起飛前 4 小時到延誤發生后的 2 小時內，用戶只需通過微信搖一搖就能購買，最高賠付能達到 1,000 元。

（5）標準隨時變動，投保自主多樣。該產品不是採用固定的投保標準，投保標準

根據航班、機場、氣候等維度的不同而生成並變動,「預測起飛時間」隨時調整並產生多樣的延誤險產品。用戶可以通過微信「搖一搖」隨意搖,搖到適合自己的產品便可投保。

(6) 秒賠閃付,理賠全自動零等待。「預測起飛時間」是理賠的基準,一旦超過「預測起飛時間」,就算是只有一秒鐘,就能獲得補償,賠付就將會通過微信紅包的方式自動轉給用戶。整個理賠流程簡單迅速,無須以往提交理賠材料等繁瑣的程序,幾乎全自動零等待,節省用戶的時間,減少對理賠難的擔憂。

(7) 增加產品趣味性。該產品為用戶提供了在不耐煩等待飛機過程中消磨時間的方式。在完成投保之後,用戶可看到獲得賠付的倒計時頁面,在無聊等待的同時還可以無限次暢玩「搖一搖」,隨心搖出並領取各種禮券和禮包。這大大減少了用戶在候機時的焦躁和厭煩情緒,提高了用戶對延誤險的滿意度。

5. 產品需要改進的地方

(1) 擴大產品國內覆蓋範圍。目前「即買即用」延誤險僅是在北上廣深的 6 大智慧機場才可當時立即購買,國內其餘機場尚未普及該便利途徑,需要拓寬產品的涵蓋範圍,提高產品普及率,讓用戶在更多機場享受這一新型服務,滿足客戶需求。

(2) 豐富投保檔位選擇。新興的「即買即用」延誤險在微信搖一搖能搖到的保險產品賠付最高限額選擇較少,需要繼續增加不同層次檔位的選擇,使不同消費水平的用戶都能找到自己心儀的一款「即買即用」延誤險產品。

(3) 提高預測起飛時間的精確度。「預測起飛時間」功能是該產品的創新之舉,完美實現投保理賠的情景化,正是航班延誤險在機場繼續發展的關鍵,因此,需要在預測起飛時間上提高準確度讓賠付更加精確合理。

(三) 未來產品設計需要注意的問題

雖然眾安保險這款「即買即用」延誤險將航班延誤險發展到了一個新的高度,極大地完善了傳統延誤險的一些弊端,更加為用戶所滿意和接受,但是未來深化航班延誤險的產品設計仍有一些需要注意的問題。

1. 營銷模式問題

近年來眾多保險公司採用網路營銷模式、手機終端尤其是 APP 營銷模式,搶占市場份額,頻繁推出新型的適合互聯網時代的產品。眾安保險也設計了很多款航延險產品在支付寶等 APP 推出,將網路營銷模式運用和發展得非常好。「即買即用」延誤險的設計和推廣體現了眾安保險將重心轉向了微信營銷,選取新的營銷模式為產品設計帶來了一個全新的發展和進步。目前的發展趨勢表明今後的保險營銷模式最好是注重設計新 APP 營銷、微信營銷等互聯網營銷。儘管眾安保險在網路營銷和微信營銷模式下都不斷地有所創新,但是未來仍要在產品設計中注意營銷模式問題,未來的產品設計要更能適應互聯網的快速發展。

2. 投保和賠付標準問題

「即買即用」延誤險是在眾安的「飛常保障」之後,將投保時間限制放松了,其賠付效率和標準多樣化也有所提高。延誤險的發展趨向於投保方便隨時,賠付快速高

效。在以後的產品設計中要更加關注所設計產品的投保和賠付標準問題，滿足消費者的需求。

3. 產品情景化問題

航班延誤受航班、天氣等不同的因素影響。為了提高賠付依據的合理化，就需要因時因地根據用戶所處情況、所遭遇的延誤情況來進行賠付。因此，產品設計要尤其注重情景化問題，為機場這一特定情景定制產品。

4. 獨立 APP 載體缺乏問題

眾安保險至今為止已推出各種各樣的航班延誤保險產品，APP 產品不斷創新和改革，早已超越傳統的航延險，將延誤險產品發展到了一個新的高點。縱然如此，眾安保險一直以來都存在缺乏一個僅屬於自己獨立的、與其他公司合作、不借助平臺、自己開發的一個 APP。相比之下，中國平安就擁有種類多樣的獨立 APP。為了今後的發展，未來的航延險等保險產品設計要注意設計獨立 APP 的問題。

四、總結

眾安保險作為最大的互聯網保險公司，近幾年推出了各式各樣符合人們日常需求的產品，極大地促進了互聯網保險產品的研發和發展。尤其是眾安保險的航班延誤險產品超越了部分保險公司的產品，位列國內第一，相信未來眾安保險將會把航班延誤險發展到一個更高的高度，滿足人們更多的需求。「即買即用」航班延誤險突破了一般航班延誤險提前投保和理賠手續等較為複雜的局限，成功引領了新的航班延誤險的發展潮流，是對普通航班延誤險的一個很好的創新。儘管「即買即用」航班延誤險在投保的時間限制和理賠的快速方面有所改進，但是仍然存在一些局限性。

眾安保險目前還沒有以航班延誤險為主的屬於本公司的 APP 應用，幾乎都是與其他平臺合作一起推出產品，這一亟須解決的問題，會影響眾安保險在航班延誤險領域的發展和未來獲利。產品的情景化是「即買即用」航班延誤險引領潮流的主要因素，但該如何進一步創新和改進是眾安保險未來一段時間需要認真思考的。「即買即用」航班延誤險不僅現在能引領航班延誤險的發展潮流，在未來也會帶起一股產品情景化航班延誤險的創新，我們拭目以待。

五、思考題

（1）傳統航班延誤險有哪些弊端？

（2）眾安保險的航班延誤險「飛常保障」與「即買即用」有什麼聯繫和區別？

（3）目前航班延誤險的賠付率一般是多少？最多不能超過多少才能保證公司盈利？降低賠付率有哪些比較好的途徑？

案例 5-7　安邦財險 APP 創新

一、開篇

　　近年來，在經濟轉型的大背景下，中國金融行業處於改革中。互聯網的興起和其所具備的優勢，正好適應了金融改革的需要，互聯網迅速滲透到金融行業，改變了傳統金融行業的營運模式。隨著互聯網保險的快速發展，保險業的行為方式和市場格局也發生著深刻的變化。保險公司紛紛瞄準互聯網大平臺，先後推出了一系列 APP 來經營保險業務。安邦保險在這一背景下，緊抓互聯網平臺，大力創新改革。2013 年安邦保險就已經開通了微信自助理賠業務。目前從出險、報案到賠付，最快結案時長僅 11 分鐘，切實使客戶享受了最快捷的體驗。但由於保險公司的性質、產品特點以及法規限制等，保險公司在互聯網中所涉獵的範圍並不廣泛，且大多保險公司推出的 APP 沒有自己全套的服務。安邦保險是自設平臺還是與人合作呢？是固守原來的平臺模式還是大力創新佈局呢？是否可以創立一個包含保險、金融、資產管理等的 APP 互聯網平臺呢？安邦管理層陷入了思考和抉擇，試圖找到一條新的道路，搶占先機。

二、背景介紹

（一）行業背景

　　隨著互聯網的高速發展，特別是「互聯網+」和「保險微時代」的到來，保險行業發生了巨大的改變，催生了保險業銷售渠道和商業模式的改革。互聯網已逐漸成為金融市場中的一個重要的交易渠道和不可分割的一個重要組成部分，保險公司適應新形勢的發展，紛紛加入互聯網金融的創新浪潮中，積極開展互聯網保險業務。據統計，2016 年上半年，互聯網保險市場規模發展迅猛，累計實現保費收入 1,431.1 億元，是 2015 年同期的 1.75 倍，與 2015 年接近，占行業總保費的比例上升至 5.2%，在各渠道業務中的地位進一步提升。

　　其中，APP 日益成為產品與用戶之間形成消費關係的渠道，也是連接線上線下的天然樞紐。各大財險公司發力 APP 平臺，紛紛運用移動終端 APP，推出 APP 產品，提升自身競爭力以贏得更多客戶，搶占市場。如：中國人民財產保險的「掌上保險」、眾安保險的「眾安保險」、太平洋保險的「神行太保」、平安財險的「平安快易免」。

（二）企業背景

　　安邦保險集團是中國保險行業綜合性集團之一。截至 2014 年 12 月，安邦保險集團註冊資本金額達到 619 億元，總資產超過 7,000 億元，位居行業第四。目前安邦保險集團擁有財險、壽險、健康險、資產管理、保險銷售、保險經紀、銀行等多種業務，集團網路遍布全國 31 個省市自治區，擁有 3,000 多個網點，30,000 多名員工，2,000 多萬客戶以及海外資產管理公司，是全國分支機構最全的保險集團之一。

安邦保險集團前身為安邦財險，由上汽集團聯合中石化等數家央企設立。因股東雄厚的資本實力，成立之後的安邦財險接連增資，2009 年時已至 21 億元。2011 年，安邦財險將公司資本變更為 120 億，躍居行業第二，同時獲得了保監會批准，開始進行集團化改組。2011 年 5 月，安邦財險擴張銀行業務。安邦財險以 50 億元獲得成都農商銀行 35% 股權，成為后者控股股東。成都農商銀行官網稱，至 2012 年年末，成都農商銀行總資產超 3,000 億元，6 月安邦財險和聯通投資控股集團共同出資成立了北京瑞和保險經紀有限公司，安邦財險出資 510 萬元，獲 51% 股權。2013 年年底，因舉牌金地集團、招商銀行兩家上市公司，傳聞將收購世紀證券、香港永亨銀行，此前並不廣為人知的安邦保險浮出水面，被業界視為 2013 年年底橫空出世的保險業「土豪」。2014 年，安邦保險收購世紀證券。截至 2015 年 12 月 15 日，安邦保險持萬科 7.01% 股份。

三、相關理論知識

（一）移動終端（手機）APP 的定義

移動終端（手機）APP 又稱手機客戶終端、移動軟件、手機應用軟件等，是在移動設備上運行的一款終端軟件。

（二）保險 APP 的優勢

保險 APP 的優勢有：拓寬了保險公司主營業務收入的來源方式，實現保險營銷渠道的擴展，營銷模式的創新；降低了人力成本在保險經營中的成本比重，取消了代理人承受的營業稅與個人所得稅雙重稅負，在不斷增加人力成本的情況下，可以提高代理人的實際收入水平；提升保險企業服務水平與質量，樹立保險公司積極健康向上的企業形象，凸顯了保險公司的專業價值；利用 APP 針對保險消費者進行問卷調查和問卷反饋，進行數據的收集分析，有利於保險公司及時瞭解市場需求信息並進行策略的調整；等等。

（三）保險 APP 發展遇到的問題

一是推出專業保險 APP 的門檻較高。對保險公司來說，APP 的前期研發投入很大，且短期內收益不明顯，再加上互聯網的快速發展，APP 要經常更新換優。因此，保險公司為保持 APP 的優勢，就要不斷對其註資和花費精力投入，這就使一些小的保險公司無法推出自己專業的 APP。二是用戶使用 APP 自助投保的意識和意願不強。這個問題是目前保險公司發展保險 APP 面臨的一個主要問題。因為 APP 的下載、安裝使用較繁瑣，會限制一些人的使用，再加上人們對通過網路交易金錢方面的問題比較敏感，人們並不太信任用 APP 投保的法律效力等。三是保險公司對保險 APP 的重視度不足。就目前而言，保險企業尚未找到充分利用移動互聯網進行營銷的模式。大多保險公司主要把保險 APP 作為增值服務提供的平臺，因此保險 APP 對保險公司的營銷業績貢獻不大。在此情況下，各家保險公司雖沒有停止對保險 APP 的研發和探索，但重視程度卻普遍不足。四是利用 APP 進行推廣的保險產品種類有限制。因為移動互聯網保險是自助服務，就注定了利用 APP 展業的保險產品要簡單，容易被客戶理解以及便於

操作，從而保證消費者購買保險時的「自助性」和「有效性」。因此，那些差異大，針對性強，程序多的保險產品就不適合在保險 APP 上進行銷售，這樣不僅會加大用戶對保險 APP 的使用難度，還會大大增加了保險營運 APP 的成本以及保險公司業務的規模。因此，利用 APP 進行保險營銷對產品種類有所限制。

四、案例分析

（一）安邦財險金融類 APP 的推出

在互聯網技術高速發展的背景下，各大保險公司都開通了自己的 APP 平臺，致力搶占市場份額。但新興互聯網企業紛紛佈局金融業務，使得受到一定限制的保險公司受到了重重壓力，為了解決這些問題，利用這個大背景下的優勢，安邦保險試圖找到一條符合自己實際情況的新的道路。

2015 年 9 月 8 日，安邦保險集團在行業內首推一款集合銀行、保險、證券、資管、基金及金融租賃等業務在內的全金融服務類——「掌上安邦」。這是安邦保險自 2011 年后再一次深化互聯網技術應用，發展互聯網文化的一次重要實踐。「掌上安邦」是安邦保險集團全力打造的集金融應用、增值服務於一體的一站式服務平臺，也是業內首次推出全金融服務類的 APP 應用。

「掌上安邦」共包括保險模塊、金融模塊、服務模塊、合作模塊和積分模塊 5 個模塊。其中，保險和金融兩個模塊是安邦集團的核心業務體現，前者涵蓋了保險（產品資訊）、在線投保、售後服務（理賠、保全）；后者包含了保險、證券、銀行、投資保綜合金融等業務。這 5 個模塊，構成一個靈活的生態體系，為用戶提供多元的投資組合，為用戶構建集理財、投資、保障一體化的「個人資產管理生態圈」。目前通過「掌上安邦」，客戶可以享受到保單查詢、自助理賠、金融超市、一鍵諮詢、會員增值服務、優惠折扣類服務等優質服務體驗。

（二）安邦車險預約功能登錄「掌上安邦」

「掌上安邦」秉承安邦保險集團「一個客戶，綜合服務」的發展理念，功能點仍在不斷增加與完善，致力於為客戶提供優質、全面的服務體驗。2015 年 12 月 29 日，安邦保險集團表示「掌上安邦」車險預約功能上線了。用戶只需登錄「掌上安邦」APP 點擊精選頁面的「車險預約」按鈕，跳轉頁面中會自動帶出用戶姓名、身分證號碼、手機號碼三要素。用戶輸入車牌號碼后，點擊「提交」即可。約在 15 分鐘內，安邦電話車險銷售人員會通過預留電話與用戶聯繫，提供后續投保流程服務。安邦保險集團客戶中心相關負責人表示，車險預約功能能夠為客戶提供更加優質的服務，提高用戶車險投續保效率，實現「掌上安邦」與電話銷售系統無縫對接，打通車險服務線上與線下流程，不僅提升了車險服務質量，同時也為提升銷售業績打下夯實的基礎。目前通過「掌上安邦」APP，客戶可以享受到保單與資產查詢、車險自助理賠、一鍵諮詢、會員增值服務等優質服務體驗。

（三）「掌上安邦」APP 的快速理賠

2016 年 2 月，北京車主李某駕駛由安邦財險承保的車輛行駛到海澱區月泉路時，

被馬某駕駛的車輛刮蹭，造成李某的車輛損壞。因為事故較為輕微，小刮蹭只造成了車輛受損，並未造成人員傷亡，李某和馬某經過簡單的溝通，李某打電話報案後，理賠人員小張告訴他可以通過「掌上安邦」APP快速完成理賠過程。李某打開手機的「掌上安邦」APP，進入自助理賠功能，輸入聯繫號碼、上傳車輛遠景照片、人車合照照片、車輛碰撞損失部位照片以及相關4種證件，完成資料上傳。之後「掌上安邦」APP的后臺審核人員根據上傳照片定損，確認該損失屬於保險責任，支付了李某賠償金。李某對此感到很驚訝，他覺得理賠速度很快且操作簡單。李某說以前發生保險事故時，一般要經歷報案、現場查勘、定損、等待賠償等過程，時間比較長，且有些流程程序很繁瑣。他覺得這個「掌上安邦」APP對於他們這些車主來說非常方便，既提高辦事效率又節省時間。之後安邦理賠人員還告訴李某，在沒有註冊和登錄的情況下，「掌上安邦」自助理賠功能也是可以使用的。並且在沒有結案前，車主可以隨時隨地上傳照片資料等。理賠人員說，即便用「掌上安邦」自助理賠，仍然可以在查勘流程中遇到任何問題時隨時申請派出查勘員前往現場。

(四)「安邦金融」APP的金融大戰略

「安邦金融」APP是類似「掌上安邦」APP的一個安邦保險名下的移動終端平臺，包括微信服務平臺等。2016年6月，「安邦金融」APP中國版正式上線，力推「全球資產互聯」概念。客戶通過該APP，可聯通亞洲、歐洲、北美等地區，並在全球範圍內享受可靠、優質、統一高質量的金融理財服務。據瞭解，歐洲版和亞洲區韓國版也在7月底上線。相關負責人介紹，該平臺未來將以最快速度打通全球優質的金融產品，同時將每個地區最先進的服務引入到世界各地，為安邦在全球範圍內超過3,500萬的客戶提供全球化的資產配置服務。

安邦集團曾表示，互聯網金融是安邦的重中之重，未來的安邦就是一個輕組織的互聯網企業，要把所有的服務放到互聯網上。據介紹，「安邦金融」APP上的產品涵蓋壽險、財產險、意外險、健康險、養老險、銀行理財和資產管理等，聚合了多款保險、固收、基金、銀行理財等多種類型產品，並提供互聯網借貸、信用貸款、保單凍結貸款等金融服務。據觀測，未來還將上線眾籌產品和海外金融服務產品。

截至目前，該APP有3種理財型保險、5種基金、4種定期產品可買，另外有3類貸款可申請。眾籌產品還沒上線。該APP允許借款個人以其購買的安邦保險保單進行凍結，審核后通過平臺完成融資；項目期限從7天至12個月不等，收益率為3.6%～7.5%。雖然收益率一般，但因為主打信用險承保，安全系數較高。此外，平臺的借款產品與「安邦金融」APP的貸款相同。儘管「安邦金融」APP上線時間較短，看起來並沒有想像中強大，但是，畢竟安邦的背景和資產實力強大，在傳統金融企業中對互聯網金融重視程度較高，尤其是其宣稱的「全球資產互聯」，值得我們期待。

五、總結

隨著互聯網和信息行業的發展，大數據得到了前所未有的關注。大數據背景下，交易雙方信息不對等程度降低，搜索成本、時間成本、交易成本也隨之降低。APP客

戶端是互聯網、大數據背景下產生的一個有別於傳統交易市場的移動交易市場，在這個平臺上可以實現物流、信息流和現金流的有效流動，交易環境變得更加透明，交易活動變得更加高效。各大保險公司紛紛自設平臺，順應時代潮流，搶占市場份額。近年來，隨著信息技術的快速發展與普及，互聯網及移動互聯已成為保險機構銷售和服務的新興渠道。在這一時代背景下，保險行業迎來了「保險微時代」「互聯網保險」。市場爭奪競爭日益激烈，為了抓住時代機遇，占據更多的市場份額，保險公司就要解決現有的問題，努力改革創新，開拓屬於自己的道路。

安邦保險資產龐大，一直致力改革創新，努力將安邦保險集團發展成為以保險、投資為核心的，融銀行、資產管理、金融租賃等多元金融業務為一體的、綜合性跨國金融服務集團和成為保險全業務的國際領先金融服務集團之一。為了實現未來的戰略目標以及順應時代潮流，安邦保險在利用已有的互聯網技術和現有的保險 APP 經驗基礎上，推出了行業金融類 APP。

六、思考題

(1) 保險 APP 的魅力何在？
(2) 各財產保險公司已有的移動終端 APP 的區別？
(3) 已有的 APP 和金融類 APP 的區別？

案例 5-8　平安財險「好車主」

一、開篇

在 2016 年的一個冬夜裡，平安財險公司董事長孫建平靜坐在辦公室裡，他回顧近幾年來，「互聯網+」發展的趨勢越來越迅猛，雖然他們也推出了很多有關互聯網的新產品，但是要保持領頭羊的地位卻是一刻也不能放松，要繼續升級互聯網與財險的服務與創新，並且還要跟隨時代的步伐。隨著地球的資源形勢越來越嚴峻，綠色出行的生活理念也日益得到認可，他們以前推出的互聯網產品已經不能夠很好地滿足消費者的需求，人們對於互聯網保險的需求或許不再是僅僅注重它的便捷性，而是看它能不能與投資扯上關係，能不能滿足消費者利用保險產品來獲得更多的好處，能否讓消費實現社會與個人的價值，能否讓從消費者體驗到自己生活的尊嚴，從而讓自己的生活變得更高尚、更有價值、更有個性、更有藝術感與幸福感。因此，以前的互聯網保險 APP 產品還能不能適應消費者的需求呢？如果不進行改進升級，以往的成績還能不能維持呢？接下來，我們要做什麼呢？如何應對未來的發展？是要推翻以前的產品，還是探討出更好的方案來對以前的產品升級創新，適應綠色生活和經濟生活呢？

二、背景介紹

（一）行業背景

中國保險行業協會發布的《2016互聯網保險行業發展報告》顯示，2015年，實現互聯網財產保險保費收入約768.36億元，占各財產險保險公司累計原保險保費收入8,423.26億元的9.12%。從保單數量來看，2015年度累計互聯網財產保險保單26.01億單，客戶15億人次。其實，近幾年來，伴隨著保險行業與互聯網市場的進一步融合，越來越多的保險公司運用電商平臺開展互聯網保險業務。與2014年相比，2015年各家公司的互聯網業務模式已經逐漸轉向個人計算機（PC，下同）網站和微信公眾號。財險公司方面，平安產險和安盛天平較早開展網銷PC端互聯網業務，國壽財險於2012年6月開展手機移動端互聯網業務。

2015年，自營網路平臺的財產保險保費收入為704.86億元，其中人保財險和平安產險的保費收入最大，合計占比達82.3%。同時，2015年保費收入過億元的有12家公司，除上述兩家外，還包括大地保險、太保產險、陽光產險、天安財險、太平財險、中華財險、永誠保險、安盛天平、永安保險和英大財險。這12家公司合計保費收入623億元，業務占比為88.39%。

在險企的自營平臺中，包括PC端（官網）和移動終端（APP、WAP、微信等）方式。在PC端方面，2015年39家公司PC端官網訪問量總計12億次，其中，訪問量達到千萬級別的公司有7家，占市場總訪問量的98.8%。

因為PC端承接的是搜索引擎獲客模式，隨著移動互聯的發展，PC端的搜索受到衝擊，而移動端逐漸興起。移動官網是官網搜索引擎模式在移動端的補充，形式上更貼近APP。因此，各公司的移動端業務更集中在利用微信、淘寶等渠道搭建自營網路平臺。據瞭解，39家公司2015年微信關注數合計為1,489萬人次，較2014年增長223%。

（二）企業背景

2015年6月，中國平安發布公告稱，公司前5月共實現保費收入2,223.95億元，其中財產保險公司、人壽保險公司、養老保險公司和健康保險公司的保費收入分別為699.49億元、1,442.43億元、79.33億元和2.7億元。

中國平安表示，隨著業務持續發展，集團旗下的業務規模與品牌實力近年來持續壯大。截至2015年年底，集團持有核心金融公司產品的個人客戶數近1.09億，互聯網用戶總量達2.42億。面對龐大的客戶及用戶規模，平安堅持以「專業讓生活更簡單」為品牌核心理念，持續改善和提升客戶體驗，積極致力於產品、服務及渠道的創新，同時積極履行企業的社會責任，在為客戶、股東和員工創造價值的同時，不斷提升集團品牌價值。

三、相關理論知識

（一）移動查勘和自助理賠

在移動互聯網保險中率先做出突破的是車險業務，車險移動查勘系統的出現徹底改變了傳統車險理賠服務模式。從最初的等待查勘人員到場拍照認定事故再返回保險公司理賠；到查勘人員運用移動智能手機現場拍照發送給后臺核賠人員，核賠人員接收數據並進行理賠；再到現在已基本實現的小事故可由用戶直接通過手機等移動終端，按語言提示自助在保險 APP 上操作，整個理賠過程可縮減至 30 分鐘，並且保險 APP 還配置了即時提醒功能，可隨時提醒案件進展情況。

車險移動查勘系統的出現，在降低保險公司車險核賠成本的同時，確保了小額簡易案件理賠時效，進一步提高了車險理賠效率和服務質量，使整個車險理賠過程更加簡單明瞭。

（二）精準化管理模型

其主要的因素包括：管理領域、業務流程、業務規則與控制點、角色與職能。管理模型化是指通過軟件技術和 IT 基礎環境的支持，能夠實現傳遞最佳的管理實踐、提高企業運行效率、保證執行到位的效果。

（三）客戶服務工具

各保險公司推出的保險 APP 除了上述功能以外，還貼心地提供各種客戶可能需要的保險公司信息，如櫃面網點、公司電話、網站、VIP 專享等各項服務內容，讓客戶及時掌握各項服務信息。保險 APP 存在的問題主要有：推出專業保險 APP 的門檻較高，用戶使用 APP 和自助投保意願不強，保險公司對保險 APP 的重視程度不足，利用 APP 進行展業的保險產品種類有限制等。在保險 APP 的風險防範方面，保險公司應該加強技術儲備，提高保險客戶對保險 APP 的關注程度，建立強大的安全防護體系。

（四）口袋理賠體驗的優點

理賠流程清晰簡潔。接到自助報案時，客服端通過手機號碼識別被保險人、定位出險地點，自動關聯車輛信息與保單信息並判斷是否可以自助理賠，同時生成報案號。整體流程非常簡單，僅需幾步即可完成。從定損到維修，再到最后的賠付都能夠像快遞單那樣隨時查看進度情況，從真正意義上讓車主們掌握理賠的流程進展。

（五）差異化

1. 差異化定價

一是顧客差異化定價。服務行業經常會採用這樣的策略來最大化效益經營。二是渠道差異化定價。對於相同產品，當經過的渠道不同時價格往往也是不同的。三是產品差異化定價。產品差異化大致可以分為兩類，即同類產品不同品牌和同樣產品不同質量。四是時間差異化定價。時間具有不可逆轉的特殊性，每個人對於時間的要求也不盡相同，因而企業往往利用顧客對時間上的需求差異實現差異化定價。

2. 產品差異化競爭策略

產品差異化競爭策略是壟斷競爭條件下企業基本競爭策略之一，是指企業在自己的產品上引進新的、與競爭對手不同的、能更加迎合需要的特徵，以吸引更多的消費者。其內容包括提高產品質量、改進產品性能和結構、增加產品用途及為顧客提供更加周到的服務等。

（六）品牌定位

品牌定位維度：市場定位、價格定位、形象定位、地理定位、人群定位、渠道定位等。品牌定位是市場定位的核心和集中表現。企業一旦選定了目標市場，就要設計並塑造自己相應的產品，品牌及企業形象，以爭取目標消費者的認同。由於市場定位的最終目標是為了實現產品銷售，而品牌是企業傳播產品相關信息的基礎，品牌還是消費者選購產品的主要依據，因而品牌成為產品與消費者連接的橋樑，品牌定位也就成為市場定位的核心和集中表現。

四、案例分析

（一）平安「好車主」升級

在 2016 年 1 月 7 日，平安產險在北京召開主題為「移動互聯車生活」的中國首屆車主生態峰會。峰會上，平安產險啟動了首個專為車主定制的節日——平安車主節。據悉，該活動上線後將為全國的車主送出一份「新年大禮包」。此外，平安產險還展示了構建移動互聯車生活的最新「利器」——平安車險口袋理賠服務和「好車主」APP3.0 版。「好車主」APP 是本次案例的主題。據瞭解，平安產險在集團長期的引領下，經歷 1.0 時代、2.0 時代的更迭，通過本次峰會，平安集團宣布全面開啟平安 3.0 時代。在 3.0 時代，其將實現線下客戶線上遷徙，融合線上線下全方位大數據及運用「科技+互聯網」形式增強用戶體驗。「好車主」APP 3.0 版涵蓋車主的全方位服務，如車保險、車服務、車生活等，解決車主們對投保、理賠、廠修服務等方面的詬病，為全國車主們提供便捷服務，如一鍵投保、一鍵理賠以及違章代辦等增值項目。

隨著互聯網與保險正加速融合，保險未來可能被互聯網改變的空間很大。據平安集團總經理任匯川透露，將保險業互聯網化，可以分三步走，包括改善客戶服務、改變定價模式及去仲介化。隨著社會經濟發展越來越快，人們對生活的追求也越來越高，需求的層次也越來越多。作為服務於消費者的行業來說，最重要的就是不斷提升自己的服務態度，服務創新形式，服務的全方位化和多層次化，吸引客戶的注意力和持久的消費與信賴感，這樣客戶才會樂意到你的公司消費。

互聯網 APP 雖然是一種比較新的東西，但它的性質和其他服務是相似的，有共通的地方，平安「好車主」APP3.0 也在不斷地跟進時代，跟進客戶的需求，把服務做到家，不僅專注於保險，而且把保險帶到生活，帶到社會生態的層面，讓客戶體驗到高質量、高效的服務。其中，在改善服務方面，平安「好車主」APP3.0 以提供保險服務為核心，比如查詢保單和理賠進度，再延展到汽車后市場的服務，比如違章提示、用

車養車服務，讓客戶不僅僅能夠獲得快速理賠，還能享受其他的服務，簡單快捷，時尚方便。平安財險「好車主」APP打造從「車保險」到「車服務、車生活、車娛樂」的全方位生態圈。

平安產險這一劃時代的創新科技，為車主提供了一站式金融生活消費體驗，給消費者帶來福利，造福社會。平安「好車主」是平安產險通過長久的積澱和創新，在轟轟烈烈的「互聯網+」運動裡，推出的一款車險類剛需性APP產品。其品牌定位聚焦「用車助手、安全管家」，致力於為車主打造更加完善的用車生活平臺。

每一種東西要長久地得到很多人的認可和尊重，是需要通過不斷的累積和發展的，所以平安「好車主」APP要把品牌做大做強，需要挖掘客戶資源，留住原有的客戶，引進新的客戶。「好車主」APP新的版本要增加客戶黏性，重視與用戶的高頻接觸。保險公司要把客戶分為不同的類型，針對不同的客戶目標群開展營銷活動。

(二) 平安「好車主」應用實例

2016年9月7日，福州車主林先生在行車途中不慎發生刮擦。在平安產險福建分公司電話中心坐席的指導下，林先生在出險現場迅速下載了平安「好車主」APP，通過點選「自助報案」「拍攝照片」「選擇修理廠」，簡單三步，一鍵全自助，不到20分鐘，900元理賠款就打到了林先生的指定銀行卡。簡單便捷的理賠新模式，給了林先生極佳的理賠體驗。在獲悉平安「好車主」APP還可以為車主提供可信賴的買車險、辦理賠、查違章、養修車、領福利等多項服務，而且投保平安車險商業險的客戶，如果安全駕駛無出險，每月還可領10元積分獎勵，全年最高120元後，林先生高興地說，他要趕緊通知身邊的朋友都趕快使用平安「好車主」APP。

在互聯網移動終端下，理賠查勘活動不再一定需要查勘員親自出場，保險公司可以節約相關成本。因為有移動終端，保險公司可以通過APP運用這一媒介讓客戶自行進行理賠流程，利用大數據來進行識別和信息技術處理，判斷客戶是否真的是發生了責任範圍內的保險事故。

平安「好車主」APP3.0能夠不斷整合自己的資源，提高合作能力，讓APP理賠更容易掌控，讓客戶簡單快捷的獲得理賠。相關數據顯示，理賠服務已經成為車險購買的第二大考慮要素，占比高達57%。平安「好車主」APP推出「自助理賠」服務，這種在線車險的勘驗和理賠，特別適合小刮小蹭。平安「好車主」APP的數據顯示，涉及案件的平均全案週期僅為0.42天，每筆案件為客戶節省2.62天，最快案件從報案到支付賠款僅需3~8分鐘，客戶好評率達到99.03%。平安產險一直在針對全體車主，通過平安「好車主」APP聚合資源拓展服務來提升用戶體驗。一款好的汽車服務APP要能夠一站式解決車生活問題。這考驗的是整合能力，尤其是在汽車后市場，質量認證顯得更為重要。

平安「好車主」APP3.0還適時推出了吸引客戶注意的無險積分獎勵。保險公司充分利用客戶的消費心理，不斷提高客戶的保險意識，減少保險事故發生的概率，從而減少了理賠的金額。平安產險各地的機構積極聯合當地優質合作夥伴，圍繞車主衣食

住行娛樂，不定期推送福利，與車主形成良性互勳，並回饋廣大車主。

（三）平安車險 APP 展望

2016 年 10 月 20 日，平安產險在 600 米高的深圳新地標——平安金融中心宣布，旗下「好車主」APP 品牌定位重磅升級，聚焦「用車助手、安全管家」，為車主打造更加完善的用車生活平臺。

基於「好車主」APP，平安產險未來將建立新定價模型下的 UBI 車險，根據各自風險水平為每位車主制定個性化的車險產品和費率，真正實現「一人一車一價」。孫建平表示，在今年年初開啟「開放、合作、共享」的 3.0 時代後，平安產險加速推進移動互聯戰略，利用科技手段不斷升級服務體驗。3.0 時代的平安產險將加速推進互聯網創新，努力為車主打造更加完善的用車、養車、安全管理服務平臺，用「3.0 加速度」啟航未來車生活。

平安「好車主」APP3.0 版本上線以來，基於平安集團巨大的互聯網用戶基礎及 2.5 萬家合作廠商，以車險服務切入維修保養服務，打造綜合性汽車生活服務平臺；其核心功能模塊「平安行」兼具行程記錄、駕駛行為記錄、駕駛評價與風險提示、駕駛改進方案等功能，在安全駕駛管理方面不斷創新。平安「好車主」APP 也在逆向做社區和平臺。APP 裡的「車圈」，有保險、美圖、行車安全和車輛性能的探討，承載著增強黏性、與用戶高頻接觸的功能。而 APP 裡的車主商城裡聚合了加油、洗車、補漆、保養、代辦、美容維修等約 70 種車服務，精選全國 7,000 個車服務網點，為 2,400 萬註冊客戶提供優質服務，引導客戶的線上放心消費並通過點評反饋進行品質管理。

「好車主」APP 正慢慢走向合作開放的道路，以插件形式，嵌入到集團兩大核心平臺——財富、健康管理平臺中去。一帳通、陸金所等的客戶端入口也可以以插件形式嵌入到「好車主」APP 中來。

五、總結

隨著產業的互聯網化，價值服務和創新的重要性日益凸顯，保險公司必須要滿足客戶的消費需求，讓客戶體驗到滿意的服務。在互聯網車險當中，保險公司要利用好移動終端的發展，利用好服務平臺，增加產業鏈的延伸價值，全方位地拓展到保險、服務、生活當中，而不是脫離了消費者。平安產險「好車主」APP 致力於研究和追尋消費者的現代化生活需求和價值體驗。

因為科技發展得很快，人們使用手機網路越來越普遍，使得人們會趨向網路消費，從而使得時間成本和經濟成本降低。平安「好車主」APP 很好地把握了車險消費者在移動終端下的需求動機，尊重消費者的安全需求和價值需求，並且不斷創新和提升服務質量和方式，利用移動終端的優勢，運用一些新模式來連接保險服務，緊緊抓住時代的機遇，以自己公司的移動終端 APP 來實現自己的品牌價值，拓寬市場，佔領互聯網車險市場，延伸產業價值等。

六、思考題

（1）互聯網車險移動終端 APP 發展的優勢與不足有哪些？
（2）財險移動終端 APP 中有哪些服務創新的方式？
（3）有哪些財險公司在 APP 創新方面做得比較好？

案例 5-9　中國人保「掌上人保」

一、開篇

眼看車險快到期了，需要進行續保，但是最近又有很多事要忙，沒空去保險公司進行續保，王女士為此特別煩惱。打開手機，靈光一閃，突然想到現在科技這麼發達，手機裡有各種 APP，不知道保險公司有沒有推出相關 APP。於是王女士馬上上網搜索了一下，果然找到了想要的 APP——中國人保的「掌上人保」。王女士打開 APP，登錄帳號，進入到續保界面，填寫了相關信息，幾分鐘之後就完成了續保。王女士瀏覽了 APP 的其他內容，發現還具有非常多的功能，比如出險時也可以由手機對事故現場進行拍照並上傳，可以查詢理賠進度，進行電話投保等。王女士不禁感慨，保險公司也跟上了時代的潮流，這個 APP 的功能非常強大，相信未來會有更多功能推出，將會帶來更多的方便。

二、背景介紹

眾所周知，與傳統互聯網相比，移動互聯網突破了時間和空間上的限制，消費者不再需要使用電腦並連著網線才可以上網，而只需要一部可以隨身攜帶的智能手機就可隨時隨地輕鬆上網，並完成各種網上查詢、溝通和交易行為。強大的便利性和低成本，讓移動互聯網輕鬆地顛覆了整個世界。

隨著智能手機移動終端在廣大消費者中的普及，移動 APP 的發展呈現出爆炸式增長的趨勢。考慮到移動互聯網龐大的用戶基礎，各個行業都開始重視移動終端應用程序在其行業發展中的作用。APP 是英文 Application 的簡稱，現在一般都指移動智能終端的第三方應用程序，其結合了通信和互聯網的優勢，加之雲計算所擁有的強大信息資源，借助廣大的終端傳遞服務，受到眾多企業的青睞。APP 作為智能手機的重要組成部分，可以提供各種各樣的服務，同時又比 WAP 更加方便且具有更多功能。

正是看到了 APP 的優勢所在，各家保險公司紛紛在探索中推出了各自的專屬 APP。例如：中國人保財險推出的 PICC「掌上人保」、平安推出的「平安好車主」、太平洋保險的「太平洋車險」、大地保險的「中國大地保險」等。而從目前業務開展來看，APP 在車險業務運用中所產生的效果最為明顯，這與客戶對車險購買、勘探定損、損失補償便捷性的訴求密切相關。

三、相關理論知識

（一）保險理賠

保險理賠是指在保險標的發生保險事故而使被保險人財產受到損失或人身生命受到損害時，或保單約定的其他保險事故出現而需要給付保險金時，保險公司根據合同規定，履行賠償或給付責任的行為，是直接體現保險職能和履行保險責任的工作。

《保險法》第二十二、二十三條規定，保險事故發生後，依照保險合同請求保險人賠償或者給付保險金時，投保人、被保險人或者受益人應當向保險人提供其所能提供的與確認保險事故的性質、原因、損失程度等有關的證明和資料。

保險人收到被保險人或者受益人的賠償或者給付保險金的請求後，應當及時做出核定；對屬於保險責任的，在與被保險人或者受益人達成有關賠償或者給付保險金額的協議後10日內，履行賠償或者給付保險金義務。保險合同對賠償或者給付保險金的期限有約定的，保險人應當依照約定履行賠償或者給付保險金義務。

（二）人保理賠流程

1. 撥打報案電話95518

出險時立即撥打中國人保公司報案電話95518或有條件的情況下通過傳真等方式向公司報案，公司的理賠服務人員將向投保人詢問出險情況，協助安排救助，告知後續理賠處理流程並指導投保人撥打報警電話，緊急情況下投保人可以先撥打報警電話。

2. 事故勘查和損失確認

在投保人的協助下，中國人保公司理賠人員或委託的公估機構、技術鑒定機構、海外代理人到事故現場勘查事故經過，瞭解涉及的損失情況，查閱和初步收集與事故性質、原因和損失情況等有關的證據和資料，確認事故是否屬於保險責任，必要時委託專門的技術鑒定部門或科研機構提供專業技術支持。中國人保公司將指導投保人填寫出險通知書（索賠申請書），向投保人出具索賠須知，並與投保人共同對保險財產的損失範圍、損失數量、損失程度、損失金額等損失內容、涉及的人身傷亡損害賠償內容、施救和其他相關費用進行確認，確定受損財產的修復方式和費用，必要時委託具備資質的第三方損失鑒定評估機構提供專業技術支持。

3. 提交索賠材料

投保人需要根據中國人保公司書面告知的索賠須知內容提交索賠所需的全部材料，公司將及時對投保人提交的索賠材料的真實性和完備性進行審核確認，索賠材料不完整的情況下公司將及時通知投保人補充提供有關材料，對索賠材料真實性存在疑問的情況下公司將及時進行調查核實。

4. 賠款計算和審核

在投保人提交的索賠材料真實齊全的情況下，中國人保公司將根據保險合同的約定和相關的法律法規進行保險賠款的準確計算和賠案的內部審核工作，並與投保人達成最終的賠償協議。

5. 領取賠款

中國人保公司根據與投保人商定的賠款支付方式和保險合同的約定向投保人支付賠款。因第三者對保險標的的損害而造成保險事故的，在人保公司根據保險合同的約定和相關的法律法規向投保人支付賠款後將請投保人簽署權益轉讓書並協助公司向第三方進行追償工作。

四、案例分析

(一)「掌上人保」應用實例

王先生急著出門辦事，可能是過於心急，車速過快，結果為避讓行人，車頭蹭到了小區花壇，造成輕微凹陷和小面積油漆脫落。按常規，類似單車事故必須馬上撥打保險公司報案電話，並保留現場等待查勘定損員前來。但王先生正急著出門，且車輛還可正常行駛，損失也不大，急切間他突然想起手機中裝載的「掌上人保」系統。他登錄系統使用電子查勘員功能，按照系統指引對事故現場及車損部位拍了照片，上傳，並立即撤離事故現場前往辦事去了，整個過程不到5分鐘。

人保財險這款 APP 應用，一旦發生交通事故，立即給 95518 報案，告知手機已安裝「掌上人保」，后臺即啓動掌上理賠功能，車主只需按照系統提示拍照上傳，即完成了現場查勘工作。

「掌上人保」功能分成三塊：電子查勘員、電子理賠員和電子速遞員。

電子查勘員即上述報案和查勘拍照功能，針對所有的人保車險客戶開放，應用對象是不涉及人傷和第三方物損的單車或雙車事故，事故車輛可以正常行駛，自動撤離，車主可省去在事故現場等待上門查勘的時間。

電子理賠員是通過手機終端進行車險報案、查勘拍照、單證上傳、確認定損、提供帳戶信息、賠款支付的全流程自助服務，車主可通過手機一站式完成車險理賠，對象是優質客戶。

電子速遞員是指完成查勘定損和修理的事故車輛，可通過「掌上人保」提交理賠單證和賠款帳戶等資料信息，省去往返保險公司提交資料的不便。應用對象是所有車險客戶。

「掌上人保」還可以向客戶提供手機投保、信息服務、限速提醒、交通法規、保險知識、定點尋車、理賠、出單、4S 店網點自助查詢等增值服務。

(二)「掌上人保」的功能介紹

1. 空中定損

以往在車輛發生事故后，需要投保人先向保險公司報案，然后等待查勘人員到現場定損后，再提交資料給保險公司，最后等待保險公司支付賠款，這就要求保險公司需要一個龐大的團隊隨時準備前往現場，造成較高的人力成本。空中定損即是通過移動終端進行事故現場影像資料等相關信息的傳輸，使工作人員能夠遠程定損，其目標就是為了給客戶索賠提供便利，只要是沒有涉及人身傷亡的事故，客戶在電話報案后，自主查勘，並根據終端 APP 提示上傳事故照片就可以完成定損工作。通過這種方式，

客戶不用等保險公司工作人員到達現場，減小輕微交通事故對交通的影響，也不用前往保險公司辦理相關手續，簡化定損程序。此外，APP 裡內置有模擬電子理賠程序，可以引導客戶充分瞭解出險時所需的操作程序，便於對相關功能的使用。

2. 客戶服務工具

「掌上人保」除了上述功能以外，還貼心地提供各種客戶可能需要用到的保險公司信息，如櫃面網點、公司電話、網站、VIP 專享等各項服務內容，讓客戶及時掌握各項服務信息。移動終端 APP 還有一個重要的特點就是具有信息推送功能。「掌上人保」具有天氣預警推送功能，可以向用戶提供在惡劣天氣中的相關路況信息讓用戶瞭解情況，選擇最佳路線；限速提醒推送功能可以讓客戶更好地調整車速，避免出現違規行為。車險產業鏈的使命不僅在於事後補償，更重要的是增強事前防範，降低事故率，這些通過車險 APP 信息推送功能產生的增值服務，可以讓客戶充分感受到保險公司的人文關懷，增強客戶對於保險公司的認可度，從而凸顯保險公司的人文價值。

(三)「掌上人保」APP 發展中存在的問題

1. 保險公司推出專業 APP 的門檻較高

與國外同行比較，國內保險在移動互聯網上的發展落后很多。美國自由交互保險公司 2010 年就已推出首款事故處理 APP。而 2011 年開始，美國絕大部分汽車保險公司都已自家或是和相關企業合作推出終端 APP。國內只有一部分的保險公司推出了自己的專屬 APP，其中以大型公司為主。之所以會有這樣的情況出現，主要是因為對於保險公司來說，APP 的前期研發投入成本很大，短期內也難以收回成本。而 APP 所需要的花費並不止於開發上，后期的更新和維護也非常重要。現在的移動互聯網發展迅速，可謂日新月異，而智能手機的功能也越來越高級。若是沒有對 APP 進行相應的更新與維護，以適應新技術的要求，原來的 APP 將無法正常的運行。當公司有新的產品或者活動推出時，都需要有專門的技術人員對 APP 的內容進行更新。因此，只有不斷對其註資和花費精力才能保持產品的品質，保證良好的用戶體驗，才不會被社會淘汰。而上述的這些內容，都需要保險公司投入資金，且花費不菲。

2. 用戶使用 APP 和自助投保的意願不強

保險 APP 至今面臨的一個最主要也是最致命的問題就是用戶使用 APP 和自助投保意願不強。保險 APP 在移動終端應用軟件市場的下載和使用量一直不高，除了保險公司現有客戶中的一小部分願意接受和嘗試 APP 意外，基本上無人問津，更不用說在保險 APP 上自助投保了。保險 APP 的宣傳力度不夠，大多數人並不知道有保險 APP 的存在。對於新用戶來說，可能對於保險產品的瞭解並不多，而在 APP 上所得到的信息又太少，同時也怕自助投保時犯下某些錯誤而導致后期理賠不成功。因此，他們可能更多的會去選擇與相關保險產品工作人員進行交流以獲得想要得到的信息。雖然 APP 可以給用戶帶來一定的便利，但還不足以引發客戶的使用熱情，保險公司可以在這方面著手，以吸引更多的使用者。

3. 擔心信息洩露

科技發達給我們帶來便利的同時，也存在很多安全隱患，新聞裡時不時地出現某

公司內部資料被黑客盜取的新聞,一些客戶就擔心如果通過 APP 進行相關活動,會帶來信息安全隱患,因此不願選擇 APP。

4. 部分用戶理賠體驗不佳

雖然目前「掌上人保」已經實現了空中定損功能,但是在理賠階段還需要客戶提供駕駛證、身分證等資料和事故認定報告至保險公司,然后等待銀行轉帳獲得賠款。有些客戶會覺得還是非常麻煩,因此不會使用 APP 進行理賠。

(四) 針對保險 APP 發展中存在的問題的對策

1. 保險公司應該加強技術儲備

不論從技術或是發展時間上來講,國內移動互聯網保險都落後於國外發展水平,因此在發展中保險公司應該不斷加大自身的移動互聯網技術和經驗的儲備,關注保險 APP 在開發和營運中出現的問題,及時解決,不斷提高用戶體驗,搭建更加得到用戶認同的 APP。

2. 提高保險客戶對保險 APP 的關注程度

保險公司應加強對本公司保險 APP 的宣傳,包括推銷人員展業中的宣傳以及利用媒體進行宣傳。首先,推銷人員可以在展業時進行示範,引導客戶親身體驗,增進客戶對 APP 的瞭解,讓客戶瞭解 APP 所能帶來的便捷之處,完成 APP 的初步推廣。同時,保險公司可以在各營業部或總部的大廳內進行多種媒體宣傳,如展現 APP 功能的海報、模擬情景的視頻、附有具體操作步驟的傳單等,使客戶可以在辦理業務的等待過程中瞭解保險 APP。除此之外,還可以利用公路展板、廣播電視、名人效應或是對相關正面事件的宣傳來鼓勵、吸引大眾對 APP 的關注和使用。

3. 建立強大的安全防護體系

只有解決好用戶關注的安全隱患,解決用戶的后顧之憂,保險 APP 才能得以長久發展。第一,建立健全相關法律法規,不讓移動互聯網保險成為法律的空白區,讓不法分子無機可乘,保障用戶的合法權利;第二,搭建讓人放心的支付平臺,可以將支付交由實力強大的第三方支付平臺來完成;第三,加強企業 APP 安全防護,構建強大的安全防禦網路,保護客戶資料不丟失,規範電子保單管理條例,並做好數據備份。

4. 快速理賠

考慮到當前手機支付的快速發展,保險公司對於車險 APP 的開發可以將賠款過程同樣融入其中,即在終端 APP 通過客戶信息認證設立客戶個人帳戶,保險公司可以直接將賠款劃撥到客戶的個人帳戶中。客戶個人帳戶資金可以取出,也可以直接用於其他險種保費的繳納。通過這種理賠方式可以很大程度上降低理賠工作量。

五、總結

基於移動終端設備開發的「掌上人保」APP,能為客戶提供更加便捷的保險服務。在這些廣受好評的保險 APP 成功推廣的基礎上,將 APP 運用到所有保險產品服務的過程也必然成為保險公司今后的路徑選擇,這也意味著客戶隨時隨地都可以享受到更全面的保險產品。高新科技的應用促使保險業保持追求創新發展的精神、堅定保險業為

客戶提供人性化服務的理念，助力保險業向以便捷為核心的移動時代不斷邁進。

六、思考題

（1）為什麼APP中的主要功能都是針對車險業務的，針對非車險業務的卻很少？

（2）對於「掌上人保」這個APP，現有功能模塊可以如何調整？

案例5-10 「眾安在線」引發的思考

一、背景介紹

2012年，平安集團聯合騰訊、阿里巴巴組建國內首家專注於互聯網保險的創新型保險公司——眾安在線財產保險股份有限公司。由於三家公司當家人都姓馬，被業內戲稱為「三馬賣保險」。2月20日，「眾安在線」正式拿到保監會批文，獲准籌備。它在渠道上完全摒棄了保險行業的傳統人海與電話戰術，從產品需求到服務流程都依託於互聯網，目的是為探索一條精耕細作的業務模式。毫無疑問，「三馬賣保險」有強大的股東做靠山，專做互聯網保險生意，集生產、銷售、服務於一體，顛覆了保險業傳統的經營模式。

眾安保險註冊資金10億元，業務範圍包含與互聯網交易直接相關的企業家庭財產保險、貨運保險、責任保險、信用保證保險等。在經營模式上，眾安保險僅在上海設立一家總部，不設分支機構，其產品銷售和理賠工作將完全通過互聯網來進行。在產品層面，眾安保險會將虛擬財產即互聯網經濟的保險作為主營產品。阿里巴巴本身擁有龐大的個人用戶和企業用戶，這些都有望成為新保險公司的客戶群體，而天貓、支付寶，也將會是主要的銷售渠道。眾安保險能夠基於現有互聯網數據分析，從網民的利益角度出發，開發出互聯網環境下充分保障和維護網民利益的險種，從這個角度來說，眾安保險不僅僅是一家互聯網保險公司，更是一家數據公司。

二、相關理論知識

（一）財產保險及保險產品

財產保險是指以各種財產物資和有關利益為保險標的，以補償投保人或被保險人的經濟損失為基本目的的一種社會化經濟補償制度。《保險法》第九十五條規定「財產保險業務，包括財產損失保險、責任保險、信用保險、保證保險等保險業務」。保險產品是指「保險公司為市場提供的有形產品和無形服務的綜合體」。

（二）網路營銷環境理論

網路營銷環境可以分為可控環境因素和不可控環境因素，可控環境因素是由公司及其營銷人員支配、掌握的因素，包括最高管理部門可控因素如企業方向、總目標、市場營銷部門及其他職能部門的作用。營銷部門可控有目標市場的選擇、市場營銷目

標、市場營銷機構、市場營銷計劃或組合、調控等。不可控市場營銷環境因素是影響機構業績而機構及其營銷人員又不能支配的因素，主要包括消費者、競爭對象、政府政策、經濟環境、技術水平等。網路營銷的範圍突破了原來按照商品銷售範圍和消費者群體、地理位置和交通便利條件劃界的營銷模式，在網路環境下，信息的傳播發生了由單向向雙向、由推向拉互動、由分離的傳播模式向多媒體傳播方式的變化。機構對外部環境必須不斷加以關注，其影響必須考慮到任何市場營銷計劃中。

企業形成了以顧客為中心的營銷觀念，就應當通過生產經營活動的實踐適應、滿足、引導和服務於消費者的不同需求。市場的變化集中體現了顧客和用戶的消費需求，而消費需求主要是源於個人或組織的需要和慾望，同時又要受到支付能力和社會環境因素的制約。市場經濟條件下，消費行為的基本模式由營銷和其他刺激引發，通過購買者神祕的動機產生反應，並引起購買行為，消費者做出購買決策這一過程一般需要經歷五個階段：需求確認階段、信息收集階段、評價選擇階段、決定購買和採取購買行為五個階段。網路購買在信息、分析、抗干擾、時間選擇等方面具有優勢，但也存在缺乏觀察實物感受、使用範圍小等缺陷。消費者網路購買過程包括動機產生、信息收集、分析比較、實際購買、購后評價反饋五個階段。在營銷過程中企業不僅要瞭解購買者行為的主要因素，還要對購買者的購買過程進行認真分析。

三、案例分析

(一)「眾安在線」成立的背景

第一，自從中國加入世界貿易組織之后，國際化的趨勢日益明顯，許多國外保險公司紛紛入駐中國內地市場。相對於國內保險業來說，國外保險業起步早、發展快，業務水平和人們對保險的認知度普遍高於中國，這就必定會給國內保險企業帶來前所未有的挑戰。

第二，保監會力推保險企業創新升級。從 2011 年 4 月遞交籌備申請算起，「眾安在線」拿到籌建牌照用了不到一年時間。從較快於同業的審批週期上可見，對於互聯網保險創新，保監會表現出開明、開放的監管思路。幾年來遞交籌建保險公司的申請已超過 100 份，此次保監會批籌「眾安在線」，試點創新意圖明顯。在新的保險監管理念之下，保監會更注重行業的合規發展，注重創新而非單純的規模和速度。對於試點創新的新生事物也會採取寬容的態度。

第三，汽車保有量趨於飽和，開發新險種成為一種必然。據不完全統計，從財險市場來看，存在嚴重的產品結構不合理現象。全國保險監管工作會議上披露的數據顯示，在財產險中，非車險業務占比不到 30%，責任險、家財險、貨運險等業務發展不充分。近幾年來，財險企業之間存在嚴重的車險業務搬家現象，而市場上車輛擁有量增長趨緩。隨著市場上汽車保有量逐漸趨於飽和狀態，單靠車險業務維持保險公司的發展已不可持續。綜上所述，財險企業要想在日趨激烈的市場競爭中博得一席之地，無論是從內因還是外因、主觀還是客觀，實現轉型升級，才能提高產能，也才能實現新的增長。

「眾安在線」從產品需求到服務流程都依託於互聯網，為客戶提供從投保、繳費、即時承保、發送電子保單到后續自助服務的一站式服務體驗，堪稱是保險界的創新突破。

(二)「眾安在線」的優勢

網路營銷與傳統的市場營銷存在很大差異，體現在它的信息獲取方式、服務場所、服務時間、銷售市場、營銷方式、適合險種、信息傳遞等方面。網路營銷這一新渠道在保險行業初步發展，但已經顯示出其他傳統渠道無法比擬的優勢。

網路營銷帶有互動性質，通過網路渠道企業可以直接與消費者進行溝通，消費者可以迅速、準確地獲得個性化的信息和服務。企業通過這種互動式的交流方式，可以對網路營銷的效果進行評估、測試，並探求提升營銷管理效能的模式。

網路本身的特點和消費者個性化需求的迴歸決定了網路營銷是一種「軟營銷」，其最顯著的特點體現在購買過程中消費者的主動地位。在傳統購買方式中，先是消費者對某種商品具有購買的慾望，然後通過各種渠道查詢產品的相關信息，最后購買需要的商品。網路具有較強的互動性，是一種高效率的溝通工具，通過建立一個新的「自助式服務網路」的服務系統，通過網路渠道，消費者就能夠獲得多元化、高密度的海量專業信息，例如公司的發展歷程、保險公司的資金實力以及保險產品種類等各種信息，讓保險公司與被保險人及投保人之間的信息不對等問題得到一定程度的緩解，而且可以在同一時間比較多家保險公司的類似產品，投保人或被保險人在選擇保險時更具有主動性和針對性，同時增強雙方的互動性。由於網路營銷主要是主動式購買，猶豫期及退保率遠低於銀行保險和個人代理人渠道。

通過調查分析發現，與傳統營銷渠道相比，保險產品的網路營銷渠道的經營成本如各類租金、相關費用、員工薪金等可以節省60%～70%，保險公司需要支付的費用主要是少量的網路服務費用，而且保險業務的時間和空間因為網路的即時傳輸和反饋而放寬了限制，也提高了營銷效率。互聯網可以使保險業務無限擴展到在任何地區任何聯網的計算機，並可以實現24小時無間斷運作，對中國保險市場與國際接軌起到很大的促進作用，同時又提高了人們對保險產品的服務理念的接受程度。對保單的保存實行無紙化管理服務，節省了大量的空間，網路營銷已經加快了保險產品的交易過程，降低了客戶選擇保險的採購成本，提升了中國保險業的整體發展進程。

電子營銷渠道的開闢可避免傳統保險推銷員強行推銷和電話騷擾的弊病，從賣保險轉變為讓客戶自助買保險，「眾安在線」可以說在渠道上完全摒棄了保險行業傳統的人海戰術與電話戰術，從產品需求到服務流程都依託於互聯網，不設分支機構，目的在於探索出一條全新的精耕細作的業務模式。該業務模式的具體特點包括：第一，傳統金融保險將聯合現代高科技企業重新開拓市場份額。平安作為傳統金融行業在保險、銀行和投資三大支柱業務上穩健增長，而騰訊和阿里巴巴等國內科技公司，擁有先進的網路技術高科技信息組織體系，以及黏連度極高的龐大用戶群。由此可見，「眾安在線」的出現使傳統金融行業在渠道上實現了重要突破。一旦准入政策限制得以突破，意味著其將快速搶占市場，對傳統金融行業市場份額形成勢不可擋的衝擊。第二，「眾

安在線」有針對性地細分市場。目前，其僅針對財產保險和責任保險，憑藉高科技手段，「眾安在線」新營銷渠道的嘗試，使得傳統保險在風險評估、理賠服務領域將更加完善。這將有利於在較短時間內建立網上保險品牌，同時有助於持續地、規範地進行保險電子營銷渠道的探索。

(三)「眾安在線」發展的局限性

任何一種新事物在發展過程中總會有些曲折，保險網路銷售渠道需要周密策劃和精心設計，不可能一蹴而就。目前與保險網路營銷相匹配的風險防範機制、渠道管理機制以及保險監管機制都在積極探索當中，「眾安在線」作為一種保險網路營銷，其全流程營運模式尚未完善。同時，網路營銷渠道除其優勢之外，本身亦存在一些局限性。

1.「眾安在線」保險網路銷售渠道的產品單一，對象受限

目前，「眾安在線」的產品單一，主要集中在車險和簡單產品上。而保險消費者面臨的風險千差萬別，單憑網路上的產品介紹或短暫溝通，往往很難讓消費者購買到一份貼身的保險產品，尤其對於一些複雜的企財險、貨運險、養老險、重疾險等，這都需要一些專業的財務安排。此外，雖然網路營銷渠道的覆蓋面很廣，但是亦有部分群體無法顧及，如部分農村區域、老年群體、不便於使用網路的群體等，這些也需要傳統渠道做補充。

2.「眾安在線」在承保技術上存在局限性，需要「網下」溝通

客戶的真實風險水平、核保過程中的體檢環節、電子簽名的防偽、保險理賠詐欺、道德風險等問題目前網路營銷還是難以解決。複雜的產品銷售往往最終都需要線下的工作人員來洽談完成。

3. 網路安全問題影響保險網路銷售

網路信息的真實性和網上支付的安全性、客戶信息的保密性等都要求保險公司加強對網路平臺的投入和維護，而這些也是保險客戶最擔憂的問題，往往會導致客戶望而卻步。

4. 保險網路營銷的法律環境尚不能滿足目前網路營銷渠道的需求

政府管理部門應該積極完善發展保險電子商務的有關政策、法規，加快電子商務相關的電子合同、買賣雙方身分認證、電子支付、安全保障等法律的建設和完善。

(四)「眾安在線」發展所需要的條件

1. 優化網路環境，提升網路安全

網路環境、網路安全與互聯網保險業務的發展息息相關。就目前而言，網路的軟、硬環境都不是很理想，例如網路信息傳遞速度慢、傳遞不穩定等都會制約互聯網保險業務的發展。另外，網路的安全問題不容忽視，互聯網保險業務的交易及款項支付都是基於網路實現的，因此，網路的安全無疑很重要。

2. 完善法律環境，健全相關的管理規章制度

第一，依照中國現行的《保險法》的規定，保險合同的訂立或變更，必須由投保人或被保險人或監護人的親筆簽名確認方能生效，顯然，這一規定無法適應互聯網保險業務發展的需求。第二，關於電子簽單、電子支付等網路交易相關的法律法規有待

進一步健全與完善。儘管 1999 年 10 月實施的新《合同法》和 2004 年 8 月通過的《電子簽名法》都對電子合同的合法性做了確認，但這些規定都只是粗線條的，缺乏詳細而具體的內容。同時，由於保險商品的特殊性，保險網路營銷的複雜性，僅有這兩部法律遠遠不夠。

3. 保險企業需要轉變經營理念，提升服務水平

目前，保險企業尚未對互聯網保險業務有充分的瞭解與認識，許多保險企業仍以保費的多少作為考核業績的首要標準，而真正以客戶為中心的經營理念還未普及。同時，公司服務及管理水平不完善，網上核保問題仍未解決，是制約中國互聯網保險業務的最為重要的因素之一。如何在現有信用體系下，推進互聯網保險業務的順利運行是一個值得思考的問題。保險網路營銷正在改變著傳統營銷模式和監管生態，對保險網路營銷的跨區銷售和理賠的規範需要監管思路和監管模式與時俱進。

(五)「眾安在線」發展應注意的問題

「眾安在線」為標誌的間接保險渠道在未來將得到較大發展，但是，如果要營建良好的電子保險營銷渠道，還必須解決諸多問題。以下主要嘗試從管理控制、管理模式和人才儲備三個角度來探討這些問題。

1. 管理控制

網站營銷是一種被動的渠道，這就要求保險企業加強保險管理控制職能。就是要落實企業各項工作計劃，目的是糾正企業運行過程中可能存在的缺點與不足，促使企業按照所期望的目標和軌跡運行。第一，理論上保險經營者運用大數定律可以掌控總量風險，然而在實際運行中，風險具有難以預測的不確定性，因此，控制職能的發揮在保險領域具有不可忽略的重要性。第二，由於電子營銷渠道是一種前所未有的創新模式，因此，在管理控制職能上除了借鑑傳統的經驗外，更重要的是重視高科技信息環境下對管理控制職能的認識及其運用。例如，考慮電子平臺管理中應承擔的引導、協調、服務等方面的具體職能。第三，把服務職能加入保險管理控制職能中。隨著大金融的發展，保險經營者的經營理念的與時俱進，員工隊伍知識結構不斷提升，新金融、新平臺必將帶來又一新渠道的新發展。在實體保險管理的基礎上，創新滲透到互聯網、電子商務平臺，勢必增強保險組織整體活動的一致性和協調性，使得各職能機構與資源保持應有的協調和平衡，從而將互聯網的保險向橫寬縱深發展。

2. 管理模式問題

有效的管理模式有助於提升保險新渠道的運作。保險管理模式通常是通過長期的保險活動所總結的相對固定的運作模式，屬於保險非物質財富。有效而成熟的保險管理模式是保險不可替代的寶貴資源。第一，加快保險技術創新。保險技術含量是衡量保險管理水平的重要標誌，同時也是反應保險管理者貫徹保險經營理念和遵循保險規律能力的指標。要在集中分散風險、保險新業務方式手段上尋求創新。第二，完善保險組織自身內部建設，增強自身結構合理性、規模適度性等生存發展的能力。營造保險組織核心競爭力是保險渠道運作取勝的關鍵因素，組織動員人、財、物等資源，依靠有利的高科技手段確定市場定位，從而實現保險經營戰略目標和保險營銷渠道的創

新。第三，運用電子營銷渠道和代理人渠道相結合的方式探索保險管理的運作模式。

3. 人才儲備問題

注重培養新的保險電子營銷專業人才。保險電子營銷中，由於缺乏與消費者之間面對面的交流，企業無法瞭解到潛在消費者的真實風險狀況，而消費者本身不是專業人員，不能做出準確判斷，因此不利於風險控制。這就要求有一批專業的保險電子營銷專業人才。保險從業人員需要經過一定的保險從業經歷和專業培訓才有可能達到保險行業的從業要求。因此，真正符合保險要求的人力資源具有明顯的稀缺性。在儲備這些人力資源時應注意以下幾點：第一，加強行為規範制度，即採用怎樣的形式以及如何將這些形式結合成為一個有機的系統。具體來說就是，行為規範制度是規定保險經營者、管理者和電子營銷專業人才之間、部門之間在各自方面的工作範圍、權限職責、利益及其相互關係的行為準則。通過行為規範制度管理，能夠有效地配置保險資源，落實保險電子營銷渠道。第二，明確利益分配製度。現代保險組織分工越來越細，委託代理關係隨處可見。不同的主體都在尋求符合自身利益的最大空間，如果沒有明確的利益分配製度，極易產生不同利益主體之間的利益衝突。第三，建立信息交流制度。保險電子營銷渠道本質上就是利用高科技信息技術手段來實現保險經營。能否實現保險信息軟硬件建設、信息交流渠道、信息反饋機制相關方面的制度建設對保險電子營銷渠道創新具有重要意義。

（六）保險業與互聯網如何合作發展

保險業與互聯網的進一步深入合作是必然趨勢，其合作方向主要有兩個：一是利用新渠道。保險業應充分利用互聯網這一新的銷售渠道，因為該渠道與傳統營銷渠道相比，有其獨到的優勢。二是開發新產品。保險業應充分利用網路經濟的新特點，量身定制個性化的保險產品，充分發揮保險的基本職能，實現保險業與互聯網的多贏。「三馬」聯手體現了保險業與互聯網進一步深入合作的發展趨勢，也引起了社會有關各界的高度關注，其探索將有利於保險業與互聯網的合作，促進保險業與互聯網的發展。值得注意的是，保險業與互聯網的合作涉及面廣，影響深遠，而目前中國的相關法律法規還不健全，信用體系還不完善。在此前提下，雙方的合作要遵循循序漸進的原則，充分評估外部環境和內部條件，科學管理創新風險，最大限度實現創新收益。

四、總結

「眾安在線」相關產品佈局以及經營模式的創新在互聯網環境下都對金融機構有著參考借鑑的意義。「眾安在線」專門針對互聯網場景提供財產保險，主要面向 B2B 平臺上的交易對象。在金融產品中，保險業相對其他金融產品而言，金融專業性不明顯，同時保險產品的設計和精算結果受用戶數據影響最大。這恰好是互聯網企業的長處。在互聯網的大量交易行為當中，由於虛擬世界的不確定性和交易本身的風險疊加，催生出了互聯網保險。可以說，互聯網慢慢變成一個產業，無論是將其當作渠道還是當作服務對象，都可以從中獲取無限商機，而獲取商機的關鍵在於把握市場環境，找準客戶需求。

「眾安在線」在產品佈局上的創新之處在於其針對互聯網技術帶來新的產品服務，如移動支付、P2P 網貸等容易產生風險的產品推出新型的保險產品。眾安計劃利用社交網路信息和位置推進財產保險。可見，「眾安在線」在產品設計方面是以完全的互聯網思維為基礎，從交互體驗設計到產品研發都是在互聯網市場環境下進行的。互聯網的市場相比其他市場是開放的，面對日新月異的技術發展以及不斷進入市場的競爭者，「眾安在線」的立足之本就是利用互聯網的宗旨建立更好的模型，做更準確的數據分析。

除了產品布線的創新，「眾安在線」的經營模式也具有明顯的互聯網企業特徵：不設任何分支機構，完全通過互聯網進行保單的銷售和理賠，並且避開傳統車險業務，專攻責任險和保證險。在業內人士看來，儘管「眾安在線」目前涉及的保險產品範圍較窄，但它能獲批本身就是對傳統保險銷售模式和互聯網金融的新突破。如果互聯網企業的各項優勢如果都能發揮，由於互聯網保險成本低、風險小、市場大的特點，雖然單筆保險的絕對值可能很小，但從精算角度看，費率百分比也可能高於一般保險。同時，眾安核保部門人數很少。傳統保險企業因為需要對每一個投保單進行仔細審核，需要大量的核保人員。但「眾安在線」保單風險主要通過注重產品設計以及充分利用數據挖掘兩方面的流程來實現消減。同時，採取定制化的產品服務也由於互聯網人群風險特徵集中，使批量和自動化核保而成為可能。

此外，「眾安在線」的互聯網企業特徵還體現在對大數據的充分利用。眾安先設計保險產品的基本模型、形態和費率，交給阿里巴巴或者騰訊等互聯網企業去收集數據，得到反饋後，由保險產品設計者調整，動態過程中不接觸用戶數據。而初步的大數據藍圖是利用兩大股東，阿里巴巴找業務，騰訊做營銷，用兩家公司的業務和營銷數據精算得出最好的產品。從一定程度上看，眾安的定位更像是互聯網公司，用互聯網思想、互聯網技術和互聯網數據去解決傳統金融難以解決的問題和難以涉及的領域，服務傳統金融難以服務的客戶需求，這也恰好符合了互聯網金融在當下環境的發展趨勢。

五、思考題

（1）與傳統保險公司相比，「眾安在線」的做法有哪些差異？
（2）「眾安在線」的發展前景如何？
（3）請探討互聯網保險在中國的定位與發展策略？

國家圖書館出版品預行編目(CIP)資料

中國財產保險綜合案例 / 方有恒, 羅向明, 粟榆 主編. -- 第一版. -- 臺北市：財經錢線文化出版：崧博發行, 2018.12

　面；　公分

ISBN 978-957-680-306-2(平裝)

1.財產保險 2.中國

563.75　　　　107019370

書　名：中國財產保險綜合案例
作　者：方有恒、羅向明、粟榆 主編
發行人：黃振庭
出版者：財經錢線文化事業有限公司
發行者：崧博出版事業有限公司
E-mail：sonbookservice@gmail.com
粉絲頁　　　　　　網　址：
地　址：台北市中正區延平南路六十一號五樓一室
8F.-815, No.61, Sec. 1, Chongqing S. Rd., Zhongzheng Dist., Taipei City 100, Taiwan (R.O.C.)
電　話：(02)2370-3310　傳　真：(02) 2370-3210
總經銷：紅螞蟻圖書有限公司
地　址：台北市內湖區舊宗路二段 121 巷 19 號
電　話：02-2795-3656　傳真：02-2795-4100　網址：
印　刷：京崧彩色印刷有限公司（京峰數位）

　　本書版權為西南財經大學出版社所有授權崧博出版事業有限公司獨家發行電子書及繁體書繁體版。若有其他相關權利及授權需求請與本公司聯繫。

定價：400元

發行日期：2018 年 12 月第一版

◎ 本書以POD印製發行